D1723748

Kapitalmarktkommunikation von Wachstumsunternehmen

In Kooperation mit FINANZ BETRIEB
- Zeitschrift für Unternehmensfinanzierung und Finanzmanagement

Ann-Kristin Achleitner / Alexander Bassen /
Luisa Pietzsch

# Kapitalmarktkommunikation von Wachstumsunternehmen

Kriterien zur effizienten Ansprache
von Finanzanalysten

2001
Schäffer-Poeschel Verlag Stuttgart

Die Autoren bedanken sich für die finanzielle Unterstützung der vorliegenden Studie bei der Arthur-Andersen-Stiftung im Stifterverband der Deutschen Wissenschaft, dem Institut für Finanzmanagement an der EUROPEAN BUSINESS SCHOOL e. V. sowie für die materielle und immaterielle Unterstützung bei Professor Dr. Wolfgang Schürer und der MS Management Service AG.

*Verfasser:*
Prof. Dr. Dr. Ann-Kristin Achleitner,
EUROPEAN BUSINESS SCHOOL, Oestrich-Winkel,
Universität St. Gallen (HSG)

Dr. Alexander Bassen,
wissenschaftlicher Dozent,
EUROPEAN BUSINESS SCHOOL, Oestrich-Winkel,

Dipl.-Kffr. Luisa Pietzsch,
wissenschaftliche Mitarbeiterin,
EUROPEAN BUSINESS SCHOOL, Oestrich-Winkel.

Die Deutsche Bibliothek – CIP-Einheitsaufnahme

**Achleitner, Ann-Kristin:**
Kapitalmarktkommunikation von Wachstumsunternehmen : Kriterien zur effizienten Ansprache von Finanzanalysten /Ann-Kristin Achleitner/Alexander Bassen/Luisa Pietzsch.
- Stuttgart : Schäffer- Poeschel, 2001
   ISBN 3-7910-2000-5

Gedruckt auf säure- und chlorfreiem, alterungsbeständigem Papier.

ISBN 3-7910-2000-5

Dieses Werk einschließlich aller seiner Teile ist urheberrechtlich geschützt. Jede Verwertung außerhalb der engen Grenzen des Urheberrechtsgesetzes ist ohne Zustimmung des Verlages unzulässig und strafbar. Das gilt insbesondere für Vervielfältigungen, Übersetzungen, Mikroverfilmungen und die Einspeicherung und Verarbeitung in elektronischen Systemen.

© 2001 Schäffer-Poeschel Verlag für Wirtschaft · Steuern · Recht GmbH & Co. KG
www.schaeffer-poeschel.de
info@schaeffer-poeschel.de
Einbandgestaltung: Willy Löffelhardt
Druck und Bindung: Franz Spiegel Buch GmbH, Ulm
Printed in Germany
November / 2001

Schäffer-Poeschel Verlag Stuttgart
Ein Tochterunternehmen der Verlagsgruppe Handelsblatt

# Vorwort

Der Neue Markt und Finanzanalysten sind momentan die wohl am stärksten debattierten Themen der deutschen Wirtschaftspresse. Nach einem beispiellosen Wachstum des Neuen Marktes in den Jahren 1997-2000 trat in den letzten Monaten eine deutliche Abkühlung und eine signifikante Bewertungskorrektur ein. Strengere Maßstäbe werden nun an die notierten Wachstumswerte gelegt: nicht nur Geschäftsmodelle werden mit anderen Augen überprüft, sondern auch die Informationsversorgung der Unternehmen im Rahmen der Kapitalmarktkommunikation (Investor Relations) steht auf dem Prüfstand. Finanzanalysten sind dabei eine der wichtigsten Zielgruppen der Kapitalmarktkommunikation von Wachstumsunternehmen. Ihre Tätigkeit hat neben anderen Faktoren einen signifikanten Einfluss auf die Unternehmensentwicklung, ist jedoch momentan umstritten. So wird die Unabhängigkeit der Analysten und ihrer Produkte, d.h. der Research-Reports, angezweifelt und nach Formen der Regulierung ihrer Tätigkeit gesucht.

Vor dem Hintergrund dieser regen öffentlichen Diskussion stellt das Verhältnis von Wachstumsunternehmen und Finanzanalysten einen interessanten und bislang in der Investor-Relations-Literatur vernachlässigten Untersuchungsaspekt dar. Dass die Kapitalmarktkommunikation eine wichtige Funktion börsennotierter und der Shareholder-Value-Steigerung verschriebener Unternehmen ist, steht außer Zweifel. Jedoch ist bislang nicht hinreichend geklärt, wie eine nutzer- und adressatengerechte Kapitalmarktkommunikation aussieht, die auf junge, stark wachsende und innovative Unternehmen sowie Finanzanalysten zugeschnitten ist. Vorliegende Studie widmet sich diesem aktuellen und komplexen Thema und leistet so einen Beitrag zur effizienten und wertorientierten Gestaltung der Investor Relations bei Wachstumsunternehmen. Sowohl auf theoretischer als auf empirischer Ebene werden neueste Erkenntnisse zusammengetragen und in einem Kommunikationsmodell vereint.

Für die großzügige Unterstützung der Studie richtet sich unser Dank zunächst an die Arthur-Andersen-Stiftung im Stifterverband für die Deutsche Wissenschaft sowie an das Institut für Finanzmanagement an der EUROPEAN BUSINESS SCHOOL e.V. Ein besonderer Dank gilt Herrn Prof. Dr. Schürer und der MS Management Service AG für die langjährige, wohlwollende Unterstützung unserer Forschungsprojekte. Ein großer Dank geht zudem an Frau Trudel Thullen vom Stiftungslehrstuhl Bank- und Finanzmanagement der EUROPEAN BUSINESS SCHOOL für das gewissenhafte Korrekturlesen der vorliegenden Studie. Für wertvolle Expertenbeiträge und kritische Anregungen danken wir außerdem Dr. Daniel Wichels und Dipl.-Kfm. Christian Schütz, seinerzeit Assistenten am Stiftungslehrstuhl Bank- und Finanzmanagement der EUROPEAN BUSINESS SCHOOL, Dipl.-Kfm. Tobias Popovic von der DG Bank und Dipl.-Kfm.

Robert Vollrath vom Stiftungslehrstuhl Investitions- und Risikomanagement der EUROPEAN BUSINESS SCHOOL. Frau Assessor jur. Marita Mollenhauer danken wir wiederum für die unkomplizierte und extrem angenehme Zusammenarbeit.

Ann-Kristin Achleitner
Alexander Bassen
Luisa Pietzsch

Oestrich-Winkel und München im September 2001

# Inhaltsverzeichnis

## Abkürzungsverzeichnis

| | |
|---|---|
| AICPA | American Institute of Certified Public Accountants |
| AktG | Aktiengesetz |
| APV | Adjusted Present Value |
| BAWe | Bundesaufsichtsamt für den Wertpapierhandel |
| Bd. | Band |
| BSC | Balanced Scorecard |
| bspw. | beispielsweise |
| bzw. | beziehungsweise |
| CAPM | Capital Asset Pricing Model |
| CEO | Chief Executive Officer |
| CFO | Chief Financial Officer |
| CFROI | Cashflow Return on Investment |
| CFS | Center for Financial Studies |
| d.h. | das heißt |
| DCF | Discounted Cashflow |
| DIRK | Deutscher Investor Relations Kreis e.V. |
| Diss. | Dissertation |
| DStR | Deutsches Steuerrecht |
| DVFA | Deutsche Vereinigung für Finanzanalyse und Asset Management |
| EBIT | Earnings before interest and tax |
| EBITDA | Earnings before interest, tax, depreciation and amortization |
| EK | Eigenkapital |
| EPS | Earnings Per Share |
| EV | Enterprise Value |
| EVA | Economic Value Added |
| f. | folgende |
| ff. | fortfolgende |

| | |
|---|---|
| FK | Fremdkapital |
| FS | Festschrift |
| F&E | Forschung und Entwicklung |
| GAAP | General Accepted Accounting Principles |
| HGB | Handelsgesetzbuch |
| Hrsg. | Herausgeber |
| HV | Hauptversammlung |
| i.S. | im Sinne |
| i.e.S. | im engeren Sinne |
| i.w.S. | im weiteren Sinne |
| IAS | International Accounting Standards |
| IPO | Initial Public Offering |
| IR | Investor Relations |
| IRO | Investor Relations Officer |
| JA | Jahresabschluss |
| Jg. | Jahrgang |
| KapAEG | Kapitalaufnahmeerleichterungsgesetz |
| KLR | Kosten-Leistungs-Rechnung |
| KonTRaG | Gesetz zur Kontrolle und Transparenz im Unternehmensbereich |
| MDAX | Aktienindex für mittelgroße Unternehmen |
| Mgmt. | Management |
| MVA | Market Value Added |
| NIRI | National Investor Relations Institute |
| NOPAT | Net operating profit after tax |
| o.Jg. | ohne Jahrgang |
| o.O. | ohne Ort |
| o.S. | ohne Seite |
| o.V. | ohne Verfasser |

| | |
|---|---|
| P/E | Price-Earnings |
| PEG | Price-Earnings Growth |
| PuK | Planung und Kontrolle |
| ROCE | Return on Capital Employed |
| ROE | Return on Equity |
| ROI | Return on Investment |
| RONA | Return on Net Assets |
| R&D | Research & Development |
| S. | Seite |
| SHV | Shareholder Value |
| S&P | Standards & Poors |
| SWOT | Strenghts Weaknesses Opportunities Threats |
| Std. Dev. | Standard Devitiation |
| u.a. | unter anderem |
| u.a.O. | und andere Orte |
| u.U. | unter Umständen |
| Vgl. | vergleiche |
| v.a. | vor allem |
| VC | Venture Capital |
| WACC | Weighted Average Cost of Capital |
| WpHG | Wertpapierhandelsgesetz |
| z.B. | zum Beispiel |
| z.T. | zum Teil |

# Abbildungsverzeichnis

# 1 Einleitung

## 1.1 Problemstellung

*„Shareholder Value ohne Kapitalmarktkommunikation kann es nicht geben."*[1]

Die Kommunikation mit dem Kapitalmarkt ist ein wichtiges Instrument der *wertorientierten Unternehmensführung*[2], welche als primäres Unternehmensziel die Steigerung des *Shareholder Value*, definiert als Marktwert des Eigenkapitals, verfolgt. Die erfolgreiche Ausrichtung des Managements am Ziel der „Shareholder-Value-Maximierung"[3] und die wahrgenommene *Qualität* der Kapitalmarktkommunikation[4] stellen für Investoren zunehmend wichtige Selektionskriterien bei der Anlageentscheidung dar. Der Anlageentscheidung vorgeschaltet, haben die Finanzanalysten eine gewichtige Position inne: als Meinungsbildner und Informationsverarbeiter haben sie durch ihre Empfehlungen massiven Einfluss auf die Anlageentscheidungen der Investoren.[5] Folglich ist eine intensive Beziehungspflege seitens der Unternehmen mittels Kapitalmarktkommunikation unerlässlich.[6] Um einen optimalen Kommunikationserfolg zu erzielen, d.h. die wertschaffende Nutzung des Shareholder-Value-Instrumentariums[7] für Investoren und Finanzanalysten transparent und glaubwürdig darzustellen, stellt sich für börsennotierte Unternehmen und potenzielle Börsenkandidaten[8] die Frage, welche Informationen in welcher Form kommuniziert werden sollten.

Insbesondere Wachstumsunternehmen der „*New Economy*"[9] – meist am *Neuen Markt*[10] gelistet - sind aufgrund ihres zumeist geringen Bekanntheitsgrades innerhalb der *Finan-*

---

[1]  Beyer (1996), S. 16.

[2]  Vgl. Günther/Nürnberger (1997), S. 2; Rosen (1997), S. 1.

[3]  Vgl. PriceWaterhouse (1998a), S. 6, Küting (2000a), S. 30.

[4]  Vgl. Mavrinac (1997), S. 36.

[5]  Vgl. exemplarisch Gerke/Oerke (1998), S.2 f.

[6]  Vgl. Locarek-Junge/Riddermann/Sonntag (1999), S. 7. Vgl. IRES (1998), S. 19 und S. 21.

[7]  Vgl. Küting/Hütten/Lorson (1995), S. 1807; Rosen (1997), S. 12.

[8]  Die *Attraktivität* des deutschen Kapitalmarktes, insbesondere des Neuen Marktes, zeigte sich insbesondere im vergangenen Jahr 2000 mit über 150 Neuemissionen. Im Jahr 2001 war eine deutliche Abkühlung zu verzeichnen. So wurden bis zum Juli 2001 lediglich 11 Neuemissionen am Neuen Markt gezählt. Vgl. Deutsche Börse (2001c), o.S.

[9]  Unter den Begriff der „*New Economy*" subsumiert man auch die Begriffe der Wissensökonomie und der Internetökonomie. Kennzeichnend ist vor allem die Dominanz von immateriellen Gütern, v.a. Informationen, deren Produktionskosten gleich null sind. Vgl. Klotz (2000), S. 31.

*cial Community*[11] auf eine effiziente Kapitalmarktkommunikation angewiesen. Die Beschäftigung mit diesen erst seit kurzer Zeit börsennotierten Unternehmen (*„Newly Quoted Companies"*) und deren Problemen und Anforderungen im Gegensatz zu am Kapitalmarkt bereits etablierten Unternehmen ist dem (in Deutschland erst in der Entstehung begriffenen, in den USA allerdings reiferen) Forschungsgebiet *„Entrepreneurial Finance"* zuzuordnen. Innerhalb dieses Forschungsgebietes werden die Besonderheiten von jungen und wachstumsstarken Unternehmen in sämtlichen Finanzierungsphasen und -aspekten betrachtet. Dies geschieht nicht nur aus dem Blickwinkel der kapitalsuchenden Unternehmen, sondern ebenfalls aus Sicht der in den verschiedenen Finanzierungsphasen relevanten Kapitalgeber respektive Intermediären und Dienstleistern.

Die vorliegende Arbeit betrachtet börsennotierte und bereits börsenreife Wachstumsunternehmen, die in der Anfangsphase ihrer Kapitalmarktexistenz nur über geringe Ressourcen[12] für die wichtige Kommunikationsaufgabe mit dem Kapitalmarkt verfügen und daher besondere Anstrengungen unternehmen müssen, um auf den „Radarschirm" der Finanzanalysten zu gelangen.[13]

Um eine effiziente Kapitalmarktkommunikation zu gewährleisten, gilt es allgemein, folgende, teilweise interdependente Teilaspekte[14] zu beachten:

- Bereitstellung einer adäquaten, nicht wettbewerbsschädigenden Menge an Informationen, welche nicht gegen Insiderregelungen verstößt (Quantität)
- Gewährleistung zeitnaher und kontinuierlicher Informationsversorgung (Zeit)
- Veröffentlichung entscheidungsrelevanter Informationen unter Beachtung der Informationsbedürfnisse der unterschiedlichen Adressaten – sowohl Kleinanleger als auch professionelle Adressaten (Qualität)
- Wahl eines adäquaten Kommunikationsmediums unter Berücksichtigung des Zeit- und Mengenproblems (Medien)

---

[10]   Im Juli 2001 waren 342 Unternehmen mit einer Marktkapitalisierung von über 58 Mrd. EURO am Neuen Markt gelistet. Vgl. Deutsche Börse AG (2001a), o.S.

[11]   Unter Financial Community werden potenzielle Aktionäre, Fondsmanager, Finanzanalysten, Anlageberater, Wirtschaftsjournalisten und bestehende Eigen- und Fremdkapitalgeber verstanden. Vgl. bspw. Allendorf (1996), S. 46.

[12]   Vgl. Deutsche Bank Research (1999), S. 122.

[13]   Vgl. Achleitner/Bassen (2000a), S. B1.

[14]   Vgl. Horvath (1998), S. 336, der jene Aspekte für die effiziente Informationsversorgung im Rahmen des Controlling definiert. Sie sind für die Behandlung des vorliegenden Themas jedoch übertragbar.

Unternehmen sollten anstreben, einen optimalen „Mix" dieser vier Teilaspekte zu erreichen. *Nebenbedingungen* dieser Optimierungsaufgabe sind hierbei das Kommunikati-
onsziel, die zur Verfügung stehenden Ressourcen (Zeit, Budget, Humankapital), die
jeweiligen Unternehmensspezifika und die anvisierte Zielgruppe.

Das Hauptziel der Arbeit ist es, unter Beachtung der oben genannten Teilaspekte *Bewertungskriterien* aufzuzeigen, anhand derer eine effiziente Kapitalmarktkommunikation im Rahmen der wertorientierten Unternehmensführung ausgestaltet werden kann.
Im Vordergrund stehen die spezifischen Voraussetzungen und Charakteristika von
Wachstumsunternehmen, hier verstanden als Neue-Markt-Unternehmen, und die Informationsbedürfnisse der Finanzanalysten als Hauptzielgruppe der Wachstumsunternehmen.

## 1.2 Gang der Untersuchung

In Kapitel 2 wird der Begriff Kapitalmarktkommunikation zunächst definiert. Nach einem Überblick über Ansätze einer *theoretischen Fundierung* der Kapitalmarktkommunikation wird auf den übergeordneten Zusammenhang von Kapitalmarktkommunikation
und *wertorientierter Unternehmensführung* eingegangen, um die veränderten *Rahmenbedingungen* und die *Aufgabenstellung* der Kapitalmarktkommunikation aufzuzeigen.
Anschließend werden neben dem *Prozess des IR-Managements* die vielfältigen *Ziele*,
welche Unternehmen mit dem Einsatz der Kapitalmarktkommunikation verfolgen, erläutert. Abschließend wird ein kurzer Überblick über die zur Verfügung stehenden *Medien* gegeben und bereits eine Kategorisierung hinsichtlich wichtiger Kriterien vorgenommen.

Kapitel 3 thematisiert die *Besonderheiten von Wachstumsunternehmen* sowie die *Folgeprobleme* und *Implikationen* im Bereich der Kapitalmarktkommunikation. Die wesentlichen Bestimmungen des Regelwerks des *Neuen Marktes* in Bezug auf die
Kapitalmarktkommunikation werden vorgestellt. Das Konzept des *Value Reporting*
wird als logische Folgerung aus dem Shareholder-Value-Prinzip und als passende
Kommunikationsform insbesondere für Wachstumsunternehmen anhand der
wesentlichen inhaltlichen Charakteristika erläutert.

Kapitel 4 zielt darauf ab, die Bedeutung und Anforderungen der *Finanzanalysten* für die
Kommunikationsaktivitäten der Unternehmen herauszuarbeiten. Hierbei werden in ei-

nem ersten Teil zunächst die *Funktionsweiseder Finanzanalyse sowie Charakteristika* und *Zielgrößen* der Finanzanalysten besprochen und deren *Tätigkeit* aus einer prozessuralen Sicht untersucht. Im Einzelnen wird auch auf die Determinanten der *Analysten-Coverage* und die *Informationswirkung* von Analystenempfehlungen eingegangen. Danach werden verschiedene *Unternehmensbewertungsmethoden* vor dem Hintergrund bewertungsrelevanter Besonderheiten von Wachstumsunternehmen analysiert, um den Informationsbedarf von Finanzanalysten zu approximieren.

Kapitel 5 gibt zunächst einen breiten Überblick über *empirische Studien* im Bereich der Kapitalmarktkommunikation in Deutschland. Es sollen insbesondere Ergebnisse zum *Informationsbedarf* und dem *Informationsverhalten* der Finanzanalysten sowie Ergebnisse zu *Wachstumsunternehmen* herausgefiltert werden. Die Analyse und die Beurteilung bereits durchgeführter Studien erleichtern die Ableitung des weiteren Forschungsbedarfs und stellen den Ausgangspunkt für die Darstellung der eigenen Befragungsergebnisse dar. Jene dienen der Konkretisierung der bis dato vorliegenden Ergebnisse und der Gewinnung neuer Erkenntnisse für den Kommunikationsprozess mit Finanzanalysten.

Erst anschließend können auf Basis der theoretischen Überlegungen und empirischen Ergebnisse Gestaltungsempfehlungen in Form eines Kriterienkataloges zusammen getragen werden. In Kapitel 6 erfolgt die Ableitung von *Bewertungskriterien* im Rahmen eines *Analyst Communication Models*. Hierbei sollen soweit möglich Empfehlungen hinsichtlich der vier Teilaspekte - Quantität, Zeit, Qualität und Medium - gegeben werden, die geeignet sind, Wachstumsunternehmen einen Orientierungsrahmen für die Ausgestaltung der Kapitalmarktkommunikation mit Finanzanalysten zu liefern.

Kapitel 7 fasst die wesentlichen Ergebnisse der Arbeit zusammen und weist auf zukünftige Trends und Forschungsbedarf im Bereich der Kapitalmarktkommunikation hin.

## 2 Grundlagen der Kapitalmarktkommunikation

### 2.1 Grundbegriffe

Der Begriff Kapitalmarktkommunikation wird im Rahmen dieser Arbeit mit *Investor Relations i.e.S. (IR)* gleichgesetzt.[15] Verstanden als informations- und kommunikationspolitischer Teil des *Aktienmarketings*[16] handelt es sich um die Offenlegung börsenkursrelevanter Informationen und deren Verbreitung in der Financial Community.[17] Kapitalmarktkommunikation ist somit als strategisch geplante und zielgerichtete Gestaltung der Kommunikationsbeziehungen zwischen einem börsennotierten Unternehmen und den einzelnen Mitgliedern der Financial Community zu definieren.[18]

Die Summe der Kommunikationsaktivitäten dient nicht nur der Bindung und Beeinflussung bereits engagierter Investoren und Multiplikatoren, sondern auch der Gewinnung neuer Kapitalgeber.[19] Die im HGB in den §§ 242 und 264 verankerte *Publizität*, verstanden als „die Offenlegung und Verbreitung von Informationen über die wirtschaftliche und finanzielle Lage eines Unternehmens einschließlich dessen Entwicklungsaussichten"[20], ist Bestandteil der Kapitalmarktkommunikation. Jene ist daher nicht ausschließlich mit freiwilliger Kommunikation gleichzusetzen.[21] Entwicklungen in der Rechnungslegung und rechtliche Rahmenbedingungen, wie z.B. der in § 15 WpHG geregelten Ad-hoc-Publizität, haben demnach einen nicht zu vernachlässigenden Einfluss auf die Kapitalmarktkommunikation.

---

[15]   *Investor Relations i.w.S.* schließt neben der Kommunikationspolitik zusätzlich die Dividenden-, Titel-, Emissions- und Börsenpolitik ein, die hier nur am Rande betrachtet werden. Vgl. Drill (1995), S. 60; Lindner (1999), S. 43.

[16]   Vgl. Link (1991), S. 11; Allendorf (1996), S. 37. Die Informationspolitik bezieht sich auf die Bereitstellung bewertungsrelevanter Informationen, während die Kommunikationspolitik eine *Präferenzbildung* bei den Zielgruppen erreichen möchte. Vgl. Drill (1995), S. 75.

[17]   Die Ansprache der Multiplikatoren, d.h. Finanzanalysten, Wirtschaftsjournalisten etc., wird oft mit dem Begriff „*Opinion Leader Relations*" beschrieben. Die im Rahmen der „*Creditor Relations*" angesprochenen Fremdkapitalgeber oder Rating-Agenturen werden nicht betrachtet. Vgl. Link (1991), S. 11 sowie zu *Fremdkapitalmarketing* die Arbeit von Klein (1996).

[18]   Vgl. Drill (1995), S. 55 und S. 75; Link (1991), S. 315. Hierbei ist zu betonen, dass die Kommunikation mit dem Kapitalmarkt bereits vor dem Börsengang beginnen sollte.

[19]   Vgl. Drill (1995), S. 55.

[20]   Drill (1995), S. 75.

[21]   Vgl. Hank (1999), S. 28 sowie Abschnitt 2.4.

## 2.2 Ansätze einer theoretischen Fundierung der Kapitalmarktkommunikation

Eine entscheidende Frage ist, welche theoretische Begründung für die Existenz und die Vorteilhaftigkeit einer Kapitalmarktkommunikation aus Sicht von Unternehmen und Adressaten herangezogen werden kann.

In einem vollkommen informationseffizienten, neoklassischen Kapitalmarkt[22], in dem alle Informationen den Marktteilnehmern kostenlos und gleichzeitig zur Verfügung stehen, hätte die Kapitalmarktkommunikation keine „Existenzberechtigung", da alle Informationen bereits in den Börsenkursen enthalten wären.[23] Unter der Annahme nicht streng informationseffizienter Märkte kann die Kapitalmarktkommunikation mittels einer optimalen Informationsversorgung der Kapitalmarktteilnehmer bewirken, dass der Börsenkurs den Unternehmenswert, verstanden als der Barwert der zukünftig erwarteten Cashflows, adäquat reflektiert.[24] Die Existenz von Informationsasymmetrien im Rahmen der neo-institutionalistischen Theorie[25] ist daher für die Relevanz der Kapitalmarktkommunikation eine wichtige und realistische Prämisse und wird für die weitere Abhandlung als gegeben vorausgesetzt.

Nur so ist es auch aus externer Perspektive zu erklären, dass durch eine fundamentale Aktienanalyse Überrenditen erzielt werden können. Es lassen sich zwei relevante Problemfelder[26] für die Kapitalmarktkommunikation identifizieren: Vor Vertragsabschluss, z.B. bei Kauf eines Unternehmensanteils, treten Informationsasymmetrien in Form der *„Adverse Selection"* auf. Die Qualifikation des Managements und der Mitarbeiter ist ex-ante nicht sicher überprüfbar, kann aber durch entsprechende „Signale", d.h. z.B. Informationen mittels Kapitalmarktkommunikation übermittelt werden (*Signalling*).

---

[22]　In einem *vollkommenen Kapitalmarkt* existieren weder Transaktionskosten noch Informationsasymmetrien. Steuern, potenzielle Konkurs- und Vertragskosten etc. werden somit von der Betrachtung ausgeschlossen. Vgl. Ross/Westerfield/Jaffe (1996), S. 386-400 und S. 416-430.

[23]　Zu den Formen der *Informationseffizienz* am Kapitalmarkt vgl. die grundlegenden Ausführungen von Fama (1970), S.133, der effiziente Märkte wie folgt definiert: „An efficient capital market is a market that is efficient in processing information. The prices of securities observed at any time are based on „correct" evaluation of all information available at that time. In an efficient market, prices „fully reflect" available information."

[24]　Vgl. Rehkugler (1993), S. 40; Schulz (1999), S. 59f.; Tiemann (1997), S. 156.

[25]　Eine grundlegende Darstellung gibt bspw. Richter/Furubotn (1996). Für die Verbindung zur Kapitalmarktkommunikation vgl. die Arbeiten von Hartmann-Wendels (1990) sowie Tiemann (1997), S. 107-112 und S. 155-158; Nagos (1991), S. 70-80 und Siersleben (1999), S. 113-140.

[26]　Die Problematik des *„Hold-up"*, welche ebenfalls Teil der neo-institutionalistischen Theorie ist, wird hier nicht beachtet. In diesem Fall hat z.B. ein Kapitalgeber irreversible Investitionen getätigt. Der Kapitalnehmer kann dies ausnutzen, indem er die versprochene Gegenleistung unterlässt oder zu Ungunsten des Kapitalgebers verändert. Eine grundlegende Darstellung geben bspw. Richter/Furubotn (1996).

Nach Vertragsabschluss kann es zu „*Moral Hazard*" kommen, indem das Management z.B. suboptimale Entscheidungen trifft, die nicht mit den Zielen der Kapitalgeber kompatibel sind. Dieses Moral-Hazard-Risiko wird in der Wahrnehmung der externen Adressaten durch eine transparente Kapitalmarktkommunikation und das Monitoring verschiedenster Kapitalmarktakteure, hauptsächlich institutioneller Investoren und Finanzanalysten, gemindert.

Die Konsequenz ist, dass durch Kapitalmarktkommunikation Informationsasymmetrien zwischen Unternehmen und Kapitalmarkt zumindest verringert werden können, was die Planungssicherheit der Anleger erhöht. Die sich hieraus ergebende geringere titelspezifische Volatilität führt zu einem niedrigeren Risiko und damit zu reduzierten Kapitalkosten. Die Kapitalmarktkommunikation kann somit einen aktiven Beitrag zur Wertgenerierung für das einzelne Unternehmen leisten. Letztlich kann die Kapitalmarktkommunikation die Kapitalmarkteffizienz durch die Steigerung der *Informationseffizienz* verbessern und die Insider-Gefahr abschwächen.[27]

## 2.3 Kapitalmarktkommunikation und wertorientierte Unternehmensführung

Die wertorientierte Unternehmensführung hat veränderte Rahmenbedingungen und ein neues Verständnis der Kapitalmarktkommunikation geschaffen. Die Kapitalmarktkommunikation als *Schnittstelle* zwischen den "Leistungen des Managements und ihrer Beurteilung durch den Aktionär"[28] hat im Rahmen der wertorientierten Unternehmensführung einen neuen *Kontext* erhalten.[29] Hierfür gibt es unternehmensexterne und unternehmensinterne Einflussfaktoren.

Unternehmensextern verstärken der gestiegene Informationsbedarf der Financial Community, neue Analyse- und Bewertungsmethoden[30] und gesetzliche Regelungen, wie z.B. das Gesetz zur Kontrolle und Transparenz im Unternehmensbereich (KonTraG) und das Kapitalaufnahmeerleichterungsgesetz (KapAEG)[31] die Kapitalmarktorientie-

---

[27]  Vgl. Frei (1998), S. 166; Byrd et al. (1993), S. 50; Krystek/Müller (1993), S. 1789.

[28]  Hail (1999), S. 42.

[29]  Vgl. Mavrinac (1997), S. 25.

[30]  Vgl. dazu Kapitel 4. So weist auch Freidank (2000), S. 17, darauf hin, dass das Shareholder-Value-Konzept eine Verstärkung der Investor-Relations-Aktivitäten beinhalte.

[31]  Laut dem *Gesetz zur Kontrolle und Transparenz im Unternehmensbereich* (KonTraG) muss im Lagebericht auf Risiken der zukünftigen Entwicklung eingegangen sowie ein Risikomanagementsystem implementiert werden. Das *Kapitalaufnahmeerleichterungs-Gesetz* (KapAEG) ermöglicht es Unternehmen, einen

rung der Unternehmen und schaffen neue Rahmenbedingungen für die Kapitalmarkt-kommunikation.[32]

Unternehmensintern hat die Umsetzung der wertorientierten Unternehmensführung Konsequenzen für die strategische Planung, das Controlling und die Anreizsysteme.[33] Strategien im Allgemeinen sowie geplante Diversifikations-, Akquisitions- und Beteiligungsvorhaben im Speziellen werden anhand ihres Beitrags zur Unternehmenswertsteigerung gemessen.[34] Das Controllingsystem wird darauf ausgerichtet, die Wertschaffung sowohl auf strategischer als auch auf operativer Ebene zu überwachen.[35] Im Rahmen eines *„Paradigmenwechsel der Wertmessung"*[36] ersetzen und erweitern neue wertorientierte Erfolgsmaßstäbe wie z.B. EVA, CFROI bereits bekannte Maßstäbe wie den ROI, ROE etc.[37] Die Kapitalkosten werden neben dem Cashflow zu einer zentralen Größe: Es wird unternehmensweit oder geschäftsfeldspezifisch ein Kapitalkostensatz festgelegt, der das Geschäfts- und Finanzierungsrisiko adäquat widerspiegelt und den neuen Benchmark für die Wertschaffung bildet.[38] Anreizsysteme in Form erfolgsabhängiger Bezahlung gewinnen als Führungsinstrument, insbesondere bei Wachstumsunternehmen, an Bedeutung.[39]

Insgesamt erhält der unternehmerische Entscheidungsprozess durch die wertorientierte Unternehmensführung neue Regeln.[40] Für die Kapitalmarktkommunikation resultieren primär zwei Aufgaben: die Marktbewertung ist mit der internen Bewertung des Unternehmens zu harmonisieren und *„indicators of shareholder value creation"*[41] sind an externe Adressaten zu vermitteln. Diese Aufgabenstellungen werden durch die folgenden Konzepte von Copeland/Koller/Murrin und Günther beschrieben.

---

den Konzernabschluss nach internationalen Rechnungslegungsgrundsätzen aufzustellen. Vgl. auch Glaum (1998), S. 9.

[32]   Vgl. Deutsche Bank Research (1999), S. 115.

[33]   Vgl. hierzu Klingebiel (2000), S.

[34]   Vgl. Rappaport (1999), S. 105-140.

[35]   Vgl. Pellens/Crasselt/Rockholtz (1998), S. 3.

[36]   Ampuero/Goranson/Scott (1998), S. 46.

[37]   Vgl. Ampuero/Goranson/Scott (1998), S. 46. Siehe auch Abschnitt 4.3.3.

[38]   Vgl. Kunz (1998), S. 409.

[39]   Vgl. Volkart (1998), S. 53; Günther (1999), S. 368; Pellens/Crasselt/Rockholtz (1998), S. 3.

[40]   *„Value based management (VBM) is an approach to management whereby the company´s overall aspirations, analytical techniques and management processes are all aligned to help the company maximize its value by focusing management decision making on the key drivers of value."* Copeland/Koller/Murrin (1995), S. 96.

[41]   PriceWaterhouseCoopers (1998b), o.S.

Das Restrukturierungspentagon von Copeland/Koller/Murrin (Abbildung 1) zeigt die Komplementarität der Kapitalmarktkommunikation zu unternehmensinternen Wertoptimierungsmaßnahmen auf. Der Fokus liegt auf den verschiedenen Möglichkeiten der operativen und strategischen Wertschaffung durch ein Unternehmen und den jeweiligen Ansatzpunkten der Kapitalmarktkommunikation, welche eng mit der internen Unternehmensentwicklung „verzahnt" sein sollte.[42] Der Bezug zum Marktwert des Unternehmens als Ziel der Optimierung wird deutlich. Bestehende *Wertlücken* zwischen dem tatsächlichen Unternehmenswert und dem Börsenwert sind zu schließen.[43]

Abbildung 1:  Ansatzpunkte der Kapitalmarktkommunikation im Wertoptimierungsprozess

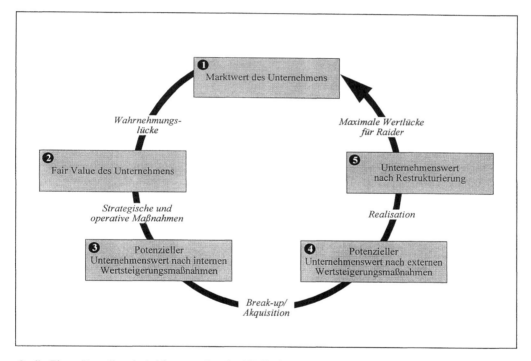

Quelle: Eigene Darstellung in Anlehnung an Copeland/Koller/Murrin (1993), S. 61, Deutsche Bank Research (1999), S. 116.

---

[42]  Vgl. Copeland/Koller/Murrin (1993), S. 61; Black/Wright/Bachman (1998), S. 343.

[43]  Vgl. Abbildung 5. Eine fundamentale Unterbewertung kann aufgrund von Marktineffizienzen und *beschränkter Rationalität* der Marktteilnehmer zustande kommen und erhöht die Gefahr einer feindlichen Übernahme. Vgl. Paul (1993), S. 139f. Siehe auch Drill (1995), S. 55.

Die Kapitalmarktkommunikation erfüllt in dieser Darstellung eine *Informationsver-mittlungs-* sowie eine *Wertoptimierungsfunktion*.[44] Dies geschieht dadurch, dass die Kapitalmarktkommunikation zum einen *Wahrnehmungslücken* mindert und zum anderen indirekten Einfluss auf die Behebung *struktureller* und *operativer* Wertlücken[45] hat.

Strukturelle Wertlücken resultieren aus einer ineffizienten Aktien- oder Finanzstruktur und lassen sich z.B. durch die Gestaltung der Aktiengattung, der Indexzugehörigkeit sowie der Steuerung der Aktionärs- und Kapitalstruktur vermindern.[46] Die Kapitalmarktkommunikation ist indirekt mit diesen drei Aspekten verbunden. So werden *Namensaktien* als Instrument der Investor Relations immer beliebter.[47] Im Rahmen qualitativer Indexkriterien spielt die Ausgestaltung von Geschäfts- und Quartalsberichten sowie die Durchführung von Analystenmeetings eine Rolle für die Indexaufnahme.[48] Die Kapitalmarktkommunikation kann unterstützend wirken, wenn es darum geht, sowohl eine Diversifikation der Aktionärsstruktur, d.h. einen „Mix" unterschiedlicher Anlagestrategien[49] zu erreichen, als auch eine Konzentration auf *„Supportive Shareholders"*[50] herbeizuführen.

Operative Wertlücken sind Folge einer suboptimalen Rentabilität, welche durch gezielte Restrukturierungsmaßnahmen, bspw. Spin-offs, eliminiert werden könnte.[51] Jene Wertlücken könnten mit Hilfe wertorientierter Controllinginstrumente erkannt werden und Ansatzpunkte für gezielte Kommunikationsaktivitäten sein.[52] Dies deutet wiederum daraufhin, dass ein Unternehmen entsprechende interne Rahmenbedingungen schaffen muss, um die Kapitalmarktkommunikation wertoptimierend nutzen zu können.[53] Allerdings ist zu erwähnen, dass der fundamentale Shareholder Value des Unternehmens

---

[44] Vgl. Deutsche Bank Research (1999), S. 117. Eine unzureichende *Informationsverarbeitung* am Kapitalmarkt ist durch Kapitalmarktkommunikation jedoch nicht beeinflussbar. Vgl. Günther/Nürnberger (1997), S. 16.

[45] Vgl. Deutsche Bank Research (1999), S. 117. Günther beachtet nur die Wahrnehmungslücken. Vgl. Günther (1998), S. 86.

[46] Vgl. Deutsche Bank Research (1999), S. 117. Zur Gestaltung der Aktionärs- und Kapitalstruktur am Neuen Markt vgl. Bessler/Kurth/Thies (2001), S. 225-263; zur Entwicklung der Investorenbasis vgl. Illhardt (2001), S. B3.

[47] Vgl. Harrer/Mölling (2001); Reuter/Tebroke (2000); Noack (2001).

[48] Vgl. Wetzel (2001), S. 15 f.

[49] Vgl. Byrd et al. (1993), S. 51.

[50] *Supportive Shareholders* sind Investoren, deren Anlagestrategie mit der des Unternehmens kompatibel ist, bspw. „Growth Investors" für Wachstumsunternehmen. Vgl. Mahoney (1991), S. 25.

[51] Vgl. Deutsche Bank Research (1999), S. 118. Zur Kapitalmarktkommunikation im Rahmen des Corporate Restructuring vgl. Achleitner/Charifzadeh (2001), S.761-768.

[52] Vgl. Lauterbach (1999), S. 183-197.

[53] Vgl. Drill (1995), S. 61.

nicht direkt von der Informationsmenge, -qualität oder -schnelligkeit abhängt, sondern nur durch Maßnahmen erhöht werden kann, welche die Ertragskraft des Unternehmens stärken.[54]

Abbildung 2: Zusammenhang zwischen Kapitalmarktkommunikation und wertorientierter Unternehmensführung

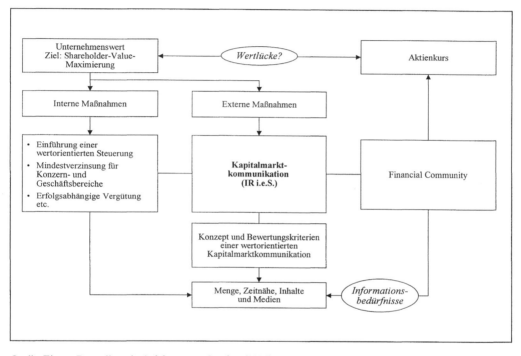

Quelle: Eigene Darstellung in Anlehnung an Günther (1999), S. 363.

Das *Zusammenspiel* mit dem Kapitalmarkt zeigt Abbildung 2. Der Kapitalmarktkommunikation kommt als externe Maßnahme der wertorientierten Unternehmensführung die Aufgabe zu, die Wertgenerierung im Unternehmen für die Investoren und Multiplikatoren glaubwürdig zu „übersetzen". Die Erwartungen der Financial Community bezüglich der Wertentwicklung des Unternehmens sollen beeinflusst[55] und es soll garantiert werden, dass die internen Voraussetzungen für eine nachhaltige Wertsteigerung gegeben sind.[56] Ein Unternehmen erleichtert es den Adressaten somit, künftige

---

54  Vgl. Achleitner/Charifzadeh (2001), S. 763.

55  Vgl. Helfert (1998), S. 14; Winkler (1994), S. 233; Obermaier (1993), S. 96, Nix (2000), S. 228.

56  Vgl. Seeberg (1998), S. 611; Reichardt (1999), S. 133.

Wertsteigerungen zu antizipieren. Resultierende Kurssteigerungen stellen eine tatsächliche Wertschaffung für die Unternehmenseigner dar.[57]

Es besteht somit ein *interdependenter Zusammenhang* zwischen Kapitalmarktkommunikation und wertorientierter Unternehmensführung. Die Kapitalmarktkommunikation wird als *„konstituierende Komponente"*[58] des Shareholder-Value-Ansatzes verstanden. Für ein umfassendes Verständnis der Kapitalmarktkommunikation im Rahmen der wertorientierten Unternehmensführung sollte sowohl die unternehmensinterne als auch die externe Perspektive des Kapitalmarktes betrachtet werden. Nachdem die Aufgaben und das gewandelte Verständnis der Kapitalmarktkommunikation beschrieben wurde, ist zu klären, wie das Management der Kapitalmarktkommunikation in der Praxis ablaufen sollte.

## 2.4 IR-Management

### 2.4.1 Grundsätze, Entscheidungsparameter und Phasen des IR-Managements

Für die Gestaltung der Kapitalmarktkommunikation werden in der Literatur und in der Praxis, so z.B. vom Deutschen Investor Relations Kreis (DIRK), Grundsätze formuliert.[59] Jene sollten in das Management der Kapitalmarktkommunikation einfließen, welches laut Drill (1995) mehrere, nicht rein sequenzielle Phasen durchläuft. Jede (idealtypische) Phase weist spezifische Entscheidungsparameter auf, deren optimale Gestaltung u.a. von den gegebenen Unternehmensspezifika und den Umweltbedingungen abhängen.[60] Abbildung 3 verdeutlicht die Zusammenhänge.

---

[57]  Vgl. Günther/Nürnberger (1997), S. 5.

[58]  Zimmermann/Wortmann (2001), S. 293.

[59]  Vgl. Abbildung 1.

[60]  Vgl. Abschnitt 3.1. Die Unternehmensspezifika bestimmen nicht nur die für die Kapitalmarktkommunikation geltenden Rahmenbedingungen in der Konzeptionsphase, sondern unter den gegebenen Informationspräferenzen der anvisierten Zielgruppe auch die Informationsinhalte und -medien in der Planungs- und Durchführungsphase.

Abbildung 3: Grundsätze, Entscheidungsparameter und Phasen des IR-Managements

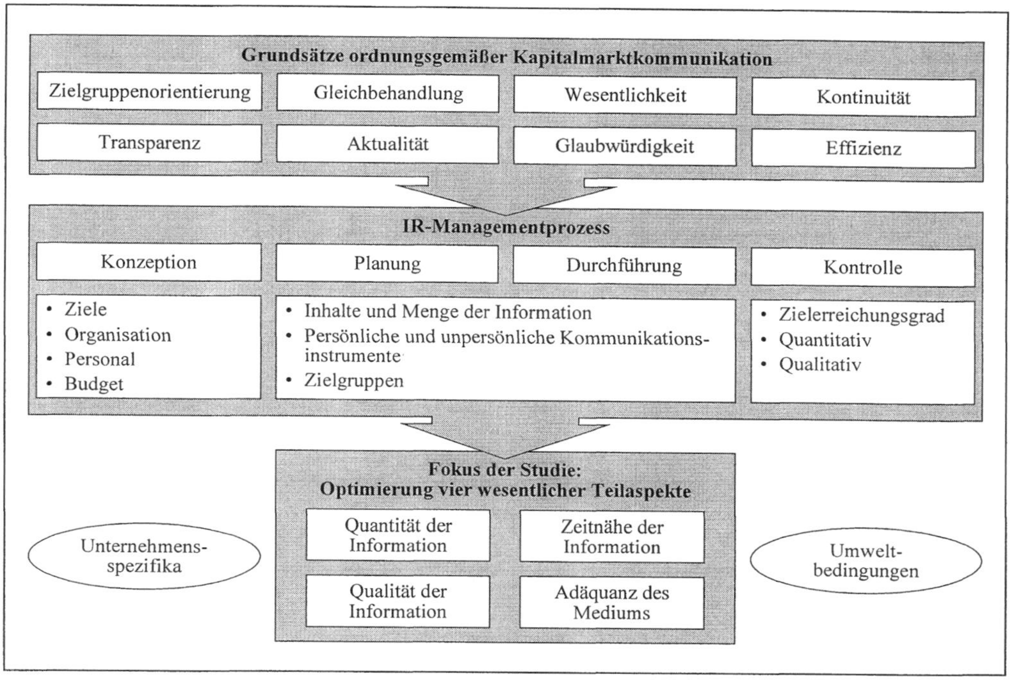

Quelle: Eigene Darstellung in Anlehnung an Drill (1995), S. 214 f.; Leven (1998), S. 58 und Link (1991), S. 351.

Die Grundsätze der Kapitalmarktkommunikation sind als Grundwerte des IR-Managements zu verstehen. Sie sind teilweise in der Praxis nicht gleichzeitig erfüllbar und sollten somit im Rahmen des unternehmensspezifischen IR-Managements ausgestaltet werden.

Die Entscheidungsparameter der einzelnen Phasen des IR-Managements sollten unter Berücksichtigung der genannten Grundsätze optimiert werden. Das Unternehmen legt in einer *Konzeptionsphase* zunächst die Rahmenbedingungen in Form der grundlegenden Ziele der IR-Aktivitäten, der Organisation, des Personals sowie des Budgets fest. Hierbei erscheint vor allem die unternehmensindividuelle Zielgewichtung i.S. einer Zielhierarchie interessant.[61] Die Organisation umfasst die *hierarchische Einordnung* innerhalb des Unternehmens, das *Alter* der IR-Abteilung und das etwaige *Outsourcing* von IR-Aufgaben. Abbildung 4 zeigt den Idealfall einer unternehmensinternen Einbindung, wobei für Wachstumsunternehmen aufgrund der meist überschaubareren Unterneh-

---

[61]   Vgl. hierfür Abschnitt 3.2.

mensstrukturen von einer geringeren Zahl an Schnittstellen ausgegangen werden kann. Die Anzahl und Qualifikation der *Mitarbeiter* und die *Budgethöhe* stellen weitere wichtige Aspekte dar. Die Ausprägung der genannten Parameter spiegeln den internen Stellenwert der Investor Relations wider.

Abbildung 4: Idealfall einer unternehmensinternen Einbindung

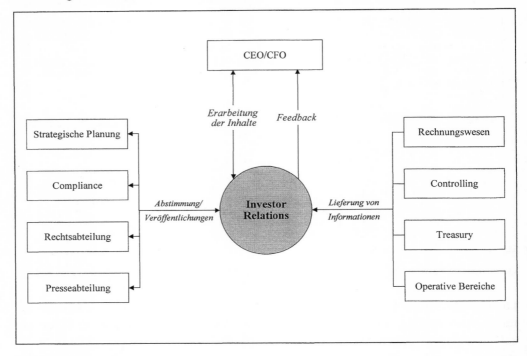

Quelle: Schmitt (2001), S. 13.

In der folgenden *Planungsphase* wird auf Basis der IR-Ziele der zielgruppenspezifische Einsatz der Kommunikationsinstrumente im Rahmen eines IR-Programms bestimmt. Hierbei ist allgemein zu untersuchen, welche Bedeutung den einzelnen Zielgruppen und Kommunikationsinstrumenten aus Unternehmenssicht zugeschrieben wird und welche Zielgruppen mit welchen Instrumenten angesprochen werden. Die Kommunikationsinhalte, d.h. die Quantität und Qualität der gewährten Informationen, sowie die Ausgestaltung der einzelnen Kommunikationsinstrumente werden in der *Durchsetzungsphase* offensichtlich. Komplementär zur unternehmerischen Perspektive spielt die aus Adressatensicht gewünschte Gestaltung der Kommunikationsinstrumente und -inhalte eine wesentliche Rolle in beiden Phasen. Ein Abgleich der Perspektiven lässt wertvolle

Rückschlüsse über die Effektivität des IR-Programms zu und hilft, etwaige Unstimmigkeiten zwischen der Unternehmens- und der Adressatensicht auszugleichen. Die hier fokussierten Teilaspekte - Quantität, Zeit, Qualität und Medium - sind als die Schlüsselgrößen einer effizienten und zielgruppenorientierten Kommunikation beiden Phasen zuzuordnen.

Die *Kontrollphase* dient der Überprüfung des IR-Erfolgs anhand der postulierten IR-Ziele. Systematische Kontrollmaßnahmen sollten idealer weise dazu eingesetzt werden, die quantitativen und qualitativen Wirkungen der Kapitalmarktkommunikation festzustellen. Ziel ist es, möglichst konkrete Anhaltspunkte über das Kosten-Nutzen-Verhältnis der Kapitalmarktkommunikation zu erhalten, um neue Impulse an die konzeptionelle Ausgestaltung und die detaillierte Umsetzung zu geben.

## 2.4.2 Zielsystem der Kapitalmarktkommunikation

Der Kapitalmarktkommunikation wird eine unterstützende Funktion im Rahmen des primären Unternehmenszieles „Shareholder-Value-Maximierung" zugeschrieben.[62] Als Oberziel der Kapitalmarktkommunikation wird eine *angemessene Unternehmensbewertung* in Form eines langfristig maximalen Aktienkurses verfolgt.[63] Es ist somit einsichtig, dass die Finanzanalysten, deren Aufgabe die Bewertung von Investitionsmöglichkeiten und eine daraus abgeleitete Empfehlung ist, einen Fokuspunkt für die Kapitalmarktkommunikation darstellen.[64]

Bezüglich der Unterziele werden in der Literatur entweder kommunikations- oder finanzierungspolitische Schwerpunkte gesetzt, wobei von *Wechselwirkungen* zwischen den Unterzielen auszugehen ist.[65] Abbildung 5 listet mögliche Ziele und deren erwartete Wirkung auf.

Allendorf betont die förderliche Wirkung der Kapitalmarktkommunikation bezüglich des Abbaus von *Informationsasymmetrien* zwischen Unternehmenseignern und Management.[66] Drill erwähnt die Steuerung der Aktionärsstruktur, um u.a. eine höhere

---

[62] Vgl. z.B. Drill (1995), S. 55; Allendorf (1996), S. 40.

[63] Vgl. Drill (1995), S. 55; Link (1991), S. 134.

[64] Dies wird in empirischen Umfragen auch mehrfach bestätigt. Vgl. z.B. Deutsche Bank Research (1999), S. 126 sowie Günther/Otterbein (1996), S. 403 sowie Kapitel 5.

[65] Vgl. Serfling/Großkopff/Röder (1998), S. 274.

[66] Vgl. Allendorf (1996), S. 37.

16

*Bewertungsstabilität* durch breitere Aktienstreuung sowie eine *Internationalisierung* der Aktionärsstruktur zu erreichen.[67] Hartmann stellt den *Vertrauensaufbau* zur Financial Community und die Erhöhung des *Bekanntheitsgrades* des Unternehmens in den Mittelpunkt.[68] Taeubert sieht das *Image* als zentrale Größe, welche durch die Kapitalmarktkommunikation positiv beeinflusst werden kann.[69] Serfling ermittelt, dass strategische Wettbewerbsvorteile am Kapitalmarkt in Form geringerer *Kapitalkosten* und der langfristigen Sicherung des Zugangs zu Finanzmitteln ein Hauptanliegen der Kapitalmarktkommunikation sind.[70]

Abbildung 5: Zielsystem der Kapitalmarktkommunikation

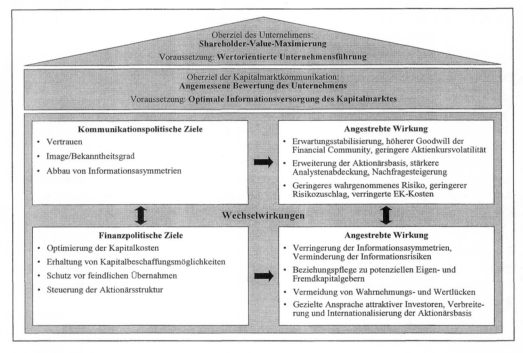

Quelle: Eigene Darstellung in Anlehnung an Drill (1995), S. 57; Allendorf (1996), S. 43-45; Link (1993), S. 119; Paul (1993), S. 136.

---

[67]  Vgl. Drill (1995), S. 59; Paul (1993), S. 141.

[68]  Vgl. Hartmann (1968), S. 70. Zum Vertrauensaspekt vgl. auch Tuominen (1995), S. 303.

[69]  Vgl. Taeubert (1997), S. 223.

[70]  Die Kapitalmarktkommunikation ist somit eng mit dem Zielsystem des Finanzbereiches verbunden. Vgl. Serfling/Großkopff/Röder (1998), S. 273; Krystek/Müller (1993), S. 1788, Schulz (1999), S. 236.

In der Praxis ist zu vermuten, dass eine Zielhierarchie unternehmens- und situationsspezifisch gebildet wird und keine allgemeingültige Rangfolge der Unterziele angegeben werden kann. Zudem erscheint es notwendig zu überprüfen, ob die theoretisch gelegten Schwerpunkte auch in der Praxis wiederzufinden sind. Ein weiteres Interesse gilt der Frage, ob sich Unterschiede im Zielsystem zwischen etablierten und Wachstumsunternehmen feststellen lassen.

Aus theoretischer Sicht besteht das Zielsystem der Kapitalmarktkommunikation somit aus einer Vielzahl an Wirkungsketten, welche die Zielgrößen untereinander vernetzen. Allerdings bestehen wiederum unterschiedliche Vorstellungen über den Ablauf der Wirkungsketten. Beispielhaft wird diese Komplexität am Ziel der Kapitalkostensenkung dargestellt. Die Kapitalkosten, bzw. der Opportunitätskostengedanke haben im Rahmen einer wertorientierten Unternehmensführung an Bedeutung gewonnen.[71] Eine Steigerung des Shareholder Value im Rahmen des Wertsteigerungsnetzwerkes von Rappaport kann durch eine Erhöhung der Cashflows oder eine Absenkung der Kapitalkosten[72] erreicht werden. Für die Kapitalmarktkommunikation wird ein enormer Wertsteigerungsbeitrag durch die positive Beeinflussung der Kapitalmarktkommunikation erwartet[73], Günther stuft die Bedeutung der Kapitalkostensenkung als Zielgröße allerdings geringer ein, da die Kapitalmarktkommunikation nur ein Einflussfaktor neben z.B. der Finanzierungsstruktur ist.[74]

Die in der Literatur besprochenen Mechanismen, welche letztendlich eine Senkung der Kapitalkosten herbeiführen sollen, sind vielfältig: sowohl eine vorteilhafte Beeinflussung der Sekundärmarktliquidität, die Senkung des Schätz- und Informationsrisikos, die Steuerung der Investorenbasis als auch des Analystenverhaltens werden herangezogen.[75]

Bezüglich der Senkung des Schätz- und Informationsrisikos mindert die Kapitalmarktkommunikation die auf Informationsasymmetrien[76] beruhende Komponente der Eigenkapitalkosten. Tiemann (1997) bezeichnet diesen Anteil, wie Abbildung 6 zeigt,

---

[71]   Vgl. ABSCHNITT 3.1.

[72]   RAPPAPORT bezieht sich hierbei auf die durchschnittlichen Kapitalkosten (WACC).

[73]   Vgl. Deutsche Bank (1999), S. 124f.

[74]   Vgl. Günther/Otterbein (1996), S. 397.

[75]   Für einen Überblick der wichtigsten Studien vgl. Labhart (1999), S. 72-96. Zum Analystenverhalten vgl. ABSCHNITT 3.2. Allerdings kann die Veränderung der Investorenbasis auch zu einer Steigerung der Volatilität und somit zu einer Erhöhung der Kapitalkosten führen. Vgl. Bushee/Noe (1999), S. 4.

[76]   Zu einem kapitalmarkttheoretischen Modell der Wirkungsweise von Investor Relations bezüglich Informationsasymmetrien vgl. Allendorf (1996), S. 132-135.

als ‚Misstrauenszuschlag' und bedient sich, wie auch vorliegende Studie, den Annahmen der neo-institutionalistischen Finanzierungstheorie. Die Reduktion der Informationsasymmetrien senkt *Informationsrisiken* für externe Adressaten[77] und beugt somit einer Fehlallokation von Kapital vor.[78] Die geforderte Risikokompensation sinkt somit und die Eigenkapitalkosten verringern sich. Tiemann weist auf einen möglichen *Trade-off* zwischen den von der Kapitalmarktkommunikation induzierten Publizitätskosten und der möglichen Kapitalkostenreduktion hin.[79] Der gleiche Mechanismus ist für die Fremdkapitalkosten denkbar: die Kapitalmarktkommunikation ermöglicht eine transparentere Bonitätseinschätzung und senkt somit wahrgenommene Risiken potenzieller Fremdkapitalgeber.[80]

---

[77] Vgl. Weidekind (1994), S. 50.

[78] Vgl. AICPA (1994), S. 2 (Chapter 4). *Informationsrisiko* ist definiert als: "Investor uncertainty as to future earnings attributable to management deficiencies in providing timely, accurate and complete information about a company's business fundamentals and intended actions." Vgl. Farragher/Kleinman/Bazaz (1994), S. 405. Schätzrisiken bezeichnen eine Situation, in welcher eine große wahrgenommene Unsicherheit über das Unternehmensergebnis besteht; sie äußern sich bspw. in einer hohen Streuung der am Markt verfügbaren Analystenprognosen.

[79] Der Nachweis gelingt nur unter den Annahmen des *Dividendenmodells*, in dem der Quotient aus Dividende und Aktienkurs die Höhe der Eigenkapitalkosten bestimmt. Vgl. Tiemann (1997), S. 301f., sowie S. 157 und S. 313f.

[80] Vgl. Drill (1995), S. 68; Sengupta (1998), S. 470f.

Abbildung 6: Einfluss der Kapitalmarktkommunikation auf die Kapitalkosten in der neo-institutionalistischen Theorie

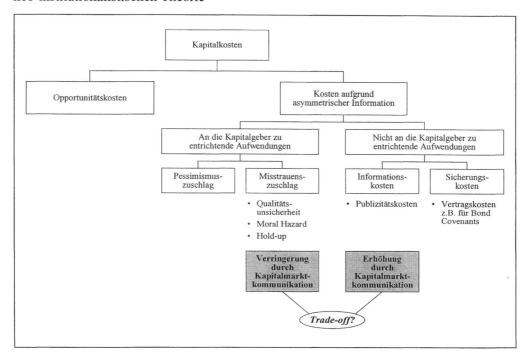

Quelle: Eigene Darstellung in Anlehnung an Tiemann (1997), S. 115 und S. 157.

## 2.4.3 Medien der Kapitalmarktkommunikation

Im folgenden Abschnitt werden die wichtigsten Medien der Kapitalmarktkommunikation kategorisiert und charakterisiert. Hierbei ist zu untersuchen, inwiefern die einzelnen Medien geeignet sind, die postulierten Unterziele der Kapitalmarktkommunikation zu erreichen. Interdependenzen zwischen den Teilaspekten sind zu beachten: die Wahl eines Mediums determiniert zum Teil bereits die Zeitnähe und Quantität der gewährten Informationen.[81]

Sinnvoll scheint, wie in Abbildung 7 gezeigt, als Ausgangspunkt zunächst eine Unterscheidung in Pflicht- und freiwillige Kommunikation sowie die Differenzierung in per-

---

[81] Auf die Eignung der verschiedenen Medien hinsichtlich der spezifischen Informationsbedürfnisse von Finanzanalysten wird in Kapitel 5 eingegangen.

sönliche und unpersönliche Kommunikation.[82] Des weiteren könnte zwischen Informations- und Interaktionsinstrumenten unterschieden werden.[83] Letztere ermöglichen den (persönlichen) Dialog und sind in untenstehender Abkürzung gekennzeichnet (*).

Abbildung 7: Systematisierung von Medien der Kapitalmarktkommunikation

|  | Persönlich | Unpersönlich |
|---|---|---|
| **Pflicht** | • Hauptversammlung<br>• *Analystenmeeting* | • Emissionsprospekt<br>• Geschäftsbericht<br>• Zwischenbericht<br>• *Quartalsbericht*/Zwischenbericht<br>• Ad-hoc-Publizität<br>• *Unternehmenskalender* |
| **Freiwillig** | • Roadshows<br>• One-on-Ones<br>• Analystenmeetings<br>• Pressekonferenzen<br>• Telefon- und E-Mail-Kontakte<br>(Conference Calls und Regelanfragen)<br>• Aktionärsmessen<br>• Investorentage | • Investor-Handbuch<br>• Internet<br>• Aktionärsbriefe<br>• Finanzanzeigen |

Legende: *kursiv = Vorschrift ausschließlich am Neuen Markt*

Quelle: Eigene Darstellung.

Es könnte weiter unterschieden werden in Informationsmedien, welche direkt (originär) vom Unternehmen bereitgestellt werden, und solchen, welche diese Informationen weiterverarbeiten.[84] Hierzu gehören bspw. die Research-Berichte der Analysten und Artikel in der Wirtschaftspresse. Nachfolgend wird nur auf die Medien eingegangen, die tatsächlich von den Unternehmen selbst eingesetzt werden. Abbildung 8 gibt eine Übersicht über die Informationsströme und die benutzten Medien.

---

[82]  Vgl. Achleitner/Bassen (2000b), S. 15.

[83]  Vgl. Wichels (2001).

[84]  Vgl. Vollrath (2002).

Abbildung 8: Informationsströme im Rahmen der Kapitalmarktkommunikation

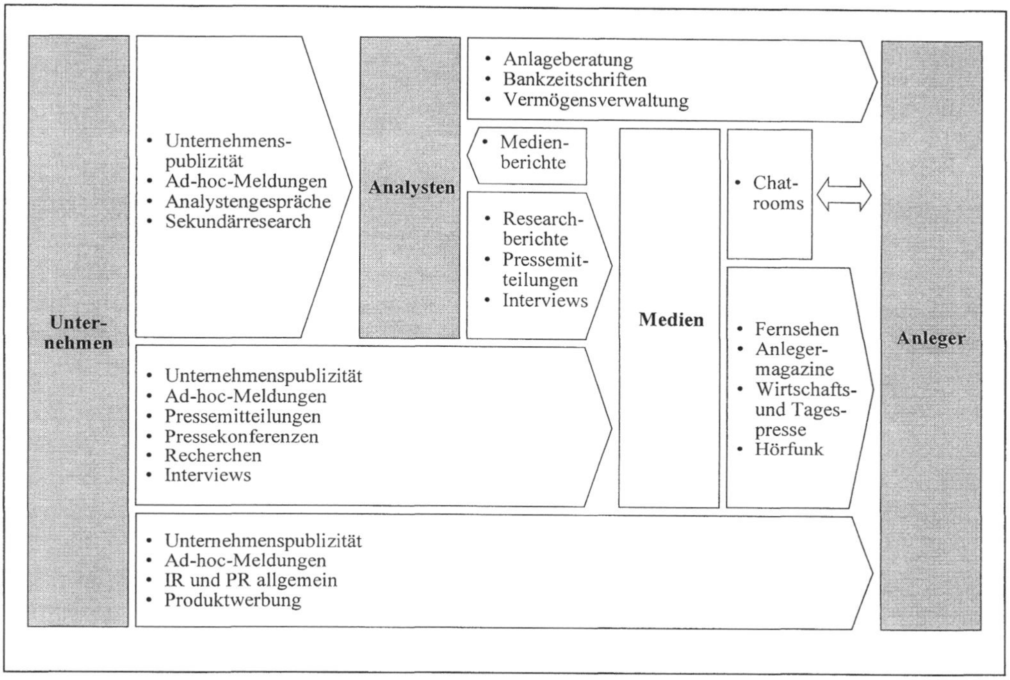

Quelle: Rosen/Gerke (2001), S. 11.

## 2.4.3.1 Pflichtinstrumente

Der Inhalt und die Gestaltung des *Emissionsprospekts* sind im Regelwerk Neuer Markt umfassend geregelt. Er dient dazu „ [...] über die tatsächlichen und rechtlichen Verhältnisse, für die Beurteilung der angebotenen Aktien notwendig sind, Auskunft zu geben und [muss] richtig und vollständig sein."[85] Die Mindestangaben sind dabei in die Bereiche Emittent, Aktie und sonstige Angaben zu unterteilen. Jedoch werden zur Darstellung der *Equity-Story* des Unternehmens zusätzliche Informationen aufgenommen, auch um sich von anderen Neuemittenten zu differenzieren.[86] Der Emissionsprospekt begleitet somit die (erstmalige) Börsennotierung, beinhaltet u.U. jedoch auch zukunftswei-

---

[85] Vgl. Deutsche Börse AG (2001b), S. 11. Das Unternehmen haftet für die im Emissionsprospekt gemachten Angaben.

[86] Vgl. Hommel/Vollrath (2001), S. 600.

sende Informationen über die Unternehmensentwicklung[87], und dient damit primär dem Abbau von Informationsasymmetrien und der Vertrauensbildung.

Der *Geschäftsbericht* umfasst vor allem die traditionellen Bestandteile des gesetzlich geforderten Jahresabschlusses[88], dessen Informationsdefizite aufgrund der starken ex-post Orientierung jedoch zunehmend erkannt werden.[89] Deutlicher wird die Forderung des Kapitalmarktes nach einem „*Shareholder-Value-konformen Geschäftsbericht*"[90] und den Jahresabschluss ergänzenden Informationen.[91] Der Geschäftsbericht ist tendenziell eher zur Steigerung des Unternehmensimages geeignet, da Zeitnähe und Umfang der Informationen stark eingeschränkt sind. Der Zwischenbericht, die Ad-hoc-Publizität und das persönliche Gespräch mit professionellen Adressaten im Rahmen der freiwilligen Kommunikation erlangen so eine zunehmende Bedeutung als Medien der Kapitalmarktkommunikation.[92]

Insbesondere der nach § 44b BörsG geforderte *Zwischenbericht* erhöht die zeitnahe Kontrolle des Managements[93] und ist in Form des *Quartalsberichtes* für Unternehmen des Neuen Marktes vorgeschrieben.[94] Trotz des eher begrenzten Datenumfangs kann der Zwischenbericht zum Ziel der Imageverbesserung und zur Erweiterung des Aktionärskreises beitragen. Vertrauen kann dadurch aufgebaut werden, dass die Quartalszahlen die Erwartungsbildung der Adressaten und deren Prognosen, bzw. vom Unternehmen bereits angekündigte Entwicklungen, verifizieren oder falsifizieren. Teilweise hat die Quartalsberichterstattung Einfluss auf die Volatilität der Aktie, da institutionelle Investoren auf Basis der Quartalszahlen ihre Investitionsentscheidungen revidieren.[95]

Die aus der Insiderproblematik abgeleitete *Ad-hoc-Publizität* schreibt fest, dass jede neue Tatsache, die im Tätigkeitsbereich des Emittenten eingetreten und nicht öffentlich bekannt ist, unverzüglich zu veröffentlichen ist, wenn sie aufgrund von Auswirkungen

---

[87] Vgl.Hommel/Vollrath (2001), S. 599.

[88] Vgl. Armeloh (1998), S. 49-60; Baetge/Armeloh/Schulze (1997b), S. 212; Krumbholz (1994), S. 7.

[89] Vgl. Kubin (1998), S. 536-539; Hirst (1998), S. 94; Byrd et al. (1993), S. 49. Gerade für High-Tech-Unternehmen ist die „proportion of value missing from the balance sheet" hoch. Traditionelle Finanzkennzahlen sind angesichts einer hohen „*Market-to-Book-Ratio*" oft nicht mehr aussagekräftig. Vgl. Mavrinac (1997), S. 28.

[90] Vgl. Küting/Hütten/Lorson (1995), S. 1807.

[91] Dies sind häufig „nicht quantifizierbare, nicht verifizierbare, aber dennoch entscheidungsrelevante Informationen." Brotte (1997), S. 7.

[92] Vgl. Döhle/Seeger (1999), S. 175.

[93] Vgl. Coenenberg/Federspieler (1999), S. 169.

[94] Vgl. Deutsche Börse AG (2000b), S. 28.

[95] Vgl. Bassen (2002).

auf die Vermögens- und Finanzlage geeignet ist, den Börsenpreis der zugelassenen Wertpapiere erheblich zu beeinflussen.[96] Sie ist daher ein wichtiges Instrument, um Vertrauen aufzubauen, indem auch schlechte Nachrichten unverzüglich an den Kapitalmarkt gemeldet werden. Positive Ad-hoc-Meldungen haben eine vorteilhafte Imagewirkung und können kurzfristig zur einer Outperformance der Aktie führen.[97] Die Zeitnähe ist als zentraler Vorteil der Ad-hoc-Publizität zu sehen, wobei der Umfang der Information sich lediglich auf das Wesentliche reduziert. Die Ad-hoc-Publizität wird jedoch insbesondere am Neuen Markt verstärkt für die Übermittlung von reinen Werbebotschaften missbraucht. Dies zeigt die exponentiell anzeigende Zahl der Ad-hoc-Mitteilungen von über 1000 im Jahr 1997 bis über 5500 im Jahr 2000.[98]

Die *Hauptversammlung* dient primär der Ausübung der Stimmrechte von Aktionären[99] und deren Information, verbunden mit einem Auskunfts- und Rederecht bezogen auf die Tagesordnungspunkte.[100] Die Hauptversammlung eignet sich vor allem zur Erreichung kommunikationspolitischer Ziele; die geringe Frequenz und die Beschränkung auf einen bestimmten Personenkreis sind als Defizite zu nennen. Sie wird als zentrales persönliches Kommunikationsmittel auch zunehmend aufgrund ihrer Ineffizienz (geringe Teilnahmequoten und Kostenintensität) kritisiert.

*Analystenmeetings* sind auf die Bedürfnisse der professionellen Adressaten, insbesondere der Finanzanalysten, abgestimmt. Für Unternehmen des Neuen Marktes ist die einmal jährliche Durchführung einer Analystenkonferenz vorgeschrieben.[101] Von der Deutschen Vereinigung für Finanzanalyse und Asset Management (DVFA) wird eine besonders von kleineren Unternehmen häufig genutzte Unterstützung bei der Planung, Durchführung und Nachbereitung der Konferenzen angeboten, um auch diesen Unternehmen eine effiziente Nutzung zu ermöglichen.

Analystenmeetings können relativ zeitnah und umfassend informieren und zielgruppenspezifisch ohne Streuverluste eingesetzt werden.[102] Die direkte, interaktive Ansprache

---

[96] Eine erhebliche Beeinflussung ist dann gegeben, wenn eine ca. fünfprozentige Ergebnisschwankung resultiert. Vgl. Diehl/Loistl/Rehkugler (1999), S. 163.

[97] Vgl. Deutsche Bank Research (1999), S. 167f.; Röder (2000).

[98] Vgl. Bundesaufsichtsamt für den Wertpapierhandel (BAWe) (2001), o.S.; Feinendegen/Nowak (2001), S. 371.

[99] Vgl. § 119 AktG.

[100] Vgl. § 131 AktG.

[101] Vgl. Deutsche Börse AG (2001b), S.

[102] Unternehmen erkennen diese Vorteile zunehmend. Die jährliche Anzahl von *DVFA-Analystenkonferenzen* ist von weniger als 50 im Jahr 1985 auf über 800 im Jahr 2000 angestiegen. Vgl. DVFA (2000), S. 43.

von Meinungsmultiplikatoren lässt auf einen hohen Zielbeitrag dieses Mediums schließen: die überbrachten Informationen werden vermutlich aktiv und professionell verarbeitet und werden somit die Aktienbewertung als auch den Bekanntheitsgrad beeinflussen.

### 2.4.3.2 Freiwillige Instrumente

Im Rahmen von *Roadshows* stellen Unternehmensvertreter (Vorstand) und IR-Manager
ihr Unternehmen an verschiedenen, zumeist internationalen Börsenplätzen bei institutionellen Adressaten vor. Häufig werden *Einzelgespräche* (*One-on-Ones*) mit der Road
Show kombiniert, welche einen intensiven Informationsaustausch ermöglichen. Allerdings besteht in Deutschland bspw. im Vergleich zu den USA noch Nachholbedarf bei der
Nutzung der persönlichen freiwilligen Kommunikationsinstrumente.[103] Die Roadshows
scheinen für die Erreichung kommunikationspolitischer als auch finanzierungspolitischer
Ziele geeignet: der Aktionärskreis kann aktiv erweitert und durch hohe Öffentlichkeitswirkung auch der Aktienkurs beeinflusst werden. One-on-Ones unterstützen vor allem
kommunikationspolitische Ziele, können aber bei allen genannten Zielen einen positiven
Effekt hervorrufen.

*Conference Calls* dienen als Alternative für Analystenkonferenzen und sind dabei zeitlich noch flexibler und kostengünstiger. Sie ermöglichen eine zielgruppenspezifische
Kommunikation, jedoch ist die Menge der per Telefon ausgetauschten Informationen
begrenzt. Es besteht bereits die Möglichkeit des „Web-Castings", d.h. der Durchführung
der Conference Calls durch das Internet. Als Vorteil wird häufig die „Fairness" des Instrumentes im Gegensatz zu exklusiven Einzelgesprächen betont, obgleich auch die
Teilnahme an Conference Calls beschränkt werden kann.[104] Der Zielbeitrag von Conference Calls ist vor allem im Abbau von Informationsasymmetrien und im Vertrauensaufbau zu sehen, da ihr Einsatz die Informationsverarbeitung der Teilenehmer aktiv
unterstützt und aufgrund der Zeitnähe auch aktuelle Entwicklungen kommentiert werden können.

---

[103]  Vgl. Barber (2000), S. IV.

[104]  Vgl. Bushee/Matsumoto/Miller (2001), S. 2. Die Autoren stellen einen Vergleich zwischen *Open* und *Closed*
*Conference Calls* an und finden heraus, dass offene, d.h. einem breiten Adressatenkreis zugängliche,
Conference Calls aufgrund der zusätzlichen Informationen Wertpapiertransaktionen seitens individueller
Investoren fördern, jedoch gleichzeitig eine höhere Volatilität hervorrufen.

In die Medienwahl ist zunehmend das *Internet* einzuschließen, welches aufgrund seiner Zeitnähe, unbegrenzten Reichweite und geringen Kosten eine hohe Eignung für die Kapitalmarktkommunikation aufweist.[105] In diesem Zusammenhang wird auch verstärkt die virtuelle Durchführung bzw. Teilnahme an der Hauptversammlung diskutiert.[106] Der Einsatz von Email ermöglicht die personalisierte Ansprache, aber auch die Massenkommunikation im Rahmen von so genannten Newslettern. Ein gut gestalteter Internetauftritt kann Effizienzvorteile für eine bestehende IR-Abteilung hervorbringen.[107] Insbesondere vor einem Börsengang kann der Einsatz des Internet den „Einstieg" in die Kapitalmarktkommunikation erleichtern und in der Folge z.B. die Börseneinführungskosten durch frühzeitig etablierte Kapitalmarktbeziehungen mindern.[108] Eine zusammenfassende Darstellung der vorgenommenen Bewertung von wichtigen Instrumenten der Investor Relations gibt Abbildung 9.

---

[105]  Vgl. exemplarisch Volkart/Labhart/Mihic (1998), Wagenhofer/Pirchegger (1999), Freter/Sänger (2000), Gassen/Heil (2001).

[106]  Vgl. Rosen (1998), S. 1.

[107]  Vgl. Locarek-Junge/Riddermann/Sonntag (1999), S. 7.

[108]  Vgl. Weiss/Heiden (2000), S. 31.

Abbildung 9: Bewertung von Medien der Kapitalmarktkommunikation

| | | Emissions-prospekt | HV | Analysten-meeting | Geschäfts- und Quartals-bericht | Ad-hoc-Publizität | Road-shows | Conference Calls | One-on-Ones | Inter-net |
|---|---|---|---|---|---|---|---|---|---|---|
| Oberziel | Maximierung des Aktienkurses | 0 | 0 | ++ | 0 | ± | ++ | ± | ++ | 0 |
| Finanz-politische Ziele | Erweiterung des Aktionskreises | + | 0 | + | 0 | ++ | ++ | 0 | ++ | + |
| | Senkung der Volatilität | 0 | 0 | + | ± | ± | + | ± | + | 0 |
| | Senkung der Kapitalkosten | + | 0 | + | 0 | ± | + | ± | + | 0 |
| | Reduzierung des Risikos feindlicher Übernahmen | 0 | ± | ± | 0 | ± | + | 0 | + | 0 |
| Kommu-nikations-politische Ziele | Aufbau eines Vertrauens-verhältnisses | ++ | ++ | ++ | + | + | ++ | ++ | ++ | + |
| | Verbesserung des Images/ Bekanntheitsgrades | + | ++ | + | + | + | + | + | ++ | ++ |
| | Abbau von Informations-asymmetrien | ++ | ± | ++ | 0 | + | + | ++ | ++ | + |

Legende: 0 = Kein Einfluss, + = Positiver Einfluss, ++ = Sehr positiver Einfluss, ± = Uneindeutig

Quelle: Eigene Darstellung.

## 2.5 Zwischenfazit

Das vorangegangene Kapitel hat wichtige Facetten der unternehmerischen Kapital-marktkommunikation beleuchtet und somit die Grundlagen für die weitere Abhandlung gelegt. Die Kapitalmarktkommunikation ist auf einem unvollkommenen Kapitalmarkt ein wichtiges Instrument zur Steigerung der Informationseffizienz und zum Abbau von Informationsasymmetrien. Die Kommunikation mit der Financial Community ist im Rahmen der wertorientierten Unternehmensführung von strategischer Bedeutung und bedarf eines umfassenden Managements, um sowohl kommunikations- als auch finanzpolitische Ziele erreichen zu können. Im Vordergrund steht hierbei die Schaffung von Vertrauen und die Senkung der Volatilität und der Kapitalkosten. Neben anderen Entscheidungsparametern ist über den Einsatz der Kommunikationsinstrumente zu entscheiden, welche sich in persönliche und unpersönliche Instrumente unterscheiden lassen. Teilweise sind diese Instrumente gesetzlich verpflichtend bzw. von den Regelwerken der Börsensegmente vorgeschrieben, teilweise kann das Unternehmen freiwillig über die Inanspruchnahme entscheiden. Der freiwillige Einsatz ist durch die Erkenntnis des wertschaffenden Charakters der Kapitalmarktkommunikation jedoch zur Regel geworden.

Als Bestandteil einer wertorientierten Strategie erfüllt die Kapitalmarktkommunikation unterschiedliche Aufgaben, die in verschiedensten Konzepten verdeutlicht werden. Sie unterstützt die Wertoptimierung, indem sie die Informationsstände von Management und Externen angleicht und so eine Annäherung zwischen Marktwert und fundamentalem Wert des Unternehmens herstellt, indem interne Wertsteigerungsmaßnahmen adäquat extern abgebildet werden.

Im Folgenden wird die Kapitalmarktkommunikation im Kontext von Wachstumsunternehmen betrachtet. Hiervon bleibt der grundlegende Stellenwert und die kapitalmarkttheoretische Begründung für die Relevanz der Kapitalmarktkommunikation unangetastet, allerdings sollten die spezifischen Charakteristika von Wachstumsunternehmen zu besonderen Anforderungen an die Kapitalmarktkommunikation führen.

# 3 Kapitalmarktkommunikation von Wachstumsunternehmen

## 3.1 Besonderheiten von Wachstumsunternehmen

Die am Neuen Markt notierten Wachstumsunternehmen[109] weisen im Vergleich zu Unternehmen anderer Börsensegmente ein zum Teil stark unterschiedliches Profil auf. Deshalb sind auch für die Kapitalmarktkommunikation andere Voraussetzungen zu berücksichtigen.[110]

Die Besonderheiten von Neue-Markt-Unternehmen könnten zum einen durch eine Abgrenzung der Rahmendaten der Unternehmen des Neuen Marktes mit den übrigen Segmenten DAX, MDAX und SMAX der Deutschen Börse AG deutlich gemacht werden. Unternehmen am Neuen Markt sind durchschnittlich 5 Jahre alt[111], erwirtschaften einen durchschnittlichen Umsatz von 119 Mio. DM[112] und sind überwiegend in zukunftsträchtigen Branchen wie Internet, Software, Technologie und Medien tätig[113].

Zum anderen sind die besonderen institutionellen Voraussetzungen des Neuen Marktes zu beachten, dessen Regelwerk spezielle Zulassungsvoraussetzungen und Folgepflichten vorsieht.[114] Jene stellen jedoch auch eine Antizipation gegebener Besonderheiten der Neue-Markt-Unternehmen dar[115]. Für eine Abgrenzung von etablierten Unternehmen werden im Folgenden Abschnitt die Besonderheiten[116] von Wachstumsunternehmen am Neuen Markt beschrieben, bevor die sich ergebenden Implikationen für die Investor Relations skizziert werden.

---

[109] Die segmentbezogene Definition von Wachstumsunternehmen ist nicht zwingend. Auch eine handelssegmentübergreifende Abgrenzung anhand von bestimmten Unternehmenscharakteristika, z.B. Wachstumsraten des Umsatzes, wäre möglich.

[110] Vgl. Achleitner/Bassen (2000b), S. 4; Hayn (1998), S.15ff.

[111] Vgl. Achleitner (2001b), S. 248.

[112] Charles Barker GmbH (1999), S. 10. Diese Zahlen beziehen sich hauptsächlich auf das Geschäftsjahr 1998.

[113] Vgl. Klein/Meyer (2001), S. 269.

[114] Vgl. Abschnitt 3.3.1.

[115] Vgl. D'Arcy/Leuz (2000), S. 385.

[116] Vgl. Eickhoff/Wortmann (1998), o.S., Achleitner/Bassen (2000a), S. 26ff.

Aufgrund ihrer erst kurzen *wirtschaftlichen* und *rechtlichen Existenz*[117] weisen Wachstumsunternehmen keinen *Track Record* und einen *geringen Bekanntheitsgrad* sowohl auf dem Kapital- als auch teilweise auf den Produktmärkten auf.

Wachstumsunternehmen haben die Gründungsphase erfolgreich durchlaufen und zur Finanzierung der Unternehmensentwicklung in der Anlauf- und Aufbauphase einen hohen *Kapitalbedarf,* dem jedoch oftmals sehr hohe Investitionssummen und daher im Endergebnis *geringe bzw. negative Cashflows* entgegenstehen. Es ergibt sich somit ein eher unausgewogenes Verhältnis zwischen aktueller Ertragskraft und aktuellem Kapitalbedarf.

Bedeutsames Merkmal ist, dass die Unternehmensentwicklung allgemein und damit auch die einzelnen Funktionen, wie z.B. die Finanzierung, sehr *phasenspezifisch* sind und in Abhängigkeit von der Entwicklungsphase sehr unterschiedliche Ausprägungen aufweisen. Zur Finanzierung steht den Unternehmen in den frühen Phasen des Unternehmenszyklusses fast ausschließlich Eigenkapital zur Verfügung, da für eine Fremdkapitalaufnahme entsprechende Sicherheiten bzw. die Bonität fehlt. Erst in späteren Lebenszyklusphasen können *Mezzanine-Kapital,* später auch Bankkredite oder *High-Yield-Anleihen* benutzt werden.[118] Dies schränkt die *Kapitalbeschaffung,* d.h. den infrage kommenden Kreis von *Kapitalgebern,* von Wachstumsunternehmen in den Frühphasen erheblich ein.

Der hohe Kapitalbedarf ist auch darauf zurückzuführen, dass die Unternehmen sich in *sehr dynamischen Branchen* bewegen, in denen ein *enormer Wettbewerbsdruck* entsprechende Investitionen für eine erfolgreiche Positionierung im Markt erfordert.[119] Die *Erfolgsfaktoren* dieser sich zum Teil erst formierenden Branchen sind zum Großteil noch nicht hinreichend durchleuchtet.[120] Die Branchendynamik ist in zweifacher Hinsicht zu verstehen: die Unternehmen müssen sich zum einen kontinuierlich an die sich schnell verändernden Rahmenbedingungen (technologische, gesetzliche und andere Entwicklungen) anpassen. Eine hohe Adaptationsfähigkeit und Flexibilität sind somit als Wettbewerbsvorteil zu sehen. Aufgrund eigener Innovationen tragen die Unternehmen jedoch selbst zur Veränderung der Branche bei.[121]

---

[117]  Entscheidend ist jedoch vor allem die kurze Dauer der wirtschaftlichen Existenz. Vgl. Hayn (1998), S. 15.

[118]  Mezzanines Kapital ist eine Mischform aus Eigen- und Fremdkapital und tritt bspw. in der Form von Optionsanleihen oder Wandelschuldverschreibungen auf. High-Yield-Anleihen sind stark risikobehaftete Unternehmensanleihen, die eine sehr hohe Verzinsung verbriefen. Vgl. Müller-Trimbusch (1999), S. 14f.

[119]  Vgl. Küting (2000b), S. 597.

[120]  Vgl. Achleitner/Bassen (2000a), S. B1.

[121]  Vgl. Hayn (1998), S. 20.

Wachstumsunternehmen sind häufig Ein-Produkt-Unternehmen oder haben einen wesentlich geringeren Diversifikationsgrad auf als etablierte Unternehmen. Diese Tatsache weist auf eine potenziell *höhere Krisenanfälligkeit* bzw. Branchenabhängigkeit hin.[122] Die Fokussierung auf nur wenige Hauptprodukte ist jedoch aufgrund der Ressourcenbeschränkung unumgänglich und zugleich erfolgsfördernd.

Charakteristisch ist zudem ein veränderter *Wertschöpfungsprozess*, welcher sich darin äußert, dass immaterielle oder schwer quantifizierbare Assets (*Intangibles*[123]), wie. z.B. Patente, Rechte, Prozess- und System-Know-how, insbesondere in Technologie- und Dienstleistungsbranchen, immer stärker in die Marktbewertung einfließen[124] und als die wesentlichen Erfolgsdeterminanten von Wachstumsunternehmen gelten. Der Anteil immaterieller Vermögensgegenstände am bilanzierten Gesamtvermögen ist dementsprechend sehr hoch: so weisen die NEMAX 50-Werte einen durchschnittlichen Anteil von 37,5% auf.[125] Auch das Management stellt einen wichtigen immateriellen Erfolgsfaktor dar: eine Änderung der obersten Unternehmensleitung kann maßgebliche Auswirkungen auf die Unternehmensbewertung haben.[126] Problematisch erscheint hierbei, dass nicht bilanzierte bzw. nicht bilanzierungsfähige immaterielle Vermögensgegenstände einen großen Prozentsatz der Marktkapitalisierung erklären, dies jedoch nicht aus den gesetzlichen vorgeschriebenen Publizitätsmaßnahmen,[127] sondern nur anhand drastisch erhöhter Market-to-Book-Ratios zu erkennen ist.[128]

Die Einschätzung des zukünftigen, oft überproportionalen *Wachstumspotenzials* wird sowohl innerhalb des Unternehmens als auch extern durch den Mangel an Vergangenheitsdaten und die inhärente Unsicherheit des Umfeldes erschwert. Eine Plausibilisie-

---

[122] Vgl. Küting (2000b), S. 600f.; Eickhoff/Wortmann (1998), o.S.

[123] *Intangibles* sind definiert als „non-physical sources of probable future economic benefits to an entity or alternatively all the elements of a business enterprise that exist in addition to monetary tangible assets." Vgl. Intangibles Research Center (1999), o.S. Laut Lev sind als hauptsächliche Entstehungsquellen von immateriellen Werten die Erfindung, die Organisation des Unternehmens und die Humanressourcen zu sehen, die in unterschiedlichen Kombinationen unterschiedliche Intangibles, wie bspw. Marken, Patente etc., generieren. Vgl. Lev (2001), S. 9ff.

[124] Vgl. Mavrinac (1997), S. 27; Marcus/Wallace (1997), S. 14; Nölting (2000), S. 156; Wullenkord (2000), S. 524, der den passenden Begriff „*People Business Companies*" wählt.

[125] Vgl. Küting (2000c), S. 674. Neueste Untersuchungen zeigen, dass es sich in vielen Fällen dabei um Goodwill-Positionen aus Akquisitionen handelt. o.V. (2001b), S. 3.

[126] Vgl. Hayn (1998), S. 31.

[127] Vgl. Abschnitt 3.2.

[128] Gerade für High-Tech-Unternehmen ist die „proportion of value missing from the balance sheet" hoch. Vgl. Mavrinac (1997), S. 28.

rung der zukünftig geplanten Entwicklung ist somit nur bedingt möglich und hängt in erhöhtem Maße vom Umfang und der Qualität der Planungsdaten ab. Eine quantitative Bewertung der Marktstellung eines Wachstumsunternehmens ist problematisch. Qualitative Aspekte wie z.B. die Managementqualität, die Innovationskraft, die Stellung im Produktlebenszyklus werden für die Einschätzung relevant. Das Wachstum kann durch eigene Innovationen, d.h. teilweise die Schaffung völlig neuer Märkte und Branchen, vorangetrieben werden. Zu berücksichtigen sind hier insbesondere *Netzwerkeffekte*[129], die besonders in Internet-basierten Branchen relevant sind. Oftmals kommt es hierbei für die Unternehmen auf das Erreichen einer kritischen Masse an, um einen *„First Mover Advantage"* im relevanten Markt zu generieren.[130] Eine andere Möglichkeit ist die Vergrößerung des Zielmarktes durch Ausdehnung der Produktpalette oder regionale Expansion, welche häufig in sehr frühen Phasen der Unternehmensentwicklung bereits notwendig wird.[131] Das Ausscheiden von Wettbewerbern bzw. die Kooperation mit oder Übernahme von Wettbewerbern hat demnach maßgeblichen Einfluss auf die Marktposition bzw. ist ein wichtiger Teil der Strategie von Wachstumsunternehmen.[132]

Das *Management* von Wachstumsunternehmen setzt sich meist aus Anteilseignern, die häufig gleichzeitig Unternehmensgründer sind, zusammen. So halten das Management und der Aufsichtsrat durchschnittlich 30% der Anteile an Neue-Markt-Unternehmen zum Zeitpunkt des Going Public.[133] Es ist anzunehmen, dass das Management, insbesondere wenn es sich um die Unternehmensgründer handelt, einen erheblichen Informationsvorsprung gegenüber außenstehenden Investoren hat. Allerdings ist aufgrund der Instabilität des Umfelds auch die Informationsgrundlage des Managements unvollständiger als bei etablierten Unternehmen.[134] Eine solche Situation verstärkt die *Informationsasymmetrien* zwischen Management und externen Adressaten und erhöht für letztere die *nicht diversifizierbaren Informationsrisiken*.[135]

---

[129]  Netzwerkeffekte in der Internetbranche resultieren daraus, dass sich der Nutzen des Netzes für den einzelnen Konsumenten mit der steigenden Anzahl an Konsumenten erhöht. Vgl. Geiger (2000), S. 50f.

[130]  Vgl. Gehrke (2000), S. 61.

[131]  Die seit Gründung international operierenden Start-ups werden auch mit dem Begriff *"International New Ventures"* bezeichnet. Vgl. Oviatt/ McDougall (1997).

[132]  Vgl. Küting (2000b), S. 601.

[133]  Vgl. Bessler/Kurth/Thies (2001), S. 254.

[134]  Dies erhöht die Wahrscheinlichkeit von Fehleinschätzungen und somit die Fluktuationsraten innerhalb des Top-Managements (CEO/CFO) deutlich: in einer Untersuchung wurde für den Zeitraum Dezember 1999 bis Januar 2001 festgestellt, dass von durchschnittlich 256 notierten Unternehmen am Neuen Markt ca. 42% ein oder mehrere Vorstandswechsel hinter sich hatten. Vgl. Wassiluk (2001), S. 397. Berücksichtigt werden muss hierbei das allgemein schwächere und kritischere Marktumfeld im genannten Zeitraum.

[135]  Vgl. Labhart (1999), S. 23f.

Aufgrund des hohen Stellenwerts der Managementqualität und der zum Teil vorliegenden Identität von Management und Anteilseignern wird die Kapitalmarktkommunikation, gerade gegenüber Kleinanlegern, häufig personalisiert. Die Unternehmensgründer und führenden Manager treten aktiv in Erscheinung, um für die Aktie, das Unternehmen und dessen Produkt bzw. dessen Dienstleistung zu werben.[136] Die starke Identifikation eines Unternehmens mit einer dominierenden Führungspersönlichkeit kann jedoch die Gefahr erhöhter Abhängigkeit in sich bergen. Auch die Aufsichtsratstätigkeit bei Neue-Markt-Unternehmen ist zum Teil Kritik ausgesetzt: da sich die Aufsichtsräte in vielen Fällen aus Bekannten des Managements zusammensetzen, wird die Kontrollfunktion oftmals nicht konsequent genug ausgeführt.

Wachstumsunternehmen stehen vor der Aufgabe, qualifizierte Mitarbeiter mit Branchen-Know-how zu gewinnen, können jedoch aufgrund der eher knappen *Liquiditätsausstattung* im Gegensatz zu etablierten Unternehmen keine vergleichbare fixe Entlohnung bieten. Die Cashflows werden, soweit vorhanden, zur Wachstumsfinanzierung benötigt. Zudem ist ihre *Reputation* als Arbeitgeber aufgrund der unsicheren Rahmenbedingungen oftmals noch nicht so gefestigt wie bei etablierten Unternehmen. Aus diesem Grund haben sich bei am Neuen Markt notierten Unternehmen Stock-Option-Programme als Form der international wettbewerbsfähigen Entlohnung sehr umfassend durchgesetzt. Von den NEMAX 50-Unternehmen haben über 98% Stock-Option-Programme aufgelegt,[137] bei den etablierten Unternehmen sind es immerhin 48%.[138] Die Ziele von Stock-Option-Programmen bei Wachstumsunternehmen divergieren deutlich von denen etablierter Unternehmen. Bei Wachstumsunternehmen steht vor allem das Ziel im Vordergrund, für die Mitarbeiter attraktive und für das Unternehmen gleichzeitig liquiditätsschonende Entlohnungssysteme zu schaffen.[139]

Aus der Summe der dargestellten Besonderheiten resultiert ein hohes *Risiko* (Volatilität) der Wachstumswerte, d.h. eine hohe Wahrscheinlichkeit sowohl sehr günstiger als auch sehr ungünstiger Zukunftsentwicklungen. Im Gegensatz dazu stehen aus Sicht der Kapitalgeber die überdurchschnittlichen Renditechancen. Insgesamt sind demnach das überdurchschnittliche Wachstum[140] und das besondere Risiko-Rendite-Profil kennzeichnend für die Unternehmen des Neuen Marktes.

---

[136] Vgl. Achleitner/Bassen (2000c), S. B1.

[137] Vgl. Leedertse (2000), S. 153.

[138] Vgl. Deutsches Aktieninstitut (2001), S. 15.

[139] Vgl. Achleitner/Bassen (2001), S. 679.

[140] Es wird bei Unternehmen des Neuen Marktes im Branchendurchschnitt von einem jährlichen Umsatzwachstum zwischen 40 und 50% ausgegangen. Vgl. Francioni (2001), S. 530.

## 3.2 Problemfelder und Implikationen für die Kapitalmarktkommunikation

Die erwähnten Besonderheiten erschweren nicht nur die Bilanzanalyse[141] und die Bewertung[142] von Unternehmen der „New Economy", sondern machen erhöhte Kommunikationsanstrengungen seitens der Unternehmen erforderlich.

Wachstumsunternehmen stehen hinsichtlich dem Umfang und der Gestaltung der Kapitalmarktkommunikation vor einem Dilemma: der notwendige IR-Aufwand belastet die Liquiditätssituation der Unternehmen und übersteigt oftmals die Erfahrungen und die Fähigkeiten des Managements und der Mitarbeiter. So lagen bspw. die durchschnittlichen jährlichen Ausgaben für Investor Relations für NEMAX-Werte im Jahr 2000 bei knapp 1 Mio. DM.[143] Die Folge dieser Kostenbelastung äußert sich häufig darin, dass bis zum IPO zwar alle notwendigen kommunikativen Schritte unternommen werden, die Kapitalmarktkommunikation nach der Börseneinführung sich dann aber qualitativ verschlechtert bzw. eingeschränkt wird.[144] Geschieht dies, so können sich insbesondere für junge Wachstumsunternehmen gravierende Folgeprobleme ergeben: dies sind vor allem erhöhte Kapitalkosten und eine zu geringe Coverage durch Finanzanalysten.

Infolge eines höheren wahrgenommenen Risikos der Wachstumsunternehmen erhöht sich die Forderung der Investoren nach einer entsprechenden Kompensation für das eingegangene Risiko.[145] Es kommt so zu einer Steigerung der Kapitalkosten, die ebenfalls dadurch hervorgerufen wird, dass die in Technologie- oder Dienstleistungsbranchen besonders wichtigen Patente, Rechte und Managementfähigkeiten nicht in den üblichen Finanzkennzahlen und in den Buchwerten zu erkennen sind.[146] Die in Abbildung 2 dargestellte Wertlücke (*Value Gap*), verstanden als Diskrepanz zwischen dem Unternehmenswert aus Management- und aus Marktsicht, würde somit nur noch vergrößert. Die Fehlbewertung von Aktien ist laut einer Studie des National Investor Relations Institute (NIRI) bei Wachstumsunternehmen höher als bei etablierten Unternehmen und

---

[141] Vgl. hierzu Küting (2000b), Küting (2000c), Achleitner/Wichels (1999) sowie Bassen (2000).

[142] Vgl. Abschnitt 4.3.

[143] Vgl. IRES (2000), S. 12 sowie IRES (2001).

[144] Vgl. o.V. (2000), S. 7; Scior/Peters (2000), S. B8; Wolff & Häcker Finanzconsulting AG (2000), S. 15.

[145] Vgl. Lev (2000), S. 5; Siersleben (1999), S. 71. Zum Risiko-Rendite-Zusammenhang vgl. z.B. grundlegend Ross/Westerfield/Jaffe (1996), S. 278-281.

[146] Vgl. Eccles/Mavrinac (1995), S. 23f.; Haller (1998), S. 563. Die Bedeutung nicht-finanzieller Informationen nimmt zu und spielt auch für etablierte Unternehmen in reifen Industrien eine wichtige, jedoch geringere Rolle als für Wachstumsunternehmen. Vgl. Ernst & Young (1997), S. 2. Vgl. auch Abschnitt 3.2.

fällt insbesondere für Unternehmen des Hochtechnologiesektors bedeutsam aus.[147] Lev stellt z.B. eine durchschnittliche Unterbewertung (*Lemons Discount*) für Know-how-intensive Unternehmen fest und weist erhöhte Kapitalkosten nach.[148] Dies führt er auf eine defizitäre externe Dokumentation von Intangibles zurück, die somit auch negative Konsequenzen für das zukünftige Wachstum und die Innovationstätigkeit des Unternehmens hat.[149]

Eccles et al. (2001) weisen zur Erklärung dieser potenziellen Wertlücke auf fünf mögliche Kommunikationslücken hin, welche zwar grundsätzlich alle Unternehmen betreffen können, jedoch aufgrund ihrer Charakteristika insbesondere für Wachstumsunternehmen eine Gefahr darstellen. Wie Abbildung 10 zeigt, wird eine Informations-, eine Reporting-, eine Qualitäts-, eine Verständnis- und eine Wahrnehmungslücke unterschieden.

- Die Informationslücke (*Information Gap*) umschreibt die Bedeutung, die Analysten und Investoren einer Information bzw. Kennzahl[150] zuweisen im Vergleich zur Erfüllung ihrer Informationsbedürfnisse seitens des Unternehmens.

- Die Reportinglücke (*Reporting Gap*) ist darin zu sehen, dass das Management einer Kennzahl eine bestimmte Bedeutung zumisst, aber oftmals das Reporting nicht entsprechend (ausführlich) gestaltet.

- Die Qualitätslücke (*Quality Gap*) kann sich dann ergeben, wenn das Management eine intern als wichtig empfundene Größe nicht mit entsprechender Zuverlässigkeit extern kommuniziert.

- Die Verständnislücke (*Understanding Gap*) beschreibt den Unterschied in der Bedeutungszuweisung einer Information aus Management- und Marktsicht.

- Die Wahrnehmungslücke (*Perception Gap*)[151] besteht darin, dass das Management die Qualität seiner Kommunikation hinsichtlich der Informationsbedürfnisse der Adressaten anders (besser/schlechter) einschätzt als diese selbst.

---

[147] Vgl.o.V. (1998), S. 20.

[148] Eine Ausnahme sind hierbei „*Trendy Stocks*", die eine Tendenz zur Überbewertung zeigen. Vgl. Lev (1999), S. 5f. und S. 17.

[149] Vgl. Lev (2001), S. 7. Das Problem der Dokumentation von Intangibles in der Bilanz liegt auch in den wenig standardisierten Methoden zur Bewertung immaterieller Aktiva begründet. So kommt es in der Praxis häufig vor, dass der Bilanzansatz den realen Wert der Aktiva über- oder unterschätzt.

[150] Passender wäre eventuell der Begriff „*Measure*", da es sich sowohl um eine finanzielle Information als auch um eine nicht-finanzielle Angabe handeln kann.

Abbildung 10: Erklärung der Wertlücke

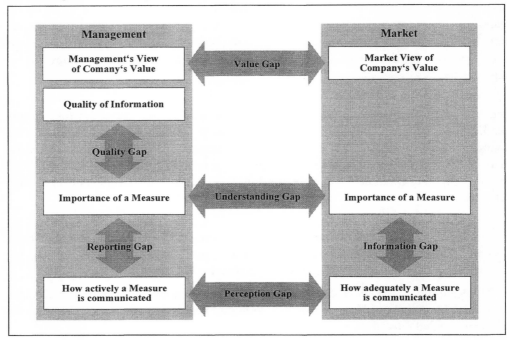

Quelle: Eccles et al. (2001), S. 130f.

Das Wissen über diese möglichen kommunikativen Ursachen einer zu beobachtenden Fehlbewertung ist somit für die Kapitalmarktkommunikation von Wachstumsunternehmen essenziell. Um zu vermeiden, dass eine mangelhafte IR-Arbeit die Wertlücke bestehen lässt bzw. sie vergrössert, ist ein adressatengerechtes Kommunikationsniveau mit entsprechenden Inhalten vonnöten.

Aus der geringen Bekanntheit, der unzureichenden Quantität und Qualität verfügbarer Informationen und der hohen Bewertungsunsicherheit der Neue-Markt-Werte kann eine geringe Coverage durch Finanzanalysten resultieren. Dies wirkt sich wiederum nachteilig auf die Titelliquidität und nachfolgend auch auf die Nachfrage aus. Finanzanalysten sind im Sinne eines „Marktpartners"[152] zu binden, um einen Goodwill insbesondere für

---

[151]   Der Begriff ist an dieser Stelle leicht anders definiert als in Abschnitt 2.3. Dort wird die Wahrnehmungslücke mit der Nicht-Kenntnis der Adressaten bestimmter unternehmensinterner Maßnahmen bzw. mit der mangelhaften Bekanntheit des Unternehmens am Kapitalmarkt gleichgesetzt.

[152]   Vgl. Hax (1998), S. 55-60, der Ansätze zu Finanzanalysten als Informationsübermittlungsagenten der Unternehmen untersucht.

zukünftige Konfliktsituationen in den sehr volatilen Wachstumsbranchen aufzubauen und das Oberziel einer fairen Unternehmensbewertung unter Beachtung der für Wachstumsunternehmen wichtigen qualitativen Aspekte zu erreichen. Auch Fonds- und Portfolio-Manager bevorzugen (IR-aktive) Indexwerte, sodass einige NEMAX 50-Unternehmen in vielen Fonds gehalten und aktiv beobachtet werden, während andere Titel des Segmentes nur von zwei bis drei Fondsmanagern beachtet werden und keine Aufnahme in Portefeuilles finden.[153]

Es wird somit deutlich, dass es aus Sicht junger Wachstumsunternehmen zielführend ist, den Investor Relations einen hohen Stellenwert beizumessen, um die potenziellen negativen Folgeprobleme zu vermeiden und die Erreichung der IR-Ziele nicht zu gefährden.

Hierbei werden Wachstumsunternehmen bezüglich der kommunikationspolitischen Unterziele insbesondere auf eine Erhöhung ihres Bekanntheitsgrades abzielen. Auch die Schaffung von Vertrauen und der Abbau von Informationsasymmetrien sollte gerade in einem volatilen Marktumfeld eine große Bedeutung spielen. Die Kapitalmarktkommunikation könnte zusätzlich das Recruiting unterstützen, da qualifizierte Mitarbeiter auch über die Aussicht der Beteiligung am zukünftigen Unternehmenserfolg durch z.B. Stock-Option-Programme angelockt werden und eine entsprechend gestaltete Kapitalmarktkommunikation dazu dienen kann, die Erfolgschancen des potenziellen Arbeitgebers zu demonstrieren. Aufgrund des hohen Kapitalbedarfs stellt das Auffinden und Sichern neuer Kapitalbeschaffungsmöglichkeiten ebenfalls ein wichtiges Ziel dar: um Investoren zu gewinnen, müssen einerseits zukünftige Erfolgspotenziale verdeutlicht, andererseits auch die Möglichkeit zukünftiger Verluste eingeschlossen werden.

Insgesamt stellt sich die Frage, wie die Kapitalmarktkommunikation von Wachstumsunternehmen inhaltlich auszugestalten ist, um ihren Charakteristika Rechnung zu tragen und einen Wertbeitrag realisieren zu können.

## 3.3 Wertorientierte Kapitalmarktkommunikation von Wachstumsunternehmen

Die Kapitalmarktkommunikation hat durch das Konzept des Value Reporting eine inhaltliche Ergänzung und Vertiefung erfahren, welche insbesondere für Wachstumsun-

---

[153] Allerdings ist hierbei zu bemerken, dass der Zusammenhang zwischen wahrgenommener IR-Qualität und Beachtung durch Fondsmanager nicht in allen Fällen positiv ist. Vgl. Wolff & Häcker Finanzconsulting AG (2000), S. 11 und S. 13.

ternehmen relevant ist. Jene müssen jedoch bereits durch das Regelwerk des Neuen Marktes besondere Transparenzanforderungen erfüllen, welche der Vollständigkeit halber zunächst skizziert werden.

### 3.3.1 Regelwerk des Neuen Marktes

Das von der Deutsche Börse AG entwickelte Regelwerk war ein wesentlicher Erfolgsfaktor, der das Handelssegment Neuer Markt für Investoren zu einer attraktiven Alternativanlage zu bestehenden nationalen und internationalen Segmenten gemacht hat. Aus Sicht der Kapitalmarktkommunikation sind vor allem die Zulassungsfolgepflichten[154] nach dem erfolgten Börsengang relevant. Es wird von Wachstumsunternehmen eine Pflichtkommunikation gefordert, die deutlich über die Anforderungen an DAX- oder MDAX- Unternehmen hinausgeht.[155]

- Es sind Quartalsberichte über die Tätigkeiten und Ergebnisse (Gewinn- und Verlustrechnung, Jahresüberschuss pro Aktie, Zwischendividenden, Anzahl der Mitarbeiter) in deutscher und englischer Sprache mit Vorjahresvergleich zu veröffentlichen. In der neuesten Fassung des Regelwerkes sind die Quartalsberichte zunehmend standardisiert und es werden branchenspezifische Informationen gefordert.[156] Zusätzliche Informationen über die Auftragslage, die Aufgliederung der Erlöse, F&E-Aktivitäten sind Beispiele für die seit der neuesten Fassung des Regelwerkes erweiterten Anforderungen. Die Veröffentlichung muss innerhalb von zwei Monaten nach Abschluss der Berichtsperiode erfolgen.

- Der Jahresabschluss und der Lagebericht sind nach US-GAAP oder IAS innerhalb von 3 Monaten nach Ende des Berichtszeitraums zu veröffentlichen. Eine Überleitungsrechnung des HGB-Abschlusses in einen nach internationalen Standards erstellten Abschluss ist möglich.

- Es ist mindestens einmal jährlich ein Analystenmeeting durchzuführen.

- Ein Unternehmenskalender mit wesentlichen Ereignissen des Unternehmens (Hauptversammlung, Bilanzpressekonferenz u.a.) ist zu führen und ständig zu aktualisieren.

- Weiterhin ist es seit neuestem erforderlich, den Aktienbesitz und wesentliche Wertpapiergeschäfte des Managements und des Aufsichtsrates spätestens drei Tage nach

---

[154]  Vgl. Rosen/Herdina (2001), S. 46.

[155]  Vgl. Deutsche Börse AG (2001b), S. 28f.

[156]  Vgl. Deutsche Börse AG (2001b), S. 5.

Vollzug offen zu legen. Diese Regelung sorgt dafür, dass der Ausstieg der vermeintlich besser informierten Parteien als wichtiges Signal an den Markt allen Investierten frühzeitig bekannt wird.[157]

Das Regelwerk zielt zusammenfassend besonders darauf ab, die Liquidität der gehandelten Werte zu steigern. Zu diesem Zweck werden die Unternehmen auch durch *Designated Sponsors* betreut, die jederzeit auf Anfrage An- und Verkaufkurse (Geld- und Briefkurse) stellen, um temporäre Ungleichgewichte zwischen Angebot und Nachfrage zu überbrücken.[158]

Es ist abschließend zu bemerken, dass auch die internationalen Rechnungslegungsstandards den erhöhten Anforderungen des Kapitalmarktes nur eingeschränkt gerecht werden, da sie nach wie vor überwiegend vergangenheitsorientierte und aggregierte Daten vermitteln.[159] Deren Irrelevanz wurde insbesondere in Bezug auf die Besonderheiten von Wachstumsunternehmen verdeutlicht, sodass ein weiterführendes Kommunikationskonzept notwendig erscheint.

### 3.3.2 Grundgedanken des Value Reporting

> *„Information doesn't have to be financial or quantitative to be relevant to the market."*[160],

Wie in Abschnitt 2.3 bereits dargestellt, bemerkt Küting zurecht, dass sich „die *Motivation*, der *Inhalt* und die *Art der Informationsvermittlung* von Unternehmen an die Financial Community als Folge des Shareholder-Value-Prinzips grundlegend geändert haben."[161] Eine explizite Berücksichtigung dieses veränderten Kontext der wertorientierten Unternehmensführung und der Spezifika von Wachstumsunternehmen wird durch das Konzept des *Value Reporting* möglich.

---

[157]  Vgl. Deutsche Börse AG (2001b), S. 30. Diese Regelung ist auch unter dem Begriff „*Disclosure of Directors Dealings*" bekannt.

[158]  Vgl. Deutsche Börse AG (2001d), S. 4. Zusätzlich empfiehlt die Deutsche Börse AG den Designated Sponsors, die betreuten Unternehmen auch bei der Publizität, der gesamten IR-Arbeit und in Form von Research zu unterstützen. Empirische Untersuchungen konnten bestätigen, dass durch die Tätigkeit der Designated Sponsors tatsächlich eine Liquiditätsverbesserung eintritt. Vgl. Gerke/Bosch (1999), S. 16-20.

[159]  Küting (2000a), S. 30.

[160]  PriceWaterhouseCoopers (1998), S. 5.

[161]  Vgl. Küting (2000a), S. 30.

Value Reporting stellt keine eigenständige Berichtsform dar, sondern dient als freiwillige Ergänzung der traditionellen Unternehmenspublizität.[162] Value Reporting kann als eine wertorientierte Ausgestaltungsform von Investor Relations i.e.S. bzw. als *wertorientierte Kapitalmarktkommunikation* verstanden werden[163] und stellt daher nicht nur für Wachstumsunternehmen ein zielführendes Konzept dar. Obgleich für die verschiedenen Branchen des Neuen Marktes unterschiedliche Werttreiber[164] gelten, ist die wesentlich höhere Bedeutung immaterieller Aktiva (*Intangibles*) ein gemeinsames Merkmal.

Die Aufgabe einer wertorientierten Kapitalmarktkommunikation muss es sein, die Defizite der traditionellen Publizität insbesondere im Bereich der Wachstumsunternehmen auszugleichen[165] und über „*areas where value can be built*"[166] zu informieren. Der Grenznutzen von Informationen, welche über die vorgeschriebenen rechtlichen und regelwerkbasierten Anforderungen hinausgehen, ist gerade für Unternehmen der New Economy im Gegensatz zu denen der Old Economy hoch einzuschätzen.[167] Eine wertorientierte Kapitalmarktkommunikation ist somit explizit als *Werttreiber* in das Wertsteigerungsnetzwerk von Rappaport zu integrieren.[168] Die Informations- und Kommunikationsentscheidungen werden, wie Abbildung 11 illustriert, nicht mehr nur dem finanziellen Bereich des Wertsteigerungsnetzwerkes untergeordnet[169], sondern sind ein *eigenständiger, wertgenerierender Entscheidungsbereich*.[170] Diese Interpretation ist somit noch weitreichender als die zuvor besprochene Position der Kapitalmarktkommunikation im Rahmen der wertorientierten Unternehmensführung.

---

[162] Vgl. Müller (1998), S. 126 sowie Fischer/Wenzel/Kühn (2001), S. 1209. Auf Seiten der Rechnungslegung wird eine vom Kapitalmarkt induzierte Unternehmenspublizität in Form des *Business Reporting* diskutiert, welche eine stärkere Verzahnung der Aktivitäten der Rechnungslegung, Kapitalmarktkommunikation und Unternehmenssteuerung fordert. Vgl. Böcking/Benecke (1998), S. 92 und S. 95, Küting/Lorson (1999), S. 221.

[163] Aus Sicht der Wirtschaftprüfung wird analog von *wertorientierter Rechnungslegung* gesprochen. Vgl. Black/Wright/Bachman (1998), S. 327.

[164] Unter Werttreibern können alle Faktoren verstanden werden, die einen signifikanten Einfluss auf den Unternehmenswert (Markt- und Fundamentalwert) haben. Vgl. Riedl (2000), S. 314.

[165] Vgl. Abschnitt 3.1.

[166] Wright/Keegan (1997), S. 6.

[167] Vgl. Kötzle/Niggemann (2001), S. 641f.

[168] Vgl. Labhart (1999), S. 275; Volkart/Labhart (2000), S. 151f. sowie Abschnitt 2.3.

[169] Vgl. Allendorf (1996), S. 39.

[170] Vgl. Labhart (1999), S. 275. Ähnlich argumentiert Hostettler (1997), S. 28 und S. 30.

Abbildung 11: Value Reporting als Werttreiber

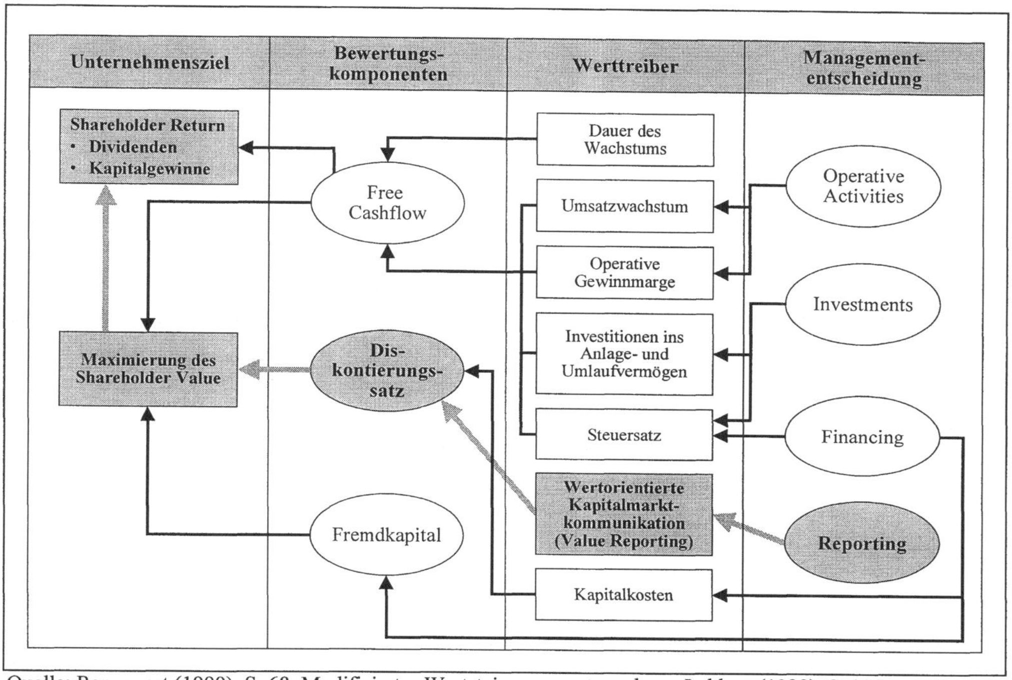

| Unternehmensziel | Bewertungs-komponenten | Werttreiber | Management-entscheidung |
|---|---|---|---|

Quelle: Rappaport (1999), S. 68. Modifiziertes Wertsteigerungsnetzwerk aus Labhart (1999), S. 275.

Value Reporting stellt eine Maximalstrategie[171] für die Kapitalmarktkommunikation dar, wobei branchen- bzw. unternehmensspezifisch über die Ausgestaltung entschieden werden sollte.[172] Einschränkungen hinsichtlich der Anwendung für Wachstumsunternehmen ergeben sich eventuell aus der Tatsache, dass die sich in der Aufbauphase befindenden Unternehmen nur über ein schwach ausgebautes internes Rechnungs- und Berichtswesen verfügen und die Generierung von Informationen für diese jungen Unternehmen sehr kostenintensiv ist.[173]

In der Literatur wird auf die Gefahren einer maßgeblich erweiterten Offenlegung in Form des Value Reporting hingewiesen. So wird bspw. angeführt, dass durch den verstärkten Einblick der Wettbewerber in die Unternehmenslage erhöhte Wettbewerbskos-

---

[171] Vgl. Küting/Hütten/Lorson (1995), S. 1849.

[172] Vgl. Müller (1998), S. 129; Labhart (1999), S. 270.

[173] Vgl. Kötzle/Niggemann (2001), S. 642; Achleitner/Bassen/Funke (2001), S. 36.

ten entstehen.[174] Des weiteren wird vor Prozesskosten gewarnt, da je nach Rechtssystem die Haftung für prospektive Angaben eventuell Probleme für das Unternehmen aufwerfen kann.[175] Diesen Argumenten wird an dieser Stelle jedoch kein allzu großes Gewicht beigemessen, da davon ausgegangen wird, dass die Vorteile einer erweiterten Publizität, wie z.B. eine reduzierte Fehlbewertung, potenzielle Nachteile überwiegen.

### 3.3.3 Inhaltliche Charakteristika des Value Reporting

Im Folgenden werden wesentliche *inhaltliche Charakteristika* vorgestellt, anhand derer sich eine wertorientierte Kapitalmarktkommunikation von der traditionellen Unternehmenspublizität unterscheidet.[176] Die Gestaltungsvorschläge von Labhart und Müller werden miteinander verglichen. Relevant sind hierbei die jeweils eingenommene Perspektive zur Ableitung des Informationsbedarfs, die vorgeschlagenen Kommunikationsinhalte und die Aggregationsebene, d.h. Informationen auf Ebene des Gesamtunternehmens oder der Geschäftseinheiten (Segmente).

Labhart empfiehlt eine mehrdimensionale Betrachtungsweise auf Basis einer *Balanced Scorecard*.[177] In jeder der Perspektiven - Kunden, Entwicklung, Prozess und Finanzen - werden sowohl quantitative Messgrößen als auch verbale Erläuterungen gefordert.[178] Insbesondere nicht-finanzielle Informationen (*Non-Financials*) werden sehr differenziert betrachtet. Sie sind definiert als „alle qualitativen und quantitativen Informationen, die sich nur indirekt oder gar nicht auf das Zahlenmaterial des betrieblichen Rechnungswesens beziehen."[179] Der Vorteil von nicht-finanziellen Größen wird in ihrem

---

[174]   Vgl. Kötzle/Niggemann (2001), S. 641.

[175]   Vgl. Labhart (1999), S. 226.

[176]   Value Reporting unterscheidet sich nicht nur *inhaltlich*, sondern auch *formal* von der traditionellen Unternehmenspublizität, da eine höhere Zahl an möglichen Kommunikationsinstrumenten bereitsteht. Vgl. Fischer/Wenzel/Kühn (2001), S. 1209.

[177]   Vgl. Labhart (1999), S. 256; Black/Wright/Bachman (1998), S. 340 sowie Tabelle 2. Die *Balanced Scorecard* (BSC) ist ein Controllinginstrument, welches die Strategieumsetzung begleiten soll. Die finanzielle Perspektive ist die Schnittstelle zum Wertsteigerungsnetzwerk von Rappaport. Finanzielle Kennzahlen wie z.B. der ROCE werden in Wirkungsbeziehungen zu Non-Financials gesetzt. Das Wissen der Mitarbeiter ist bspw. Voraussetzung für einen zeitoptimalen und sicheren Prozess. Dadurch steigt die Pünktlichkeit, Kundentreue und der ROCE kann ceteris paribus gesteigert werden. Vgl. Kaplan/Norton (1997), S. 28f.

[178]   Auch eine Beschreibung von *Realoptionen* wird vorgeschlagen. Vgl. Labhart (1999), S. 159 sowie Abschnitt 4.3.5.

[179]   Pellens/Fülbier/Gassen (1998), S. 60. Empirische Ergebnisse zu nicht-finanziellen Informationen liefern Brotte (1997), S. 44-67; Labhart (1999), S. 238-252 sowie Ernst & Young (1997).

*proaktiven Charakter* gesehen, während Finanzkennzahlen meist nachlaufende Indikatoren sind.[180]

Tabelle 1: Inhaltsstruktur des Value Reporting nach Labhart

| Perspektive | | Mögliche Ebenen | Mögliche Inhalte |
|---|---|---|---|
| **Finanziell** | | Konzern und Segment | • Traditionelle Unternehmenspublizität<br>• Wertorientierte Kennzahlen<br>• Herleitung zentraler Wertgrößen (NOPAT, WACC, etc.)<br>• Risikokennzahlen<br>• Quantitative Prognosen |
| **Nicht-finanziell** | Management | Konzern | • Strategien, Ziele<br>• Diskussion von Zielerreichung/Abweichungen<br>• Trends<br>• Erfolgsfaktoren<br>• Realoptionen<br>• Marktsituation<br>• Managementkompensation<br>• Investitionen in „Intangibles" |
| | Kunden | Segment | • Marktanteil<br>• Kundenzufriedenheit<br>• Kundenbindung<br>• Markenwert<br>• Marketinginvestitionen, etc. |
| | Prozesse (Wertkette) | Segment | • Produktqualität<br>• Prozessqualität<br>• Neue Patente<br>• Informationstechnologie<br>• Prozessverbesserungen, etc. |
| | Entwicklung | Segment | • Neue Produkte und deren Umsatzanteil<br>• Innovationsfähigkeit<br>• Forschungs- und Entwicklungsschwerpunkte, etc. |

Quelle: Labhart (1999), S. 254-265.

Müller schlägt eine Kategorisierung der Informationen aus einer zeitlichen Perspektive in die Bereiche *Total Return*, *Value Added* und *Strategic Advantage* vor. Total Return Reporting bezieht sich auf die Darstellung der vergangenen Aktienperformance. Value Added Reporting soll sich hingegen auf den geschaffenen Wertzuwachs in der abgelaufenen Periode konzentrieren. Der Schwerpunkt sollte den Informationsbedürfnissen bei Wachstumsunternehmen entsprechend beim Strategic Advantage Reporting liegen, welches über Aktivitäten informiert, die das Wertmanagement gegenwärtig und in Zukunft beeinflussen.[181]

---

[180] Vgl. Ernst & Young (1997), S. 2 und S. 7; Mavrinac/Siesfeld (1997), S. 50.

[181] Vgl. Müller (1998), S. 127.

Tabelle 2: Inhaltsstruktur des Value Reporting nach Müller

| Perspektive | Mögliche Ebenen | Mögliche Inhalte |
|---|---|---|
| **Total Return** (vergangene Aktienperformance) | Konzern | • Aktienkursentwicklung und Kommentierung<br>• Renditevergleich mit Index oder Musterdepot, Dividendenentwicklung<br>• Bezugsrechte |
| **Value Added** (Wertzuwachs in der abgelaufenen Periode) | Konzern und Segment | • Cashflow-Rechnung<br>• Darstellung der Shareholder-Value-Konzepte<br>• Wertorientierte Kennzahlen und deren Berechnung<br>• Herleitung der Kapitalkosten (Angabe von β-Faktor, risikofreier Zins)<br>• Soll/Ist-Vergleich<br>• Aktienoptionspläne<br>• Aktienrückkäufe |
| **Strategic Advantage** (Zukünftige Erfolgspotenziale bzw. Einflüsse auf das Wertmanagement) | Konzern und Segment | • Darstellung der Werttreiber und deren Entwicklung<br>• Strategische Maßnahmen und Ziele<br>• Erfolgspotenziale wie z.B. neue Produkte inkl. Umsatz- und Ertragspotenzial<br>• Neue Geschäftsfelder<br>• Marktanteils-, Rendite- und Umsatzziele<br>• Prognose zur Marktentwicklung<br>• Organisation und Personal |

Quelle: Müller (1998), S. 125 und S. 129-139.

Die Bedeutung wertorientierter Erfolgsmaßstäbe, bspw. des Economic Value Added (EVA), welche eine enge Korrelation zur Marktkapitalisierung aufweisen, wird in beiden Ansätzen betont. Indem aussagekräftige Kennzahlen genannt, beschrieben, Zielgrößen formuliert und Abweichungen erklärt werden, wird ein wichtiger Einblick in die Unternehmenssteuerung gegeben.[182]

Während die finanzielle Perspektive bei Labhart auf der traditionellen Unternehmenspublizität aufbaut, bleibt diese im Ansatz von Müller unberücksichtigt. Im Vergleich scheinen beide Strukturen unterschiedliche Vorteile zu bieten: der Vorschlag von Müller vermeidet mögliche Abgrenzungsprobleme zwischen finanziellen und nicht-finanziellen Informationen[183], während die Darstellung von Labhart die nicht-finanziellen

---

[182] Vgl. Küting (2000a), S. 30.

[183] Eine Abgrenzung von finanziellen und nicht-finanziellen Informationen wird vom Federal Accounting Standards Board (FASB) vorgeschlagen, ist jedoch ebenso schwierig wie die Trennung von Informationen für Anlageentscheidungen und Rechenschaftszwecke. Vgl. Brotte (1997), S. 11 und S. 15.

Informationen differenzierter abdeckt. Die vorgeschlagenen Kommunikationsinhalte und Aggregationsebenen stimmen weitgehend überein, während die unterschiedlichen Perspektiven komplementär zueinander sind.

Das Value Reporting erscheint somit prinzipiell als stimmiges Konzept, dessen Entwicklungspotenzial in der Praxis zum einen davon abhängen wird, inwieweit es gelingt, die *Kosten* und den *Nutzen* erhöhter Transparenz und Wertorientierung genauer zu quantifizieren. Zum anderen wird die verstärkte Nachfrage nach wertorientierter Kapitalmarktkommunikation einen gewissen „Anpassungsdruck" auf etablierte und Wachstumsunternehmen ausüben, die im (internationalen) Wettbewerb um Kapital konkurrieren.

## 3.4 Zwischenfazit

Die besonderen Charakteristika von Wachstumsunternehmen stellen eine Herausforderung für die Kapitalmarktkommunikation dar. Zum einen gilt es, das Dilemma zwischen dem hohen Ressourcenaufwand der IR-Arbeit und den potenziellen Folgeproblemen einer zu geringen Kapitalmarktkommunikation zu lösen. Zum anderen ist die Kapitalmarktkommunikation inhaltlich auf die Charakteristika der jungen und komplexen Unternehmen zuzuschneiden, um Adressaten entscheidungs- und bewertungsrelevante Informationen zur Verfügung zu stellen. Wachstumsunternehmen sollten daher neben der Erfüllung der umfangreichen und strengen Anforderungen des Regelwerkes Neuer Markt gezielt freiwillige Informationen an den Kapitalmarkt kommunizieren.

Das Value-Reporting-Konzept qualifiziert sich als eine passende Darstellungsform für diese Informationen, da es sich durch einen verstärkten Zukunftsbezug, die Angabe wertorientierter Erfolgsmaßstäbe sowie durch eine explizite Integration nicht-finanzieller Informationen auszeichnet. Im Vergleich zur traditionellen Unternehmenspublizität, welche weitgehend durch das Regelwerk abgedeckt ist, greift das Value-Reporting-Konzept die Grundgedanken der wertorientierten Unternehmensführung auf und stellt ein passendes „*Kommunikationsparadigma*"[184] insbesondere für Wachstumsunternehmen dar. Es wird daher im Folgenden als Framework für die abzuleitenden Bewertungskriterien benutzt.

---

[184] Die Maxime der Wertsteigerung *integriert* markt- und ressourcenorientierte Ansätze der Unternehmensführung und *dominiert* als „Paradigma" der Unternehmensführung letztlich das strategische Management. Vgl. Hahn (1998), S. 568. Das Paradigma der Wertorientierung kann somit auch auf die Kapitalmarktkommunikation übertragen werden.

Für die Implementierung des Value Reporting wird von Labhart eine Anlehnung an die *Balanced Scorecard* empfohlen. Die Vorteile einer solchen kompakten Darstellung bestehen vor allem in der Praktikabilität und Übersichtlichkeit für eine Umsetzung des Konzeptes. Darauf wird auch für den Kriterienkatalog in vorliegender Studie geachtet. Bevor jedoch diskutiert werden kann, wie das Value Reporting mit den Informationsanforderungen der Finanzanalysten in Verbindung zu bringen ist und wie die inhaltliche Umsetzung aus Sicht von Wachstumsunternehmen erfolgen soll, untersucht der folgende Abschnitt den Informationsbedarf der Finanzanalysten - zunächst auf theoretischer Ebene - genauer.

# 4 Ableitung der Informationsbedürfnisse von Finanzanalysten

*„Analysts issue buy and sell recommendations to their clients, who trade on its basis. "[185]*

## 4.1 Funktion und Charakterisierung von Finanzanalysten

### 4.1.1 Informationsintermediation, Monitoring und Marketing

Dem Finanzanalysten werden in der Literatur vielfältige Funktionen zugeschrieben. Die Funktionen schließen sich nicht gegenseitig aus, sondern stellen ergänzende Sichtweisen ein- und derselben Personengruppe dar. Je nach Funktionsverständnis ergeben sich unterschiedliche Auswirkungen für Investoren, Unternehmen und Finanzintermediäre.

Während der Sell-Side-Analyst als Angestellter einer Investment- oder Universalbank seine Research-Reports über die Mitarbeiter des Sales-Bereiches an Investoren vertreibt, ist der Buy-Side-Analyst typischerweise ausschließlich für einen institutionellen Investor (Investment- und Pensionsfonds) tätig und unterstützt den Fondsmanager in seiner Auswahlentscheidung.[186] Buy-Side-Analysten haben meist einen breiteren Research-Fokus und orientieren sich häufig an den Reports ihrer Sell-Side-Kollegen. Sell-Side-Analysten weisen hingegen meist eine stärkere Branchenspezialisierung auf.[187] Dieser institutionellen Unterscheidung wird im Folgenden nicht gefolgt.[188] Die folgende Funktionsbeschreibung bezieht sich primär auf die Sell-Side-Analysten.

*Informationsintermediation*

Finanzintermediäre, welche das Problem asymmetrischer Information zwischen Unternehmen und Investoren zu lösen helfen, werden als Informationsintermediäre bezeichnet.[189] Dies trifft auf Finanzanalysten zu, da der Kern ihrer Tätigkeit in einer intensiven

---

[185] Damodaran (1996), S. 185. Die folgenden Ausführungen beziehen sich auf Analysten des Equity Research. Man unterscheidet weiterhin die Bereiche Fixed Income, Quantitative und Macroeconomic Research. Vgl. Achleitner (2001b), S. 756.

[186] Vgl. Löffler (1997), S. 19; Rosen/Herdina (2001), S. 52, Düsterlho (2000), S. 74; Faitz (2001), S. 173. Während letzterer demnach primär eine *Selektion* alternativer Assets vornimmt, führen die Finanzanalysten vor allem eine *Diagnose* von Unternehmen, Branchen und Ländern durch. Vgl. Bittner (1996), S. 28.

[187] Vgl. Wichels (2001). Auf eine bestimmte Branche fokussierte Analysten geben auch im Vergleich durchschnittlich bessere Prognosen ab. Vgl. Desai/Liang/Singh (2001), S. 26.

[188] Unternehmen gewichten laut einer Umfrage des National Investor Relations Institute die Ansprache der Buy- und der Sell-Side zu gleichen Teilen, wollen sich in Zukunft jedoch verstärkt der Buy-Side widmen. Vgl. NIRI (2001), S. 25.

[189] Vgl. Hax (1998), S. 47.

und regelmäßigen Informationsverarbeitung besteht.[190] Sie fungieren als informationstechnischer Mittler zwischen Kapitalgebern und -nehmern und spielen im Entscheidungsprozess institutioneller[191] und auch individueller Investoren[192] eine maßgebliche Rolle. Der Einbindung von Finanzanalysten bringt aus Sicht von Unternehmen und Investoren wesentliche Kostenvorteile mit sich. Laut Hax entstehen Kostenersparnisse vor allem dadurch, dass der Intermediär einmal generierte Informationen wiederverwerten kann, dass er sich im Gegensatz zum Investor spezialisiert und dass durch seine Informationsverbreitungstätigkeit die Kommunikationskosten sinken.[193]

Der Finanzanalyst transformiert als Informationsintermediär mittels seines Know-hows allgemein zugängliche Daten in entscheidungsrelevante Informationen und verschafft sich und seinen Kunden, meist institutionelle Investoren, dadurch einen *Informationsvorsprung* im Kapitalmarkt.[194] Durch ihre Tätigkeit reduzieren Finanzanalysten die wahrgenommene Komplexität und Unsicherheit[195] auf dem Kapitalmarkt und erhöhen somit die Informationseffizienz[196]. Für die Investoren dienen Finanzanalysten in dieser Funktion überwiegend als Beratungs- und Entscheidungsunterstützungs-Instanz.[197] Für die Unternehmen wird durch die indirekte Informationsverbreitung („*Information Dissemination*") der Finanzanalysten die Visibilität und der Bekanntheitsgrad in der Financial Community sowie die Liquidität erhöht.[198]

*Monitoring*

Die Monitoring-Aktivität der Finanzanalysten trägt u.a. zur Minderung des Management-Aktionärs-Konflikts bei, der aus der Trennung von Eigentum und Kontrolle herrührt.[199] Laut einer Umfrage rechnen CEOs mit einem weiterhin steigenden Einfluss der Analysten auf die Unternehmensführung.[200]

---

[190] Vgl. Link (1991), S. 75; Diehl/Loistl/Rehkugler (1998), S. 7; Hax (1998), S. 11.

[191] Vgl. Kames (1999), S. 47f.

[192] Vgl. Schlienkamp (1998), S. 216.

[193] Vgl. Hax (1998), S. 62-67.

[194] Vgl. Loistl (2000), S. 4f., der betont, dass Finanzanalysten für ihre Tätigkeit keine Insiderinformationen benötigen und damit nicht als Primärinsider i.S. des § 13 WpHG zu sehen sind. Vgl. auch NIRI (2000), S. 50, Appendix A.

[195] Vgl. Vopel (1999), S. 173. Der Leitgedanke aller IR-Aktivitäten „*Information reduces risk*" wird hier deutlich. Vgl. Paul (1993), S. 134.

[196] Vgl. Diehl (1993), S. 177.

[197] Vgl. Schoenen (1994), S. 11.

[198] Vgl. Hong/Kubik (2000), S. 1; Amihud/Mendelson (2000), S. 22f.

[199] Vgl. grundlegend zum Manager-Eigentümer-Konflikt Jensen/Meckling (1976).

[200] Vgl. Steiger (2000), S. 200f.

Das Monitoring der Finanzanalysten ist im Vergleich zu anderen Mechanismen der Interessengleichschaltung, wie bspw. der Managementbeteiligung und dem Markt für Unternehmenskontrolle, sowie im Vergleich zu anderen Kapitalmarktteilnehmern in der Literatur bislang unterbeleuchtet geblieben. Dies liegt vermutlich daran, dass das Monitoring der Managementperformance durch Finanzanalysten indirekt abläuft: Disziplinierungsmöglichkeiten stehen in Form von Veröffentlichungen und Empfehlungen zur Verfügung, in denen die Aktivitäten des Managements kommentiert und bewertet werden.[201] Analystentreffen können dazu genutzt werden, Einfluss auf die Unternehmensführung auszuüben, indem eingeschlagene Strategien kritisiert bzw. Vorschläge für eine Neuausrichtung gemacht werden.[202] Das Unternehmen erhält ein qualifiziertes Feedback vom Markt und kann dies als Anstoß für operative oder strategische Änderungen nehmen.

Die Tätigkeit der Analysten kann es somit ermöglichen, ein für die Unternehmenseigner und Gläubiger unbeobachtbares, wertvernichtendes Verhalten des Managements aufzudecken bzw. vorzubeugen und so Überwachungskosten (*Agency-Kosten*) zu reduzieren.[203] Davon profitieren vor allem die Investoren. In dieser Funktion spielen Finanzanalysten demnach eine maßgebliche Rolle für die *Corporate Governance* von Unternehmen. Wird der Begriff mit *Unternehmensüberwachung und -steuerung* übersetzt, so stellen Finanzanalysten Akteure dar, welche auf Basis der gegebenen rechtlichen Rahmenbedingungen und der ihnen zur Verfügung stehenden Beeinflussungsmöglichkeiten einen Beitrag hierzu leisten.

Dieser Beitrag ist vermutlich bei Wachstumsunternehmen, welche in einem instabilen und unsicheren Umfeld operieren, besonders hoch, da es gerade dann besonders schwierig ist, den Einfluss des Managementverhaltens auf die Unternehmensperformance von anderen Einflussfaktoren zu isolieren.[204] Auch angesichts der dargestellten Charakteristika, d.h. ein vermeintlich unerfahrenes Management, scheint ein externes Monitoring angebracht. Allerdings stellen die in Wachstumsunternehmen üblichen Managementbeteiligungen[205] auch einen gewissen Grad an interessenskonformen Verhalten sicher.

---

[201] Vgl. Chung/Jo (1996), S. 494.

[202] Vgl. Bassen (2002)

[203] Vgl. Chung/Jo (1996), S. 495; Jensen/Meckling (1976), S. 355.

[204] Vgl. Chung/Jo (1996), S. 509, die empirisch beweisen, dass der voraussichtliche Wertgewinn (*Wealth Gain*) durch ein Monitoring der Unternehmensperformance größer ist, wenn das Unternehmen in einem risikoreichen Umfeld operiert.

[205] Durchschnittlich hält das Management am Neuen Markt eine 30-prozentige Beteiligung am Unternehmen. Vgl. Bessler/Kurth/Thies (2001), S. 254.

Die eingeschränkten Sanktionsmechanismen schwächen jedoch die Wirksamkeit des Monitoring durch Finanzanalysten ab: im Vergleich zu institutionellen Investoren, verstanden als die Gruppe der Kapitalbeteiligungs- und Investmentgesellschaften sowie Banken, sind ihre Einflussmöglichkeiten auf das Management beschränkt.[206] Finanzanalysten können zwar die Coverage absetzen bzw. ihre Empfehlungen auf das Nötigste reduzieren, scheinen jedoch zum Teil darauf zu achten, dass sie als Angestellte einer Investmentbank nicht wider den Interessen des Unternehmens handeln.[207] Über Aktienan- und -verkäufe können sie im Gegensatz zu einem Portfoliomanager zumeist nicht selbstständig disponieren. Zudem sind Finanzanalysten im Gegensatz zu institutionellen Investoren keine Anteilseigner und haben daher keine gesetzliche Legitimation zur Einflussnahme im Rahmen des Aktiengesetzes. Empirische Ergebnisse weisen zudem darauf hin, dass ein Monitoring bei einem stark diversifizierten Unternehmen nur begrenzt möglich ist.[208] Diese Einschränkung ist für Wachstumsunternehmen weniger relevant, da die meist geringe Diversifikation gute Voraussetzungen für eine effiziente Funktionserfüllung schafft.[209]

*Marketing*

Andere Autoren betrachten die Tätigkeit des Finanzanalysten aus einer Marketingperspektive.[210] Im Rahmen dieser Funktion unterstützen die Finanzanalysten den Broker bei der Vermarktung und dem Verkauf der Wertpapiere. Die gleichzeitige Aufgabenwahrnehmung von Marketing und Vertrieb der Wertpapiere ist von hoher strategischer Bedeutung[211], sodass eine enge Zusammenarbeit zwischen Analysten und Sales-Mitarbeitern wünschenswert erscheint. Dabei fällt die Aufgabe der Kundenpflege und -ansprache dem Sales-Mitarbeiter zu, während der Analyst eher im Hintergrund agiert bzw. die Fragen der institutionellen Investoren beantwortet. Zudem dient ein bekanntes Analystenteam der Investmentbank auch als „Reputationsträger": die Research-Abteilung und die einzelnen Analystenteams sind wesentliche Entscheidungskriterien für die Wahl des Konsortialführers.[212]

---

[206] Vgl. zu den Möglichkeiten der Einflussnahme institutioneller Investoren Steiger (2000) sowie Bassen (2002).

[207] Vgl. Abschnitt 4.1.2.

[208] Vgl. Doukas/Kim/Pantzalis (2001), S. 54.

[209] Vgl. auch Abschnitt 3.1. Interessant sind in diesem Zusammenhang auch die Ergebnisse von Gilson et al. (1998), die feststellen, dass Maßnahmen des Corporate Restructuring dazu beitragen, die Analysten-Coverage der nun getrennten Unternehmensteile sowohl quantitativ als auch qualitativ (Branchen-Know-how und Prognosegenauigkeit) zu verbessern. Vgl. Gilson et al. (1998), S. 10f.

[210] Vgl. Chung/Jo (1996); Chung/Jo (2000); Michaely/Womack (1999).

[211] Vgl. Achleitner (2001b), S. 762.

[212] Vgl. Michaely/Womack (1999), S. 654f.; Achleitner (2001b), S. 769.

Unter der Annahme, dass das Brokerhaus das Angebot an Wertpapieren an den Investorenpräferenzen ausrichtet, sollten möglichst qualitativ hochwertige Wertpapiere angeboten werden. Die Finanzanalysten gestalten ihre Coverage unterstützend zum Marketingprozess. Dies fördert indirekt wiederum die Visibilität und die Nachfrage nach den beobachteten Unternehmen. In der Praxis erfordert bereits die Coverage erheblichen Zeitaufwand, sodass einige Investmenthäuser dazu übergegangen sind, den Finanzanalysten spezielle Marketingexperten ohne Coverage-Verantwortung zur Seite zu stellen, um eine effektive Betreuung der institutionellen Kunden zu gewährleisten.[213]

Abbildung 12: Funktionen der Finanzanalysten und Vorteile für die Kapitalmarktakteure

| | | Kapitalmarktakteure | | |
|---|---|---|---|---|
| | | Unternehmen | Investoren | Investmentbank/Broker |
| Funktion des Finanzanalysten | Informations-intermediär | • Visibilität<br>• Bekanntheitsgrad<br>• Meinungsbildung<br>• Aktienkurseffekte | • Entscheidungsunterstützung<br>• Informationsvorsprung<br>• Komplexitätsreduktion<br>• Aktienkurseffekte | • Einnahmen durch Informationsverkauf<br>• Informationsbasis für andere Geschäftsbereiche<br>• Know-how-Träger (Aktienkurseffekte) |
| | | • Kostenvorteile durch<br>  – Wiederverwendung der Informationen durch den Intermediär<br>  – Spezialisierung des Intermediärs<br>  – Multiplikationswirkung des Intermediärs | | |
| | | • Erhöhte Liquidität<br>• Informations- und Bewertungseffizienz auf dem Kapitalmarkt | | |
| | Monitoring | • Feedback vom Markt<br>• Anregung von strategischen/operativen Änderungen | • Kontrolle der Unternehmensperformance und des Managementverhaltens | |
| | Marketing | • Visibilität<br>• Erhöhtes Handelsvolumen<br>• Liquidität | • Angebot von „High-Quality-Stocks" | • Unterstützung Sales-Bereich<br>• Reputationsträger |

Quelle: Eigene Darstellung.

Abbildung 12 zeigt zusammenfassend die wahrgenommenen positiven Auswirkungen der Analystentätigkeit auf und verdeutlicht gleichsam, wer je nach Funktionssicht in welcher Weise profitiert. Die Unternehmenssicht wird für die folgenden Abhandlungen in den Mittelpunkt gestellt. Hingewiesen werden muss jedoch auch auf denkbare nega-

---

[213] Vgl. o.V. (1999), S. 56.

tive Auswirkungen der Analystentätigkeit: so kann das starke Beeinflussungspotenzial der Analysten auch wider den Interessen von Unternehmen und Investoren sein, wenn durch die veröffentlichten Empfehlungen eine starke Überbewertung (*Speculative Bubble*) unterstützt wird[214] bzw. die Volatilität des Titels durch die sich erhöht.

### 4.1.2 Zielgrößen und Zielkonflikte der Finanzanalysten

Die Kenntnis der Zielgrößen der Finanzanalysten ist für die unternehmerische Kapitalmarktkommunikation relevant, da es so ermöglicht wird, die Beziehung zu den Analysten möglichst zielkonform zu gestalten und eine Coverage zu initiieren bzw. jene auf einem gewünschten Niveau zu halten.

Es kann angenommen werden, dass Analysten primär eigennutzmaximierende Kapitalmarktteilnehmer sind, die ein monetäres Ziel, d.h. die Maximierung ihrer Einkünfte, verfolgen.[215] Aufgrund der in Banken vorherrschenden erfolgsabhängigen Entlohnungsstrukturen muss demnach vor allem nach Faktoren gesucht werden, welche für den Erfolg eines Sell-Side-Analysten[216] maßgeblich sind. Aus dem Oberziel der Steigerung der variablen Gehaltskomponente der Analysten sind primär zwei Hauptziele abzuleiten: der *Reputationsaufbau* und die *Generierung von Mehreinnahmen* (Provisionen).[217] Es ist nun zu fragen, wie ein Analyst Reputation aufbaut und wie er es bewerkstelligt, zusätzliche Transaktionen hervorzurufen.

Der Reputationsaufbau ist dabei durch eine Vielzahl interdependenter Zusammenhänge gekennzeichnet. Er setzt eine bei den Kapitalmarktteilnehmern verankerte *Glaubwürdigkeit* voraus. Gleichzeitig wird der Aufbau von Reputation üblicherweise als Mechanismus zur Überwindung von Glaubwürdigkeitsproblemen angesehen.[218] Glaubwürdigkeit ent-

---

[214] Untersuchungen der Behavioral Finance zeigen bspw., dass Finanzanalysten auf positive Informationen des Unternehmens oftmals überreagieren und auf diese Weise zu einer Überbewertung beitragen. Vgl. De Bondt/Thaler (1990) sowie Ahmed/Loba/Zhang (2000).

[215] Dies entspricht der Sichtweise des „*Homo Oeconomicus*".

[216] Die Erfolgsgrößen der Buy-Side-Analysten dürften denen der Sell-Side-Analysten zwar ähnlich sein, allerdings ist die Wirkung der institutionellen Rahmenbedingungen auf die Anreize des Analysten für beide Berufsgruppen vermutlich unterschiedlich. Vgl. Rentsch (2001), S. 181.

[217] Vgl. Teo (2000), S. 4; Rentsch (2001), S. 181. Für eine exakte Vorgehensweise wäre es notwendig, eine Trennung zwischen dem Zielsystem der Bank und jenem des Analysten vorzunehmen. Das hier vorgestellte Zielsystem stellt jedoch eine plausible Mischform dar.

[218] Vgl. Hax (1998), der in einem agency-theoretischen Kontext den Reputationsaufbau als „freiwilligen Verzicht des Analysten auf eine Schädigung der Investoren" definiert.

steht dann, wenn der Analyst bemüht ist, die ihm zugeschriebene *Objektivität* zu wahren. Um jene zu untermauern, wird es eine Zielsetzung des Analysten sein, regelmäßig zutreffende Einschätzungen abzugeben. Eine hohe *Prognosequalität*, d.h. die Minimierung von Schätz- und Prognosefehlern, ist somit gleichzeitig Subziel des Reputationsaufbaus und verstärkt indirekt auch die Glaubwürdigkeit des Analysten. [219] Dabei kommt es nicht darauf an, dass der Analyst absolut richtig schätzt, sondern dass er zu seinen Kollegen relativ gut abschneidet. Die Reputation eines Analysten wird neben dem Standing des Arbeitgebers allgemein maßgeblich durch die Platzierung in öffentlichen *Rankings*, wie z.B. die des *Institutional Investors* oder der *Reuters Survey*, bestimmt, im Rahmen derer die Prognosefähigkeit ebenfalls eine große Rolle spielt.[220] Teilweise ist die Bonuszahlung der Analystenteams an die Rankingergebnisse geknüpft.[221]

Die Prognosegenauigkeit und somit auch die Ergebnisse des Rankings werden maßgeblich durch die Expertise und das Know-how des Analysten beeinflusst. Es wird somit Ziel sein, sich mittels *Managementzugang* eine *gute Informationsbasis* zu schaffen und *Branchenkenntnisse* zu akkumulieren. Die Spezialisierung in der Coverage auf bestimmte Industriesektoren[222] stärkt die Position des Analysten als wertvolles Asset innerhalb der Bank.[223] Auch daher wird der Analyst motiviert sein, seine Expertise und sein Know-how kontinuierlich zu verbessern. Neben dem Managementzugang wird der Analyst die intra-organisationale Zusammenarbeit nutzen, sofern entsprechende Wissensmanagement-Strukturen in einer global ausgerichteten Research-Abteilung vorhanden sind.[224] Zum Teil benötigen die Finanzanalysten zum Verständnis komplexer Geschäftsmodelle auch spezielles Fachwissen, welches nur durch die Einbindung von Fachleuten oder spezieller Weiterbildung erworben werden kann.[225] Für den Managementzugang ist nun wiederum die Glaubwürdigkeit und die Reputation von entscheidender Bedeutung.

---

[219] Vgl. Hax (1998), S. 129f.; Schadevitz (1999), S. 209.

[220] Vgl. Hong/Kubik (2000), S. 2. Zu unterscheiden sind hierbei qualitative und quantitative Rankings. Qualitative Rankings basieren auf einer Umfrage unter Kunden der Analysten und erhalten dadurch trotz großer Stichprobe einen subjektiven Charakter. Quantitative Rankings messen die Prognosegenauigkeit und sind dadurch vermeintlich objektiver. Vgl. Moerschen (2001a), S. 47.

[221] Vgl. Achleitner (2001b), S. 769; Stickel (1992), S. 1811f.

[222] Vgl. Achleitner (2001b), S. 762.

[223] Vgl. Hong/Kubik (2000), S. 2.

[224] Vgl. hierzu die Matrixorganisation nach Ländern und Branchen in Achleitner (2001b), S. 762 sowie Nix (2001), S. 293.

[225] Z.B. bietet die DVFA eine Ausbildung zum Biotech-Analysten an. Zum Teil sind auch Fondsmanager Branchenspezialisten mit naturwissenschaftlicher oder technologischer Ausbildung. Vgl. Behrenwaldt (2001), S. 430.

Neben dem Reputationsaufbau wird es im Interesse des Analysten und vor allem dem seines Arbeitgebers liegen, das lediglich kostenaufwerfende Research-Geschäft zu subventionieren. Von Interesse sind hier vor allem Einnahmen aus Wertpapieran- und -verkäufen (*Sales and Trading*) sowie Einnahmen aus dem Konsortialgeschäft bzw. weitergehenden Finanzierungsmaßnahmen (*Corporate Finance*). Der Beitrag des Analysten zum Handelsvolumen ist nur sehr schlecht isolierbar.[226] Neueste empirische Ergebnisse zeigen jedoch, dass Analysten tatsächlich Wertpapiertransaktionen, d.h. Kommissionserträge, durch ihre Tätigkeit erhöhen können.[227] Irvine weist nach, dass Broker in Werten, die sie covern, höhere Marktanteile verzeichnen können. Im Vergleich zu nicht-gecoverten Aktien ist der Marktanteil um 3,8 % höher. Empirische Ergebnisse zum Corporate-Finance- oder auch dem M&A-Bereich liegen allerdings nicht vor.

Die Wahrscheinlichkeit von Folgetransaktionen und erhöhten Handelsvolumina setzt eine positive Unternehmensentwicklung und eine stabile bis wachsende Nachfrage voraus. Daher ist es für die Analysten zielkonform, positive, d.h. Kaufen- oder Halten-Empfehlungen abzugeben, um die Unternehmensentwicklung zu stützen. Um zu einer positiven Empfehlung zu gelangen, wird der Analyst und auch sein Arbeitgeber es vorziehen, Werte zu covern, bei denen zukünftige Transaktionen wahrscheinlich sind. Hierunter fallen im Prinzip umsatz- und wachstumsstarke Werte, Werte in den Portfolios der institutionellen Bankkunden oder solche, die bereits Kunden der Corporate-Finance-Abteilung sind.[228] Es wird daher bereits an dieser Stelle deutlich, dass die Entscheidung für oder gegen die Coverage eines Unternehmen unter dem unmittelbaren Einfluss des Zielsystems steht.[229]

Ausgehend von den obigen Überlegungen werden in Abbildung 13 die wichtigsten Zielgrößen der Analysten dargestellt. Es bestehen zahlreiche *Wechselwirkungen*, die nicht alle eingetragen werden können. Beispielhaft seien die Wirkung einer hohen Reputation auf die Fähigkeit, Folgetransaktionen zu initiieren, genannt. Ebenso wird das Management bei einer positiven Prädisposition des Analysten mehr Zugang gewähren.

---

[226] Vgl. Michaely/Womack (1999), S. 660.

[227] Vgl. Irvine (2001), S. 224.

[228] Vgl. Irvine (2000), S. 2.

[229] Vgl. Abschnitt 4.2.2.

Abbildung 13: Zielgrößen der Finanzanalysten

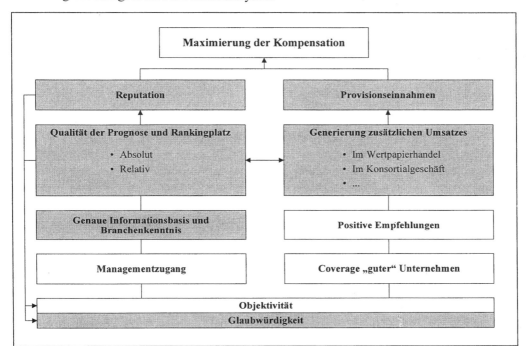

Quelle: Eigene Darstellung.

Weiterhin sind signifikante *Zielkonflikte* sowohl zwischen den einzelnen Zielgrößen als auch zwischen den beiden Erklärungssträngen ‚Reputationsaufbau' und ‚Umsatzgenerierung' anzusprechen. Einzelkonflikte entstehen bspw. dadurch, dass eine genaue Informationsbasis es oftmals aufgrund besseren Wissens verbietet, positive Empfehlungen zu veröffentlichen. Eine solche Verhaltenweise wäre zumindest im Sinne der Unabhängigkeit der Analystentätigkeit.

Der Hauptkonflikt tritt allerdings aufgrund des genannten Interesses an Folgegeschäften im Investment Banking ein.[230] Der Analyst kann geneigt sein, die eigene Prognosegenauigkeit zu vernachlässigen. Er lässt das Unternehmen in diesem Fall vor-

---

[230] Teo (2000) erklärt im Rahmen eines spieltheoretischen Modells, wie Unternehmen den Managementzugang und potenzielle Investment-Banking-Mandate als strategische Größen einsetzen können, um den Bias der Analysten zu steuern. Dieser Bias ist bei Unternehmen mit hohen Wachstumsaussichten und hohem Kapitalbedarf (*Glamour Stocks*) besonders hoch. Hintergrund für diese Hypothese ist, dass für diese Unternehmen das Tool der Investment-Banking-Mandate im Vordergrund steht und auf Grund des geringeren Managementzugangs die Prognosegenauigkeit bewusst vernachlässigt wird.

teilhaft erscheinen, um seine Entlohnung durch die von ihm indirekt generierten *Provisionen* zu erhöhen. Dies manifestiert sich dann darin, dass überwiegend Kaufempfehlungen mit entsprechend positiven Aktienkursreaktionen herausgegeben werden, welche den Portfolios im Asset Management und den von Corporate Finance geplanten Transaktionen zugute kommen. Auch für eventuell ausstehende Bankkredite wird durch positive Empfehlungen die Rückzahlungswahrscheinlichkeit verbessert.

Dieser systematische Überoptimismus[231] hat negative Auswirkungen: Kann aufgrund der Zukunftsaussichten keine Kauf-Empfehlung ausgesprochen werden, was z.B. bei volatilen Wachstumsunternehmen der Fall sein könnte, so wird die Studie oftmals vorzeitig abgebrochen.[232] Eine entsprechend eingebrachte positive *Verzerrung* greift die eigene Reputation und Glaubwürdigkeit an.[233] Es entsteht der Eindruck, dass Analysten ihre Funktion missbrauchen, indem sie statt der Investoren- und Unternehmensinteressen die eigenen bzw. jene des Brokerhauses in den Vordergrund stellen.

Da „geschönte" Research-Reports bei gegenläufiger Entwicklung langfristige Nachteile in Form von Vertrauenskrisen und Kursstürzen für Investoren und Unternehmen bergen, ist eine rege Diskussion um die angemessene Selbstregulierung von Analysten im Rahmen von Verhaltenskodizes entfacht.[234]

## 4.2 Prozessuale Betrachtung der Analystentätigkeit

Die Wertpapieranalyse oder Finanzanalyse als Haupttätigkeitsbereich der Finanzanalysten[235] bedient sich quantitativer und qualitativer Informationen aus Vergangenheit und Gegenwart, um zu einer Einschätzung der gegenwärtigen und einer Prognose der zukünftigen Unternehmenssituation zu gelangen.[236] Letztere steht insbesondere bei der Analyse der Neue-Markt-Unternehmen im Vordergrund.

---

[231] Vgl. Shiller (2001), S. 301.

[232] Vgl. Rosen/Gerke (2001), S. 58.

[233] Vgl. Silverman (2001), S. 22; Targett (2001), S. 22.

[234] Vgl. dazu den vom Deutschen Aktieninstitut vorgelegten Vorschlag „Kodex für anlegergerechte Kapitalmarktkommunikation" sowie Abschnitt 4.2.3.

[235] Vgl. Wolff/Wolff (2000), S. 148.

[236] Es wird hier von der am weitesten verbreiteten Analysemethode, der Fundamentalanalyse, ausgegangen. Vgl. grundlegend Cottle/Murray/Block (1992), S. 3. Zu unterscheiden ist grundsätzlich ein Top-Down- und ein Bottom-up-Ansatz. Übergreifendes Ziel der Analyse ist die Aufdeckung und das Ausnutzen von temporären Ineffizienzen. Vgl. Achleitner (2001b), S. 765.

Die Arbeitsweise der Finanzanalysten kann als dreistufiger Informationsbeschaffungs- und Informationsverwertungsprozess betrachtet werden. Die in Abbildung 14 sequenziell dargestellten Schritte werden nicht nur dann stattfinden, wenn ein konkreter Bewertungsanlass z.B. im Rahmen eines Börsengangs gegeben ist, sondern laufen im Rahmen einer kontinuierlichen Informationsverarbeitung parallel zueinander ab. Genau genommen ist die Informationswirkung von Analystenempfehlungen nicht originär zum Prozess der Finanzanalyse zugehörig. Sie schließt jedoch direkt an die Informationsweitergabe an den Markt an und wird daher integriert betrachtet.

Abbildung 14: Informationsverarbeitungsprozess des Finanzanalysten

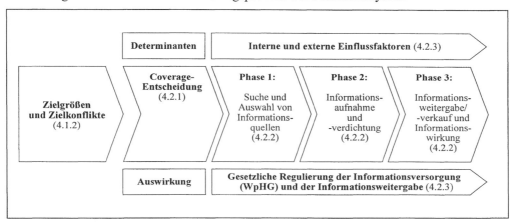

Quelle: Eigene Darstellung.

Vorbedingung für den Informationsverarbeitungsprozess ist jedoch die Entscheidung, ein Unternehmen zu „covern": jene muss bereits gefallen sein bzw. mit dem erstmaligen Durchlaufen des Prozesses erfolgen.[237] Da eine Vielzahl von Faktoren, u.a. das Zielsystem des Analysten, auf die Coverage-Entscheidung einwirkt, wird zunächst auf diese vorgelagerte Entscheidung eingegangen. Danach werden der dreistufige Analyseprozess und seine phasenspezifischen internen und externen Einflussfaktoren beschrieben. Den gesamten Prozess begleitend, werden abschließend die gesetzlichen Rahmenbedingungen besprochen, da jene als externer Einflussfaktor phasenübergreifende Relevanz besitzen.

---

[237] Inwieweit eine Coverage-Entscheidung auf die individuelle Entscheidung eines Analysten zurückgeführt werden kann, ist anzuzweifeln, da ein Blick in die Praxis zeigt, dass bankinterne Determinanten, wie bspw. die Organisation und Strategie der Research-Abteilung, die zur Verfügung stehenden Humanressourcen, etc. die Coverage der Bank insgesamt bestimmen. Die US-amerikanische Literatur untersucht das Analystenverhalten jedoch ebenfalls ohne Berücksichtigung dieser institutionellen Gegebenheiten.

### 4.2.1 Bedeutung und Determinanten der Analysten-Coverage für Wachstumsunternehmen

*„Analysts weigh the costs and benefits of following a particular firm."*[238]

Die Analysten-Coverage kann als exogener und endogener Faktor betrachtet werden. Die exogene Betrachtung zielt darauf ab, die ökonomische Wirkung eines gegebenen Coverage-Niveaus auf Unternehmen, Investoren etc. zu erklären. Die endogene Betrachtung fragt nach der Entstehung der Coverage und folglich nach deren Determinanten. Beide Betrachtungen werden nun mit Hinblick auf Wachstumsunternehmen unternommen.

Die Aufnahme der Coverage verändert als *exogener Faktor* das Informationsumfeld des Unternehmens signifikant.[239] Die positiven Externalitäten sind vielfältig: neben einer verbesserten Liquidität, niedrigeren Kapitalkosten und höherem Handelsvolumen lässt sich empirisch nachweisen, dass die Tätigkeit der Finanzanalysten einen positiven Einfluss auf den Marktwert des Unternehmens (Tobins $q^{240}$) hat.[241]

Um die ökonomische Bedeutung der Coverage für Wachstumsunternehmen zu verdeutlichen, dient ein Rückgriff auf den *„Neglected Firm Effect"*[242]. Unternehmen, die nicht gecovert werden, fallen unter Umständen diesem Effekt zum Opfer: die fehlende Coverage geht aus Sicht der Investoren mit einer mangelnden Transparenz einher, welche das in dem Gebiet *Behavioral Finance* beschriebene *Kontrolldefizit* erhöht und in einem niedrigeren Aktienkurs resultiert.[243] Weist das nicht gecoverte Unternehmen zudem noch die Ambiguität und das Risiko eines Wachstumsunternehmens auf, so sollte sich dieser Effekt zusätzlich verstärken.[244]

---

[238] O'Brien/Bhushan (1990), S. 59.

[239] Vgl. Branson/Guffey/Pagach (1997), S. 1.

[240] Tobins q ist hierbei definiert als Quotient aus Marktwert des Unternehmen und Reproduktionswert. Die Aussagekraft dieses buchwertbasierten Multiplikators für Wachstumsunternehmen muss jedoch bezweifelt werden.

[241] Vgl. ausführlich Abschnitt 4.1.1.

[242] Empirischer Nachweis durch Arbel/Strebel (1982).

[243] Vgl. zur Kontrollillusion Nitzsch/Friedrich/Pulham (2001), S. 147. Allerdings wird festgestellt, das „Neglected Firms" historisch gesehen Überrenditen erzielen. Diese Marktanomalie ist nicht durch das CAPM erklärbar, sondern wird auf systematische Schätz- und Informationsrisiken zurückgeführt, welche im CAPM nicht berücksichtigt sind. Vgl. Damodaran (1996), S. 175.

[244] Vgl. Nitzsch/Friedrich/Pulham (2001), S. 149.

Dass das Coverage-Niveau Auswirkungen auf die Höhe des Aktienkurses hat, zeigen Ereignisstudien zur Ankündigung von *Coverage-Änderungen*. Insbesondere Unternehmen mit einer geringen bis mittleren Coverage-Quote, zu denen die meisten Wachstumsunternehmen gehören, profitieren von einer Coverage-Zunahme, sodass der zuvor erwähnte Neglected Firm Effect indirekt bestätigt wird.[245] Der Grenznutzen der Analysten-Coverage ist für Wachstumsunternehmen somit sehr hoch, wenn auch mit insgesamt degressivem Verlauf.[246]

Ein besonders markanter Effekt tritt bei der Initiierung der Analysten-Coverage ein (*Analyst Initiation*).[247] Die erstmalige Aufnahme der Coverage, die meist zum Zeitpunkt des IPO aber auch danach stattfindet, geht mit abnormalen Renditen von durchschnittlich 1,02% einher. Im Vergleich zu Folgeempfehlungen ergibt sich eine größere inkrementelle Kurswirkung, die primär auf erhöhte Liquidität zurückgeführt wird.[248] Hinsichtlich des Ausmaßes dieses *Ankündigungseffektes* kommt es jedoch neben dem bereits existierenden Coverage-Niveau auch auf die Reputation des Analysten, die Geschäftsbeziehung zur Bank, die Größe der Bank und des Unternehmens sowie auf das Börsenlisting an.[249]

Die Erklärung der Coverage als *endogener Faktor* betrachtet, greift auf die Determinanten der Coverage-Aufnahme auf Analysten- sowie auf Unternehmensseite zurück.

Die Coverage-Aufnahme wird auf Analystenseite häufig als eine Kosten-Nutzen-Entscheidung interpretiert. Sowohl die Kosten als auch der Nutzen sind nicht rein objektiv zu quantifizieren, sondern unterliegen der subjektiven Wahrnehmung des Analysten. Es besteht "a behavioral link between the analysts' decision to follow firms and the differential costs and benefits of gathering information."[250] Zum Nutzen sind tendenziell Aspekte zu zählen, welche die Zielerreichung des Analysten fördern: sie tragen zur Maxi-

---

[245]  Vgl. Branson/Guffey/Pagach (1997), S. 24.

[246]  Vgl. Chung/Jo (1996), S. 508.

[247]  Analyst Initiation ist definiert als „*the first report a brokerage analysts produces about a specific security.*" Irvine (2000), S. 2.

[248]  Diese Erklärung kommt im Rahmen der Liquiditätshypothese (*Liquidity Hypothesis*) zum Einsatz, welche davon ausgeht, dass sich eine positive Kurswirkung unabhängig vom Tenor der Empfehlung einstellt, da die Liquidität in jedem Fall steigt. Anders geht die Informationsqualitätshypothese (*Better Information Hypothesis*) davon aus, dass Reports bei Initiierung bessere Informationen enthalten als Folgereports, daher glaubhafter sind und je nach Tenor zu positiven oder negativen Kursreaktionen führen. Vgl. Irvine (2000), S. 15.

[249]  Vgl. Branson/Guffey/Pagach (1997), S. 24.

[250]  Vgl. McNichols/O´Brien (1996), S. 171.

mierung seiner (variablen) Kompensation bei. Kosten wären im Gegenzug als zielneutrale oder zielerschwerende Elemente zu definieren.

In diesem Kontext stellen einige Autoren die „*Startup-Costs*" der Analysten als Hauptentscheidungskriterium einer Coverage-Entscheidung in den Vordergrund.[251] Durch niedrigere Informationsakquisitionskosten erhöht sich der Anreiz, einen bestimmten Wert zu beobachten und somit dem Kapitalmarkt zusätzliche bewertungsrelevante Informationen zur Verfügung zu stellen.[252] Andere Autoren betonen, dass die Menge der positiven privaten Informationen über die zukünftige Entwicklung des betreffenden Unternehmens die Coverage-Entscheidung des Analysten bestimmt.[253] Dies ginge konform mit dem Ziel, das zukünftige Potenzial für zusätzliche Provisionseinnahmen besser abschätzen zu können. Dieses Interesse stellt ein Problem für Wachstumsunternehmen dar, deren Liquidität, Größe und Entwicklung u.U. mittelfristig keine großvolumigen Handels- und Emissionstransaktionen versprechen. Eine weitere Erklärungsmöglichkeit für die Coverage-Entscheidung wäre auch, dass Analysten ihre „*Stock-Picking-Ability*" durch die Wahl des Unternehmens signalisieren möchten.[254] Unter dieser Annahme könnten Wachstumsunternehmen eher einer Profilierung dienen und daher eine erwünschte Gelegenheit für eine so genannte *Self-Selection* darstellen.

Auf *Unternehmensseite* werden in der Literatur vielfältige Variablen („*Firm Characteristics*") untersucht und ihr Einfluss auf das Ausmaß der Coverage gemessen. Dazu gehören die Unternehmensgröße (*Size Effect*), das Börsenlisting (*Exchange Effect*), die Existenz und Ausprägung eines Bonitätsrating[255], die Glaubwürdigkeit des Managements, die Informationspolitik, die Aktionärsstruktur, das Handelsvolumen, die Volatilität sowie die Höhe der F&E- und Marketingaufwendungen. Allerdings beeinflusst auch der Marktwert des Unternehmens die Coverage. Bhushan *(1989)* stellt bspw. fest, dass Analysten eine Präferenz für große, gering diversifizierte Unternehmen besitzen, die einen hohen institutionellen Anteilsbesitz aufweisen.

---

[251] Vgl. Byrd/Johnson/Johnson (1995), S. 49; Brennan/Tamarowski (2000), S. 27. Es ist anzunehmen, dass dem Finanzanalysten Transaktionskosten in Form von Zeitverlusten, Suchkosten und sonstige Aufwendungen auf Grund eines etwaigen Wissensnachteil gegenüber Konkurrenten und dem „Kennen lernen" des Managements entstehen.

[252] Vgl. Schwetzler (2001), S. 94f.

[253] Vgl. O'Brien/Bhushan (1990), S. 75 sowie Brennan /Hughes (1991) und Bhushan (1989).

[254] Vgl. McNichols (1990), S. 78.

[255] Chung (2000) stellt fest, dass ein S&P geratetes Unternehmen eine erhöhte Analysten-Coverage erhält. Je besser das Rating ausfällt, desto höher ist auch die Coverage. Vgl. Chung (2000), S. 13f. Untersuchungen zu anderen Unternehmensdeterminanten stammen z.B. von Bhushan (1989), Moyer/Chatfield/Sisneros (1989) und Brennan/Hughes (1991).

Da Wachstumsunternehmen besondere Charakteristika aufweisen, werden sie u.U. von weniger erfahrenen Analysten beobachtet[256] bzw. finden zu geringe Beachtung.[257] Empirische Evidenz zur Relevanz dieser Variablen bei der Analystenabdeckung deutscher Wachstumsunternehmen liegt noch nicht vor. Beachtet werden muss, dass die Coverage als Ergebnis des Zusammenspiels vielfältiger Variablen aus Unternehmenssicht nur schwer direkt steuerbar ist, sodass eine aktive Beeinflussung der Coverage problematisch erscheint. Abbildung 15 zeigt die Zusammenhänge nochmals auf.

Die Ausgestaltung der Kapitalmarktkommunikation kann unter obigen Annahmen einen positiven Einfluss auf die Coverage nehmen.[258] Da die Qualität der Prognose respektive der Empfehlung direkt vom Informationsgehalt der Kapitalkommunikation abhängt, ist zu vermuten, dass Analysten Unternehmen mit umfangreicherer Informationspolitik („*Corporate Disclosure Strategy*") bevorzugt beobachten, um sich mittels einer guten Informationsbasis abzusichern.[259] Die Analysten-Coverage könnte dadurch erhöht werden, dass die Informationssuche verbilligt und der Informationszugang für Analysten verbessert wird. Jedoch wird nicht nur die Menge, sondern auch die Qualität der Information von Bedeutung sein. Die Kommunikationsbereitschaft des Managements beeinflusst die verfügbare Informationsmenge und -qualität.

Die Coverage ist auch davon abhängig, wie sich die Beziehung zwischen der Bank und dem Unternehmen gestaltet. Die erste Analysten-Coverage stammt üblicherweise vom Konsortialführer und von den die Börseneinführung begleitenden Banken[260] und ist für die neu am Kapitalmarkt eingeführten Unternehmen außerordentlich wichtig.[261] Analysen und Empfehlungen des Emissionsführers werden auf dem Kapitalmarkt jedoch mit einem „*Glaubwürdigkeitsabschlag*" gehandelt, da eine gewisse positive Verzerrung vermutet wird.[262] Ein größerer Prognosefehler bei Banken, die in einem Underwriter-Verhältnis zu dem gecoverten Unternehmen stehen, wird durch Teo (2000) nachgewiesen.[263]

---

[256] Vgl. Mikhail/Walther/Willis (1998), die beweisen, dass sich die Schätzgenauigkeit eines Analysten mit der Zeit verbessert und die Seniorität des Analysten somit relevant ist.

[257] Vgl. Abschnitt 3.2.

[258] Vgl. Brennan/Tamarowski (2000), S. 27.

[259] Vgl. Schadevitz (1999), S. 209.

[260] Vgl. Lin/McNichols (1993), S.2.

[261] Vgl. Michealy/Womack (1999), S. 654.

[262] Vgl. Michaely/Womack (1999), S. 654. Die Ergebnisse von Branson/Guffey/Pagach (1997), S. 21 unterstützen die Annahme eines Glaubwürdigkeitsdefizites nicht. Hier ist jedoch auch auf die Möglichkeit hinzuweisen, dass Unternehmen sich für einen Konsortialführer entscheiden, gerade weil er ihnen besonders positiv gestimmt ist. Vgl. McNichols/O'Brien (1997).

[263] Vgl. Teo (2000), S. 20.

Begründet werden kann diese Verzerrung z.B. mit dem Konzept der *Overconfidence*[264]: Emissionsführer schätzen das Unternehmen optimistisch ein, da sie es ausgewählt und für börsenreif befunden haben. Zusätzliche Coverage durch unabhängige Analysten könnte die Glaubwürdigkeit der Börseneinführung erhöhen.[265] Jedoch ist dann ein Trade-off zwischen Unabhängigkeit und Reputation zu erwarten. Hirst/Koonce/Simko (1995) weisen experimentell nach, dass der Analystentyp (Investmentbank-Angestellter oder nicht) und die Grundaussage des Reports wesentlich die Reaktion der Investoren auf eine Empfehlung beeinflussen. Während positive Analystenempfehlungen von Investmentbank-Analysten eher kritisch gesehen werden, sind deren negative Empfehlungen besonders glaubhaft. Als Erklärung wird das Argument aufgeführt, dass Investmentbank-Analysten besser über die Unternehmenssituation informiert sind.[266]

Abbildung 15: Analysten-Coverage als exogener und endogener Faktor

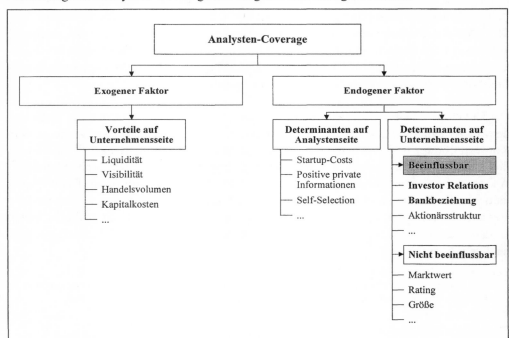

Quelle: Eigene Darstellung.

---

[264]  Vgl. Nitzsch/Pulham/Friedrich (2001), S. 147.

[265]  Vgl. DeGraw (2001), S. 101.

[266]  Vgl. Hirst/Koonce/Simko (1995), S. 339

Insgesamt ist festzuhalten, dass insbesondere für Unternehmen des Neuen Marktes ein erhebliches Wertsteigerungspotenzial durch (erhöhte) Coverage generiert werden könnte und dass die Investor Relations eine aktive Rolle hierbei spielen. Folgende Kausalkette würde wirksam: Effizient gestaltete Investor Relations verringern die „*Startup-Costs*" eines Analysten bei Aufnahme eines Titels.[267] Eine transparente IR-Arbeit kann dann zu einer erhöhten Analystenabdeckung und zu genaueren, homogeneren Analystenprognosen führen.[268] Dadurch verbessert sich der Informationsstand der Investoren. Die negativen Folgen der asymmetrischen Informationslage bzw. der Unsicherheit werden vermindert.[269] Die Erwartungen bezüglich des Unternehmenserfolges werden somit homogener und stabiler.[270] Dies könnte sich positiv auf die Nachfrage, die nachfolgende „Aktionärstreue" und somit auf die Volatilität der Aktie auswirken, sodass aus verminderten Risikozuschlägen niedrigere Kapitalkosten resultieren.[271]

Viele Unternehmen am Neuen Markt haben die hohe Bedeutung der Coverage offensichtlich erkannt. Achleitner/Bassen/Funke (2001) weisen in ihrer Untersuchung nach, dass die Abdeckung durch Analystenreports sowie die Betreuung und Kurspflege nach der Börseneinführung als kritische Kriterien bei der Wahl des Emissionsführers empfunden werden. In der untersuchten Stichprobe der Neue-Markt-Unternehmen waren jene Kriterien jedoch nur in unzureichendem Masse erfüllt. Dieses Ergebnis bestätigt bereits indirekt die hier angesprochene Coverage-Problematik. Die daraus resultierende Unzufriedenheit könnten laut den Ergebnissen von Krigman/Shaw/Womack (2001) dazu führen, dass die Unternehmen bei Folgetransaktionen die Bank wechseln.[272] Dafür sind nicht nur eine derzeit zu geringe Frequenz und Zeitnähe der Reports, sondern auch das zugebilligte Coverage-Niveau und die Aussicht auf ein höheres Niveau beim Wechsel der Bank ausschlaggebend.

Amihud/Mendelson (2000) kommen sogar zu dem angesichts der unbefriedigenden Situation passenden Schluss, dass es sich im Hinblick auf die positiven Auswirkungen insbesondere für kleinere Unternehmen lohnen könnte, für die Coverage als

---

[267]  Vgl. Byrd et al. (1993), S. 49.

[268]  Vgl. Lang/Lundholm (1996), S. 490. Eine höhere Homogenität (geringere Streuung) der Prognosen können auch Farragher/Kleinman/Bazaz (1994), S. 411 feststellen. Allerdings betonen sie, dass die Genauigkeit der Prognosen nicht durch Investor Relations beeinflusst wird.

[269]  Es wird in diesem Zusammenhang auch von einem nicht-diversifizierbaren *Informationsrisiko* gesprochen. Zur Definition vgl. Fußnote 77.

[270]  Vgl. Lundholm (1997), S. 50.

[271]  Vgl. Lang/Lundholm (1996), S. 469; Tiemann (1997), S. 112.

[272]  Vgl. Krigman/Shaw/Womack (2001), S.

Finanzdienstleistung zu zahlen.[273] Dieser Vorschlag erscheint jedoch zumindest fraglich, da erhebliche Interessenskonflikte mit einer solchen Lösung einhergingen. Allerdings kann hierbei eine Parallele zum Rating-Prozess gezogen werden. Um ein Bonitäts-Rating zu erhalten, werden Rating-Agenturen ebenfalls von den Unternehmen entlohnt und sie können es sich aufgrund der eigenen Reputation kaum erlauben, ein „Gefälligkeits-Rating" zu erstellen. Derselbe Mechanismus könnte demnach auch für (unabhängige) Research-Anbieter greifen.

### 4.2.2 Ablauf der Finanzanalyse

Der in Abbildung 14 dargestellte dreistufige Informationsverarbeitungsprozess wird sowohl von externen als auch internen Faktoren beeinflusst. Unter internen Faktoren sind alle diejenigen zu verstehen, die mit der Person des individuellen Finanzanalysten unmittelbar verbunden sind. Externe Faktoren sind relevante exogene Gegebenheiten. Eine vollständige Aufzählung aller Einflussfaktoren wird indes kaum möglich sein. Daher wird im Folgenden jede Phase beschrieben und es werden phasenspezifisch Einflussfaktoren abgeleitet. Abbildung 16 fasst interne und externe Einflussfaktoren auf den Prozess der Finanzanalyse zusammen.

Grundvoraussetzung für die Aufgabenerfüllung des Analysten ist in einem *ersten Schritt* die aktive Suche nach aktuellen und relevanten Daten über das zu bewertende Unternehmen, welche durch eine kontinuierliche und aus Sicht des Analysten kostensparende Informationsversorgung seitens des Unternehmens gefördert werden kann. Der Analyst greift hierbei auf eine Vielzahl von Informationsquellen zurück[274], für die weitere Betrachtung sind jedoch ausschließlich unternehmensspezifische Informationen von Relevanz.

Die für die Finanzanalysten relevanten Informationsquellen sind sowohl die gesetzlich vorgeschriebenen Kommunikationsmittel als auch der persönliche Kontakt zum Management und die auf die Bedürfnisse der Finanzanalysten abgestimmten Analystenkonferenzen.[275] Ohne empirischen Ergebnissen vorwegzugreifen, kann festgehalten werden,

---

[273] Vgl. Amihud/Mendelson (2000), S. 24f. Die Vergütung des Research geschieht teilweise bereits indirekt durch die Verträge mit den Designated Sponsors.

[274] Vgl. für eine Auflistung Damodaran (1996), S. 129f.

[275] Die DVFA-Analystenkonferenzen werden von der Standesorganisation der Finanzanalysten, der Deutschen Vereinigung für Finanzanalyse und Asset Management (DVFA), konzipiert und in Zusammenarbeit mit den Unternehmen organisiert. Vgl. Diehl/Loistl/Rehkugler (1998), S. 67f.

dass die *Interaktion* der Finanzanalysten mit dem Management unerlässlich für die Prognosetätigkeit der Analysten ist.[276] Die letztendliche Wahl der Informationsquellen wird u.a. von deren wahrgenommener *Kompetenz*, dem *Grad der Informationsasymmetrien* und *den Informationskosten* abhängen.[277]

Da Wachstumsunternehmen erst kurz vor oder nach dem Börsengang eine eigene IR-Abteilung mit meist geringen Humanressourcen aufbauen[278], muss die mangelnde Quantität vor allem mit einer exzellenten Qualität und einer hohen *Kommunikationsbereitschaft* ausgeglichen werden, um dem Finanzanalysten eine als kompetent empfundene Informationsquelle zu bieten.

Der Grad der Informationsasymmetrien ist in der überwiegenden Zahl der Wachstumsbranchen als hoch zu bezeichnen. Die Informationskosten fallen für die persönlichen und unpersönlichen Kommunikationsmaßnahmen sehr unterschiedlich aus. Die Kosten der Informationsbeschaffung müssen zudem in einem angemessenen Verhältnis zum erzielbaren Informationsnutzen stehen, welcher wiederum von der bereits bestehenden *Informationsversorgung* des Analysten abhängt.

Im Rahmen der Informationssuche fordern Finanzanalysten keine vollständigen Planungsrechnungen von der unternehmerischen Kapitalmarktkommunikation, sondern nachhaltige Unterstützung für die Erstellung eigener Projektionen.[279] Jene bedürfen zum Teil der subjektiven Einschätzung des Analysten und sind unerlässlich für die Unternehmensbewertung.[280] Obwohl die Informationen eines IR-Officers (IRO) oder eines CEOs immer mit einem bestimmten „Bias" versehen sein werden[281], müssen sie realistisch sein, um die sensible Vertrauensbasis und das enge Beziehungsnetz zu den Analysten nicht zu stören.[282] Es hängt zudem stark von der *Einstellung* des Finanzanalysten ab, ob er IR-Veranstaltungen des Unternehmens besuchen wird.[283]

---

[276] Vgl. Cote (2000), S. 352. Vgl. auch Abschnitt 6.

[277] Vgl. Bittner (1996), S. 66.

[278] Vgl. Schmeisser/Hinz (2001), S.127; Achleitner/Bassen/Funke (2001), S. 38.

[279] Vgl. Jenkins (1994), S. 78; Müller (1998b), S. 136f.

[280] Vgl. Abschnitt 4.2. Die Subjektivität wird deutlich, wenn Bittner bemerkt, dass die Wertpapieranalyse wissenschaftlich nur schwer greifbar ist und „sich auf Grundlage der Intuition bewegt." Bittner (1996), S. 31.

[281] Da Kapitalmarktkommunikation auch als Marketinginstrument gesehen wird, ist ihr persuasiver Charakter zu betonen. Vgl. Bittner (1996), S. 189.

[282] Vgl. Vopel (1999), S. 182. Falsche oder überoptimistische Einschätzungen sind ebenso wie eine Verhaltensweise des *„Underpromise-Overdeliver"* zu vermeiden. Vgl. dazu auch Kunz (1998), S. 404f.; Brammer (2001), S. 260.

[283] Vgl. Bittner (1996), S. 239.

Der *zweite Schritt* ist die Informationsverarbeitung und -verdichtung. Sie begründet die eigenständige Teilleistung des Finanzanalysten auf dem Kapitalmarkt, stellt jedoch in gewissem Maße eine „Black Box" dar: Zwar sind die Methoden der Unternehmensbewertung eindeutig bekannt und standardisiert, jedoch lassen auch diese quantitativen Methoden viel Raum für Subjektivität[284], welche meist in den Annahmen der Bewertungsmodelle deutlich wird. Die individuell oder branchenspezifisch eingesetzten Bewertungsmethoden können grundsätzlich als Ausgangspunkt der Kapitalmarktkommunikation gelten, da die Analystenempfehlungen auf der Differenz zwischen Bewertungsergebnis und beobachtbarem Marktwert basieren.[285] Berücksichtigt werden muss, dass globale Branchentrends einen immer stärkeren Einfluss auf die Aktienkursentwicklung haben und daher auch kritisch hinterfragt werden müssen.[286] Insbesondere die *Komplexität und Dynamik* bestimmter Branchen lassen sich teilweise nur schwer in Unternehmensbewertungsmodellen berücksichtigen.[287]

Die Berücksichtigung immaterieller Vermögensgegenstände in Bezug auf ihren Beitrag zum Unternehmenswert wird von Managern zunehmend gefordert. Gerade bei Wachstumsunternehmen werden Finanzanalysten auch nicht umhin kommen, diese verstärkt zu berücksichtigen. Vorbedingung ist jedoch zunächst, dass zum einen ein Verständnis für die in der jeweiligen Branche relevanten Erfolgsfaktoren besteht und zum anderen *Methoden* gegeben sind, die es ermöglichen, den Wert der Intangibles zu quantifizieren. Weiterhin müsste von Seiten der Unternehmen auch eine nachvollziehbare Dokumentation der Intangibles an den Kapitalmarkt stattfinden.[288] Generell bestehen also hohe Anforderungen an die *Informationsqualität* der Kapitalmarktkommunikation.

Zudem könnte angenommen werden, dass die grundsätzlich vorhandene *Informationsselektivität* bei der Finanzanalyse[289] besonders für interpretationsbedürftige, nicht-finanzielle Informationen entscheidend ist. Es können daher Interpretationsdivergenzen zwischen Analysten und Management auftreten, die u.a. vom Grad der Informationsasymmetrien und den bisherigen *Erfahrungen* des Analysten mit dem Management abhän-

---

[284]  Gestützt wird dies durch folgende Aussage: „Während der Analyst früher [...] vor seinem Spreadsheet saß, auf dem er anhand diverser Kennzahlen [...] die Zukunft eines Unternehmens ausrechnete [...], verbringt er heute mehr Zeit mit Kunden, um seine Meinung und Expertise zu plausibilisieren." Vgl. Vopel (1999), S. 182.

[285]  Vgl. Wichels (2001).

[286]  Vgl. Wichels (2001).

[287]  Vgl. hierzu Abschnitt 4.3.

[288]  Die gesetzlichen Informationspflichten zur Darstellung immaterieller Vermögenswerte in der Bilanz sind in Deutschland unvollkommen. Beispielsweise ist intellektuelles Kapital nicht bilanzierungsfähig und wird daher teilweise in Form von Wissensbilanzen dokumentiert. Dies hat zur Konsequenz, dass die Aussage- und Indikationskraft der gesetzlichen Publizität schwindet. Vgl. Maul (2001), S. 128-131.

[289]  Vgl. Bittner (1996), S. 115-119.

gen.[290] So ist anzunehmen, dass ein aufgebautes Vertrauensverhältnis, bzw. ein entsprechender *Goodwill* der Analysten gegenüber dem Unternehmen, einen positiven Einfluss auf die Informationsverarbeitung hat.

Abbildung 16: Einflussfaktoren auf den Informationsverarbeitungsprozess von Finanzanalysten

| | Schritt 1: Informationsbeschaffung | Schritt 2: Informationsverarbeitung und -verdichtung | Schritt 3: Informationsweitergabe (und Informationswirkung) |
|---|---|---|---|
| **Extern** | Informationskosten | Informationsqualität | Konkurrenz auf dem Markt für Informationen |
| | Grad der Informations-asymmetrien | Zur Verfügung stehende Analysetools, z.B. Bewertungsmethoden | Wirkung der Informationsweitergabe auf den Kapitalmarkt und die Geschäftsbeziehung |
| | Kompetenz und Kommunikationsbereitschaft des Managements und der IR-Abteilung | Komplexität der Branche, z.B. Erfolgsbedeutung von Intangibles, Dynamik des Umfeldes | |
| **Intern** | Vertrauen und Einstellung zum Management | Informationsselektivität und Goodwill | Empfehlungen anderer Analysten (Herding) |
| | Bestehende Informations-versorgung | Branchen-Know-how, Wissensstand und Erfahrung | Wirkung auf die eigene Reputation |

Quelle: Eigene Darstellung.

Der *dritte Schritt* besteht in der Informationsweitergabe. Das Ergebnis der vorangegangenen Informationsverarbeitung ist eine präzise Einschätzung der Chancen und Risiken eines Unternehmens: Die Analyseergebnisse werden in ausführlichen Einzel- oder Branchenstudien zusammengefasst und münden meist in einer Verkaufs-[291] oder Kaufempfehlung, welche die Basis für die Investitionsentscheidungen institutioneller Anleger ist, bzw.

---

[290] Vgl. Schulz (1999), S. 72. Die Prognosegenauigkeit verbessert sich auch mit der unternehmensspezifischen Erfahrung der Analysten. Vgl. Mikhail/Walther/Willis (1997).

[291] Dass Verkaufsempfehlungen für den Analysten größere Risiken bergen, zeigt sich daran, dass nur 1% aller Empfehlungen Verkaufsempfehlungen sind und diese eine stärkere Marktreaktion hervorrufen als Kaufempfehlungen, Vgl. Womack (1996), S. 165.

durch Anlageberater an Kleinanleger weitergegeben werden.[292] Dabei orientieren sich Analysten nicht nur an den eigenen Ergebnissen, sondern imitieren häufig auch ihre Kollegen, orientieren sich an vergangenen Einschätzungen oder Konsensschätzungen (*Herding*).[293] Die Informationen werden anschließend entweder verkauft oder aber kostenlos an die institutionellen Kunden verschickt. Dabei ist sich der Analyst der negativen Wirkung einer Verkaufsempfehlung auf die Geschäftsbeziehung durchaus bewusst, sodass er diese Maßnahme nur dann einsetzt, wenn eine abgemilderte Einschätzung nicht mehr möglich ist.[294]

Die Informationswirkung von Analystenempfehlungen ist in der Literatur umfangreich dokumentiert.[295] Determinanten der Informationswirkung von Analystenempfehlungen auf den Aktienkurs sind vor allem der Tenor der Empfehlung, die Abweichung der Empfehlung von der bisherigen Einschätzung, die Reputation des Analysten, die Größe des Research-Hauses sowie die Größe des beurteilten Unternehmens. Insbesondere den Empfehlungen von so genannten „Star-Analysten" ist ein erhebliches meinungsbildendes Potenzial auf dem Kapitalmarkt zuzuschreiben.[296] So konnte empirisch nachgewiesen werden, dass bestimmte Analysten tatsächlich „*Superior Stock Picking Skills*" haben und den Investoren durch ihre Empfehlungen zu entsprechenden Überrenditen verhelfen.

### 4.2.3 Regulierung des Informationshandling gegenüber den Finanzanalysten

Auf Unternehmensseite sind strenge Regelungen für das Informationshandling gegenüber den Analysten sowie der restlichen Financial Community zu berücksichtigen. Ziel des Wertpapierhandelsgesetzes (WpHG) ist es, die Weitergabe von Insiderinformationen zu unterbinden und mittels der Ad-hoc-Publizität eine gleichberechtigte und gleichzeitige Information aller Kapitalmarktakteure sicherzustellen. Ein so genanntes *Selective Disclosure* soll unterbunden werden, indem Primärinsider, wie bspw. Vorstand, Aufsichtsrat oder andere Unternehmensvertreter, kursrelevante Informationen nicht

---

[292]  Vgl. Schlienkamp (1998), S. 216.

[293]  Vgl. Welch (2000), S. 370f., der das Herding-Phänomen empirisch nachweist, indem er den Einfluss der Konsensschätzungen und der zeitnahen Prognoserevisionen auf die Empfehlung von Analysten untersucht.

[294]  Zu unterscheiden ist, ob sich lediglich eine temporäre oder eine langanhaltende Informationswirkung am Kapitalmarkt zeigt: es wird allerdings festgestellt, dass nicht nur kurzfristig, sondern auch in den Wochen nach Veröffentlichung der Empfehlung Aktienkursreaktionen zu verzeichnen sind. Vgl. Stickel (1995), S. 37; Womack (1996), S. 165.

[295]  Es handelt sich hierbei um *originäres* Research. Im Gegensatz hierzu geht dem reaktivem Research eine Ad-hoc-Meldung voraus, welche bereits die entsprechende Kurswirkung auslöst.

[296]  Vgl. Stickel (1995), S. 37 und Desai/Liang/Singh (2000), S. 27.

ohne das Herstellen der so genannten Bereichsöffentlichkeit weitergeben und auch nicht auf Basis dieser Informationen handeln dürfen.[297] Diesem Aspekt wurde in den USA mit der *Regulation Fair Disclosure* („Regulation FD') nachgekommen, welche seit Oktober 2000 die Frage der selektiven Veröffentlichung von potenziell kursbeeinflussenden Informationen regelt. Demnach sind Informationen, die einem begrenzten Kreis von Analysten im Rahmen eines One-on-One zugänglich gemacht werden, unverzüglich an die breite Öffentlichkeit bekannt zu geben. Auch die früher übliche Praxis, dass Unternehmen die Research-Reports der Analysten vor der Veröffentlichung überprüft haben, muss deutlich eingeschränkt werden.

Dass diese Regelungen relevant sind, zeigen empirische Ergebnisse, welche bestätigen, dass das Management offener mit Analysten kommuniziert, wenn bereits eine positive Prädisposition des Analysten gegenüber dem Unternehmen besteht. Es entsteht häufig der Verdacht, dass das Management gerade in schwierigen Zeiten die Analysten unter Druck setzt, positiv zu berichten.[298] Der Finanzanalyst, der eine Vielzahl von Unternehmen covert und somit auch mehrere Managementgespräche führt, kann nicht notwendigerweise erkennen, ob er Insiderinformationen vom Unternehmen erhält. Er befindet sich, wie in Abschnitt 4.1.2 gezeigt, in einem Dilemma, die gute Beziehung zum Management nicht zu gefährden. Daher wird die Diskussion um eine angemessene *Selbstregulierung* der Analysten, z.B. im Rahmen eines Verhaltenskodizes, intensiv geführt und es wurde sogar untersucht, inwieweit gesetzliche Bestimmungen für die Unabhängigkeit der Analysten notwendig sind.[299] Neueste Vorschläge beinhalten z.B. den transparenten Ausweis der Geschäfts- und Eigentumsbeziehungen zwischen Unternehmen und Bank auf dem zu veröffentlichenden Research-Report.

Des weiteren müssen innerhalb der Bank entsprechende Compliance-Strukturen bestehen. Diese haben generell zum Ziel, „das gesetzeskonforme Verhalten aller am Produktionsprozess ‚Erstellen und Publizieren von Research-Studien' beteiligten Personen sicher zu stellen"[300]. Die Umsetzung erfolgt zum einen durch die Schaffung von Vertraulichkeitsbereichen, d.h. einer organisatorischen Abgrenzung der Research-Abteilung von anderen Abteilungen (*Chinese Walls*). Zum anderen wird durch Restricted und Watch Lists unterbunden, dass Analysten ihren Informationsvorsprung für eigene Wertpapiergeschäfte (*Frontrunning und Scalping*) ausnutzen.

---

[297]  Vgl. §§ 13-15 WpHG.

[298]  Vgl. Cote (2000), S. 353. Inwieweit Sanktionsmechanismen auf Unternehmensseite wirklich greifen, ist zu bezweifeln.

[299]  Vgl. exemplarisch o.V. (2001), S. 45.

[300]  Loistl (2000), S.4.

Von der Selective Disclosure und anderen illegalen Tatbeständen abzugrenzen ist allerdings die durchaus übliche *Earnings Guidance*. Sie zielt darauf ab, „die Überwachung und Korrektur der Erwartungen der Marktteilnehmer bezüglich der Gewinnentwicklung des Unternehmens sicher zu stellen, um eine möglichst geringe Abweichung zwischen den internen Planungsvorgaben und den Gewinnprognosen der Analysten zu erzielen"[301]. Es handelt sich also um einen vom Management ausgehenden, aktiv gemanagten Abstimmungsprozess der Markterwartungen mit den intern erzielten und zukünftig erwarteten Unternehmensergebnissen. Die Informationsversorgung des Marktes bzw. der Analysten ist dabei ebenso wichtig wie das Aufnehmen von Informationen aus dem Markt durch das Management. Nur so kann der Markt angemessen auf die Ergebnisentwicklung des Unternehmens „vorbereitet" werden. Aus Unternehmenssicht ist es hierbei vor allem wichtig, Markenttäuschungen oder Überraschungen zu vermeiden, um die Beziehung zu den Analysten nicht zu gefährden. Teilweise kommen umfangreiche „*Pre-Announcements*" mit Angabe provisorischer Ergebniszahlen zum Einsatz[302], um besonders positive oder negative Nachrichten frühzeitig in den Markt zu bringen.

Nicht nur die Unternehmen, sondern auch die Finanzanalysten selbst unterliegen also einer umfassenden Regulierung und müssen den Kommunikationsprozess unter Berücksichtigung dieser Rahmendingungen gestalten. So wichtig auf der einen Seite also eine umfassende und transparente Kapitalmarktkommunikation ist, so vorsichtig muss das Informationshandling mit den Finanzanalysten auch angegangen werden. Im Folgenden wird abgeleitet, welcher Informationsbedarf sich prinzipiell aus der Bewertungstätigkeit der Analysten ableiten lässt. Erst zu einem späteren Zeitpunkt wird dann auf die Umsetzungsmöglichkeiten auf Unternehmensseite eingegangen.[303]

## 4.3 Ableitung des Informationsbedarfs aus den Unternehmensbewertungsmethoden

### 4.3.1 Überblick

Aus Sicht der Unternehmen ist es interessant, welche generellen Informationen für ausgewählte Methoden der Unternehmensbewertung von Unternehmen bereitgestellt werden sollten. Beachtet werden sowohl das marktorientierte Verfahren (Market Approach)

---

[301] Wichels (2001).

[302] Vgl. Wichels (2001).

[303] Vgl. Kapitel 6.

der Multiplikatorenbewertung und das fundamentale Verfahren (Income Approach) der DCF-Methode.[304] Aufgrund verstärkter Wertorientierung haben sich zwecks Operationalisierung des Shareholder Value neben dem DCF-Verfahren unterschiedliche, alternative Ansätze zur Erfolgsmessung herausgebildet: hierbei wird das Konzept des Economic Value Added (EVA) beachtet. Schließlich wird die Realoptionsbewertung als das im Vergleich neueste Verfahren untersucht. Auf eine knappe Darstellung der jeweiligen Methode und deren empirischer Bedeutung in der Bewertungspraxis folgt eine Kurzbeurteilung durch Gegenüberstellung der jeweiligen Vor- und Nachteile. Die verschiedenen Unternehmensbewertungsmethoden werden dabei hinsichtlich der Kriterien Daten- und Berechnungsaufwand, Methodik, Beeinflussbarkeit, Kommunizierbarkeit[305] sowie auf ihre Eignung für Wachstumsunternehmen überprüft. Insbesondere die Risikoberücksichtigung, Zukunftsorientierung und die Erfassung von Handlungsflexibilität scheinen hierbei wichtige Kriterien.[306]

---

[304] Das Substanzwertverfahren (*Asset Approach*) wird nicht betrachtet, da es eine vergangenheitsorientierte Bewertung einzelner Vermögensgegenstände vornimmt und daher keine Entscheidungsunterstützung für die Anlage in ein Wachstumsunternehmen mit geringer Substanz geben kann. Auf Grund seiner buchhalterischen Fundierung und der mangelnden Kapitalmarktorientierung bei der Ermittlung des Diskontierungssatzes wird das Ertragswertverfahren nicht beachtet, folgt jedoch prinzipiell der gleichen Methodik wie die DCF-Methode.

[305] Vgl. Ballwieser (2000), S. 162, der u.a. auf die Kriterien der Kommunizierbarkeit und des Daten- und Rechenaufwandes eingeht.

[306] Vgl. Wullenkord (2000), S. 523f.

72

Abbildung 17: Methodenüberblick

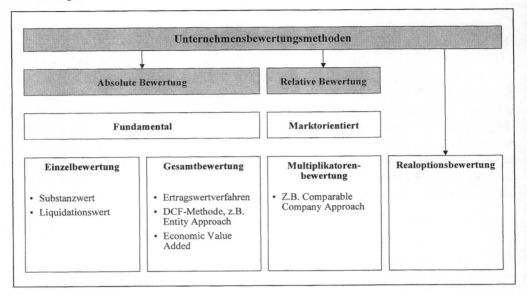

Quelle: Eigene Darstellung.

Beachtet werden insbesondere die bereits in Abschnitt 3.2 angedeuteten bewertungsrelevanten Besonderheiten von Wachstumsunternehmen. Die größte Herausforderung für die Unternehmensbewertung besteht dabei in der *Prognoseproblematik* aufgrund des vorherrschenden Mangels an historischen Daten, der Ungewissheit über die Funktionsfähigkeit von Technologien, Produkten und Präparaten sowie der Schwierigkeit, das Absatz- und Umsatzpotenzial für die Wachstumsunternehmen abzuschätzen.[307] Obgleich also auf die Defizite der gängigsten Bewertungsverfahren hinsichtlich der Erfassung dieser Probleme hingewiesen werden muss, kann daraus laut Schwetzler (2001) nicht abgeleitet werden, dass eine Unternehmensbewertung unglaubwürdig ist oder unterbleiben muss. Gerade weil das Management die intern formulierten Unternehmensziele dem Kapitalmarkt kommunizieren muss, unterstützen detaillierte Bewertungsverfahren den externen Analysten darin, die Vorstellungen und Annahmen des Management nachzuvollziehen. Trotzdem muss sich der Analyst selbst ein Bild machen und Plausibilitätsüberlegungen anstellen.[308]

---

[307]  Vgl. Schwetzler (2001), S. 62.

[308]  Vgl. Schwetzler (2001), S. 63.

In der Literatur und in der Praxis wird bereits eine große Zahl an unterschiedlichen Bewertungsansätzen für New-Economy-Unternehmen entwickelt bzw. die Eignung der verschiedenen Methoden rege diskutiert. Teilweise geht es hierbei darum, traditionelle Verfahren zu ergänzen oder zu modifizieren, teilweise werden völlig neue Bewertungsansätze entwickelt. In der sich anschließenden Diskussion der verschiedenen Methoden werden die jeweiligen Probleme sowie Lösungsmöglichkeiten genannt. Abschließend soll der Informationsbedarf der Finanzanalysten abgeschätzt werden. Dies kann teilweise nur in Form von Hypothesen erfolgen, welche nachfolgend inhaltlich zu konkretisieren sind. [309]

## 4.3.2 DCF-Methode

Das Prinzip der DCF-Methode liegt in der Berechnung eines Kapitalwertes: zukünftig erzielbare Cashflows werden mit einem Diskontierungssatz, welcher das unternehmensspezifische Risiko widerspiegelt, abdiskontiert. Die Cashflow-Prognose über fünf oder mehr Jahre bedarf eines grundlegenden Verständnisses der Unternehmensstrategie und deren Erfolgsaussichten im relevanten Markt. Der Prognosezeitraum wird üblicherweise in zwei Phasen unterteilt: eine Detailplanungsphase und eine Rentenphase. Für letztere sind insbesondere die Annahmen und die Berücksichtigung des zukünftigen Wachstums relevant, da mit dem Terminal Value ein großer Prozentsatz des Unternehmenswertes bestimmt wird. Hier eröffnet sich aus Unternehmenssicht ein breiter Spielraum, den Finanzanalysten alle notwendigen Non-Financials zu liefern, damit jene zukünftige Erfolgspotenziale adäquat einschätzen. Qualitative Faktoren wie z.B. Managementfähigkeiten und Unternehmenskultur sind schwierig zu quantifizieren und unterliegen in erhöhtem Maße subjektiven Einflüssen, sind jedoch gerade in Wachstumsbranchen von hoher Relevanz.

---

[309] Der Informationsbedarf wird zunächst nur grob skizziert, um nachfolgend in Verbindung mit empirischen Erkenntnissen eine genauere Ableitung der Kommunikationsinhalte zu realisieren. Vgl. hierzu Kapitel 6.

74

Tabelle 3: Beurteilung der DCF-Methode

| DCF | Vorteil | Nachteil |
|---|---|---|
| Daten- und Berechnungsaufwand | | Erheblicher Datenaufwand und geringe Planungsintegrität |
| Methodik | Theoretisches Fundament gegeben (Investitionsrechnung und CAPM) | Methodische Schwierigkeiten bei Bestimmung der Kapitalkosten, des Restwertes (Hockey-Stick-Effekt) und der Werttreiber, Kritik an den neoklassischen Prämissen des CAPM |
| Beeinflussbarkeit | Individuelle Chancen und Risiken des Unternehmens können in den Annahmen berücksichtigt werden | Großer Spielraum bei Annahmen (z.B. Wachstumsraten), die sich insbesondere im Terminal Value widerspiegeln |
| Kommunizierbarkeit | | Schlechte Kommunizierbarkeit, da eine Vielzahl implizierter Annahmen das Ergebnis determinieren |
| Eignung für Wachstums- unternehmen | Werttreibersysteme zeigen Zusammenhänge auf, Zukunftsorientierung | Problematisch bei negativen Cashflows |
| Risiko- berücksichtigung | Risikoäquivalente Diskontierungssätze | Für Wachstumsunternehmen Probleme bei der Risikoberücksichtigung |
| Berücksichtigung von Flexibilität | | Nichtberücksichtigung unternehmerischer Flexibilität |

Quelle: Eigene Darstellung

Die Kapitalkosten bzw. deren Ermittlung sind eine „Schwachstelle" aller Bewertungs-methoden und auch der im Folgenden vorgestellten Übergewinnansätze.[310] Eine Über- oder Unterschätzung der Kapitalkosten kann erhebliche Auswirkungen auf den Unter-nehmenswert haben.[311] Bei der Berechnung mit Hilfe des Capital Asset Pricing Model (CAPM) ist z.B. die Schätzung des β-Faktors von Interesse, welcher die Sensitivität des Unternehmensergebnisses auf allgemeine Markteinflüsse widerspiegelt.[312]

Insbesondere für neu entstehende Branchen liegen eventuell keine historischen Betas vor, sodass der Finanzanalyst eine Einschätzung für die Volatilität der Branche und des jeweiligen Bewertungsobjektes bilden muss. In vielen Fällen kann keine eindeutige Branchenzugehörigkeit mehr festgestellt werden. Allerdings stellen gerade Unterneh-

---

[310] Vgl. Studer (1998), S. 356 sowie Abschnitt 4.3.3.
[311] Vgl. Kunz (1998), S. 396.
[312] Vgl. z.B. Ross/Westerfield/Jaffe (1996), S. 239f. und S. 319-322.

men in intransparenten und sich schnell wandelnden Märkten für Analysten eine Herausforderung dar, denn hier können sie durch ihre Fähigkeiten und mit Hilfe einer adäquaten Kapitalmarktkommunikation seitens der Unternehmen tatsächlich „neues Wissen" generieren. Dies wird auch indirekt durch Untersuchungen zur Analysten-Coverage bestätigt, welche nachweisen, dass Analysten komplexe Firmen mit z.B. einer Vielzahl immaterieller Aktiva bevorzugt covern, da das Potenzial, bei diesen Firmen Fehlbewertungen aufzudecken, aufgrund der inhärenten Unsicherheit und der erhöhten Informationsasymmetrie größer ist.[313]

Die DCF-Methode eignet sich über eine Ableitung von Werttreibern prinzipiell für die Bewertung von Wachstumsunternehmen und wird zunehmend modifiziert, um den Charakteristika junger, innovativer Unternehmen besser Rechnung zu tragen. So werden bspw. Bewertungsansätze auf Basis des Produktlebenszyklus diskutiert, welche negative Cashflows in den frühen Entwicklungsphasen als auch das enorme Wachstumspotenzial in der Reifungsphase berücksichtigen.[314] Daher berücksichtigen lebenszyklusbasierte Modelle statt der üblichen zwei meist drei verschiedene Phasen, um die Cashflow-Entwicklung mittel- bis langfristig realistischer abbilden zu können und sich im Rahmen einer Grobplanungsphase graduell an die Rentenphase annähern zu können.

Problematisch bleibt jedoch, wie Abbildung 18 aufzeigt, die Risikoberücksichtigung in Form adäquater Kapitalkosten (Schätzung des Beta-Faktors) oder entsprechend modifizierter Zahlungsströme (Prognoseproblematik[315]) sowie die mangelnde Berücksichtigung von Handlungsflexibilität.[316] Es bleibt somit viel Raum für subjektive Annahmen. Bspw. ergibt eine empirische Untersuchung von Research-Studien, dass die Annahmen für die Wachstumsraten der Free Cashflows von null bis vier Prozent schwanken.[317]

---

[313]  Vgl. Barth/Kasznik/McNichols (2000), S. 6.

[314]  Vgl. auch Deutsche Bank Research (1998), S. 73-91 und Damodaran (2000), der die Schwierigkeiten einer Bewertung von „*no earnings, no history and no comparables*"-Firmen wie bspw. Amazon.com behandelt.

[315]  Vgl. auch Schwetzler (2001), S. 62f.

[316]  Vgl. Abschnitt 4.3.5.

[317]  Vgl. Nelles/Rojahn/Berner (2001), S. 324.

Abbildung 18: Bewertungsprobleme im Rahmen der DCF-Methode

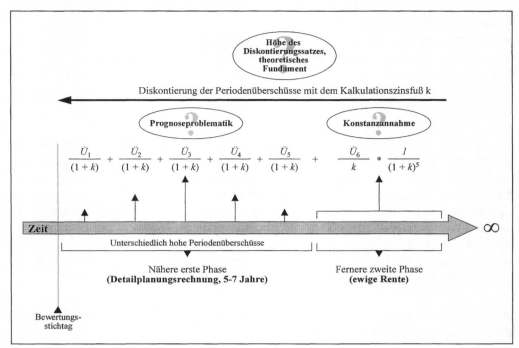

Quelle: Eigene Darstellung.

Trotz methodischer Probleme hat die DCF-Methode die Position eines „Referenzmodells" inne und wird dazu benutzt, die Bewertung durch andere Verfahren, z.B. durch Multiplikatoren, zu überprüfen.[318]

### 4.3.3 Economic Value Added

In letzter Zeit ist die Anwendung von Übergewinnverfahren nicht zuletzt durch die bereits sehr populäre Kennzahl Economic Value Added (EVA) als Alternative der DCF-Methode zur Operationalisierung des Shareholder Value diskutiert worden. Dabei eignet sich EVA nicht nur zur periodischen Messung der Wertschaffung, sondern in Form des Market Value Added (MVA) auch für die Unternehmensbewertung. Ex-post wird der MVA als Differenz aus Marktkapitalisierung und Buchwert des Unternehmens berech-

---

[318] Vgl. Aders/Galli/Wiedemann (2000), S. 197; Nelles/Rojahn/Berner (2001), S. 324.

net.[319] Erforderlich hierfür ist allerdings eine mehrjährige Planung. Ex-ante berechnet sich der MVA durch die Diskontierung prognostizierter EVAs mit dem WACC und bedient sich prinzipiell der gleichen Methodik wie das DCF-Verfahren. Daher kann davon ausgegangen werden, dass der Informationsbedarf für eine EVA-Prognose ähnlich umfangreich ist wie für eine Cashflow-Prognose.

Gerade für Wachstumsunternehmen kann die Überprüfung der Wertschaffung in Form des EVA aufgrund negativer Cashflows in der Einführungsphase hilfreich sein.[320] Auch der eher moderate Datenaufwand und die gute Integrierbarkeit in bestehende Rechnungswesenstrukturen sollten Vorteile für Wachstumsunternehmen darstellen, wobei zu beachten ist, dass für die Umsetzung des EVA-Konzeptes ein ausgereiftes und funktionierendes Rechnungssystem bestehen muss. Dies ist in der Zeit kurz nach dem Börsengang nur in wenigen Wachstumsunternehmen erfüllt.[321]

Da die Aussagekraft des EVA durch entsprechende Anpassungen der Berechnungskomponenten z.B. für „Equity Equivalents" wie F&E-Aufwendungen erhöht und das Konzept in der Praxis häufig unternehmensindividuell modifiziert wird, sollte ein Unternehmen dem Analysten neben der Berechnung der verwendeten Kennzahl[322] auch das Gesamtkonzept der Wertmessung und Incentivierung, z.B. eine Verknüpfung von EVA mit der Managementvergütung, kommunizieren. Zudem ist ein Kompromiss zwischen den aufwendigen Bereinigungen und der Aussagekraft zu finden.

Empirisch ist das Residualgewinnkonzept bei Finanzanalysten noch nicht so stark verbreitet. Trotzdem scheint es laut Kames (1999) empfehlenswert, das Konzept zumindest ergänzend einzusetzen, da es die Kommunikation mit Analysten erleichtert. Jene honorieren ein proaktives Agieren im Rahmen der Kommunikationsstrategie und rechnen wertorientierten Zielsetzungen und Ergebnissen im Rahmen des EVA-Konzeptes einen hohen Aussagewert zu.[323]

---

[319]  Vgl. bspw. Böcking/Nowak (1999), S. 281f. sowie grundlegend die Arbeiten von Hostettler (1998) sowie Ehrbar (1999).

[320]  Vgl. Faltz (1999), S. 39.

[321]  Vgl. Abschnitt 3.3.2.

[322]  Die Transparenz der Berechnung und Herleitung betont auch Labhart (1999), S. 266.

[323]  Vgl. Kames (1999), S. 131.

Tabelle 4: Beurteilung des Economic Value Added

| EVA | Vorteil | Nachteil |
|---|---|---|
| **Daten- und Berechnungsaufwand** | Gute Planungsintegrität und moderater Datenaufwand | Aufwendige Bereinigung der einzelnen Bilanzpositionen |
| **Methodik** | CAPM für die Bestimmung der Kapitalkosten | Aussagekraft des MVA bzw. EVA abhängig von Anpassungen (Conversions) |
| **Beeinflussbarkeit** | Individuelle Chancen und Risiken des Unternehmens können in den Annahmen berücksichtigt werden | Bilanzielle, manipulierbare Größen als Ausgangsbasis |
| **Kommunizierbarkeit** | Verbesserung der Corporate Governance durch externe Nachvollziehbarkeit und Eignung als Vergütungsmaßstab | |
| **Eignung für Wachstums-unternehmen** | Periodische Überprüfung der Wertschaffung unabhängig vom erzielten Gewinn | Vergangenheitsorientiert |
| **Risiko-berücksichtigung** | Risikoäquivalente Diskontierungssätze | Für Wachstumsunternehmen Probleme bei der Risikoberücksichtigung |
| **Berücksichtigung von Flexibilität** | | Nicht-Berücksichtigung von Flexibilität |

Quelle: Eigene Darstellung.

### 4.3.4 Multiplikatorenbewertung

„Grundidee der Multiplikatorverfahren ist es, dass sich der Wert des Unternehmens bzw. seiner Aktie anhand eines Kennzahlenvergleiches mit ähnlichen Unternehmen ermitteln lässt."[324] Mittels der Multiplikatorverfahren kann der Wert der Aktie, des Eigenkapitals und des gesamten Unternehmens (Enterprise Value) ermittelt werden und es können Fehlbewertungen aufgedeckt werden. Im Folgenden wird lediglich auf den *Comparable Company Approach* (auch *Comparable Company Analysis*) eingegangen, der sowohl für börsennotierte als auch für nicht börsennotierte Unternehmen durchgeführt werden kann. Er findet, wie eine Analyse von Research-Studien für Neue-Markt-Unternehmen ergab[325], starke Anwendung bei den Finanzanalysten.

---

[324] Seppelfricke (1999), S. 301. Das Vorgehen kann mit dem Satz „*similar assets should sell at similar prices*" beschrieben werden.

[325] Vgl. Nelles/Rojahn/Berner (2001), S. 323.

Grundprinzip der Bewertung ist, dass sich der zu ermittelnde Unternehmenswert durch die Multiplikation einer cashflow-, umsatz- oder gewinnbasierten Bezugsgröße, wie z.B. dem DVFA-Ergebnis, dem Umsatz oder Cashflow (je Aktie) mit dem passenden, durch Vergleich ermittelten Multiplikator, z.B. dem ein Kurs-Gewinn-Verhältnis (KGV), Kurs-Cashflow-Verhältnis (KCFV) ergibt.[326] Dabei sind für das zu bewertende Unternehmen individuelle Auf- oder Abschläge vom Multiplikator vorzunehmen, um spezifische Unternehmensrisiken, divergierende Wachstumsraten oder auch Illiquidität zu berücksichtigen. Ebenfalls bestätigt sich empirisch, dass z.T. mit erheblichen Zu- und Abschlägen gearbeitet wird. So wird die Marktführerschaft eines Unternehmen mit durchschnittlich 15% Zuschlag, eine mangelnde Corporate Governance mit durchschnittlich 10% Abschlag bewertet.[327] Dies zeigt, dass auch hier ein subjektiver Bewertungsspielraum besteht[328], den Unternehmen durch gezielte Kapitalmarktkommunikation beeinflussen können, obgleich natürlich die Fundamentaldaten des Unternehmen hierdurch nicht verändert werden.

Empirisch zeigt sich, dass marktorientierte Bewertungsmethoden die *Bewertungspraxis* dominieren. Unterschiedliche Multiplikatoren kommen in unterschiedlichen Branchen zur Anwendung.[329] Allgemein besonders beliebt und daher auch häufig in der Anwendung sind die so genannten *direkten Multiplikatoren* Price-Earnings-, Price-Book-Value-, Price-Cashflow und Price-Sales-Verhältnis. Aber auch die Enterprise-Value-Multiplikatoren werden zunehmend benutzt, wie die Untersuchung von Wichels (2001) sowie Abbildung 19 zeigen.

---

[326] Vgl. Seppelfricke (1999), S. 301. Die Multiplikatorkennzahl muss bestimmte Anforderungen erfüllen: sie sollte eine hohe Korrelation zur Börsenbewertung aufweisen, frei von bilanzpolitischen, zyklischen und Kapitalstruktur-Effekten sein, die Opportunitätskosten der Anleger berücksichtigen und praktikabel zu prognostizieren sein.

[327] Vgl. zu den empirischen Ergebnissen Kames (1999), S. 109f.

[328] Vgl. Kames (1999), S. 302.

[329] Vgl. Morgan Stanley Dean Witter (2000), o.S. Im Automobilbereich sind bspw. die Verkäufe besonders wichtig , sodass ein Price-to-Sales-Multiplikator (P/S) zum Einsatz kommt, während andere Faktoren wie bspw. die Werbebudgets in der Medienbranche wichtig sind und daher eher der Enterprise Value ins Verhältnis zum EBITDA gesetzt wird (EV/EBITDA).

Abbildung 19: Von Finanzanalysten präferierte Bewertungsmethoden

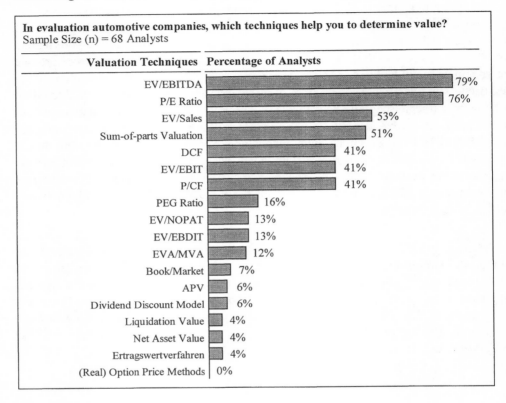

In evaluation automotive companies, which techniques help you to determine value?
Sample Size (n) = 68 Analysts

| Valuation Techniques | Percentage of Analysts |
|---|---|
| EV/EBITDA | 79% |
| P/E Ratio | 76% |
| EV/Sales | 53% |
| Sum-of-parts Valuation | 51% |
| DCF | 41% |
| EV/EBIT | 41% |
| P/CF | 41% |
| PEG Ratio | 16% |
| EV/NOPAT | 13% |
| EV/EBDIT | 13% |
| EVA/MVA | 12% |
| Book/Market | 7% |
| APV | 6% |
| Dividend Discount Model | 6% |
| Liquidation Value | 4% |
| Net Asset Value | 4% |
| Ertragswertverfahren | 4% |
| (Real) Option Price Methods | 0% |

Quelle: Wichels (2001).

Dem operativen Ergebnismultiplikator EV/EBITDA wird vor dem üblicherweise dominierenden P/E-Ratio die höchste Bedeutung zugeschrieben. Die Untersuchung bestätigt
damit den in der Literatur angedeuteten Trendwechsel in der Bewertungssystematik von
Eigenkapitalmultiplikatoren zu Enterprise-Value-Verfahren.

Die Multiplikatorenbewertung ist im Trade-off zwischen Genauigkeit und Bewertungsaufwand günstiger zu bewerten als die DCF-Methode und stößt im Bereich der professionellen Adressaten auf hohe Akzeptanz.[330]

---

[330]  Vgl. Kames (1999), S. 306.

Tabelle 5: Beurteilung der Multiplikatorenbewertung

| Multiplikator | Vorteil | Nachteil |
|---|---|---|
| **Daten- und Berechnungsaufwand** | Einfache, praktikable Berechnung und geringer Datenaufwand | |
| **Methodik** | Umgehung methodischer Probleme der DCF- und Ertragswertmethode | Je nach ausgewählter Kennzahl unterschiedliche Schwächen, welche die Aussagekraft mindern (z.B. keine Berücksichtigung von Opportunitätskosten und zyklischen Schwankungen der Multiplikatoren) |
| **Beeinflussbarkeit** | Subjektive Interpretation durch Auf- und Abschläge möglich, allerdings Objektivität des Marktes | Mangelhafte individuelle Anpassung, da eine einzige Kennzahl oder Willkür bei Zu- und Abschlägen die „Objektivität des Marktes" bei nicht informationseffizientem Kapitalmarkt eingeschränkt, Fehlbewertungen (Mispricing) des Marktes werden übernommen |
| **Kommunizierbarkeit** | Gute Kommunizierbarkeit, erleichterte und verbesserte Vergleichbarkeit auf internationaler Ebene | |
| **Eignung für Wachstums- unternehmen** | Marktpreise reflektieren Zukunftserwartungen des Marktes | Schwierigkeiten der Auswahl geeigneter Vergleichsunternehmen, insbesondere bei Wachstumsunternehmen, einperiodische Betrachtung, keine explizite Berücksichtigung zukünftiger Größen, wegen negativer oder fehlender Vergangenheitswerte häufig nicht anwendbar |
| **Risiko- berücksichtigung** | Marktpreise reflektieren wahrgenommenes Risiko | Für Wachstumsunternehmen Probleme bei der Risikoberücksichtigung |
| **Berücksichtigung von Flexibilität** | | Nichtberücksichtigung von Flexibilität |

Quelle: Eigene Darstellung.

Im Falle der Wachstumsunternehmen sind gewinnbasierte Multiplikatoren wie z.B. das KGV aufgrund der häufig anzutreffenden Verluste nicht anwendbar.[331] Alternativ wird häufig die *Cash Burn Rate* betrachtet.[332] Ihrer Verwendung liegt die Annahme eines positiven Zusammenhangs zwischen Investitionen (z.B. für F&E, Marketing) und dem Marktwert des Unternehmens zugrunde. Ihre Aussagekraft ist jedoch beschränkt, da sich primär der Kapitalbedarf und nur sekundär Aussagen über das Risiko und den Marktwert ableiten lassen.

Auch das Auffinden vergleichbarer Unternehmen mit einer ähnlichen Risikostruktur, ähnlichen Eigenkapitalkosten und etwa gleich hohem Ergebniswachstum ist erschwert

---

[331] Zum anderen beinhalten KGVs implizite Wachstumsraten, die dann nicht gerechtfertigt sind, wenn keine Ausschüttungsquote berücksichtigt wird. Vgl. Anders/Galli/Wiedemann (2000), S. 204.

[332] Die Cash Burn Rate wird definiert als der Quotient aus liquiden Mittel (inklusive liquiditätsnahen Titeln) und dem negativen Cashflow (*Average Cash Burn*). Vgl. Küting (2000), S. 678.

und erfordert eine gute Branchenkenntnis.[333] Eventuell könnte das Unternehmen selbst auf die relevante Peer Group im Markt hinweisen.

Es werden zahlreiche innovative Alternative wie z.B. ein dynamisches KGV oder auch Kundenwertmultiples vorgeschlagen[334], welche zum einen das überproportionale Wachstum von New-Economy-Unternehmen und zum anderen deren Abhängigkeit von „Soft Facts" berücksichtigen. Um jedoch z.B. einen Nettokundenwert zu errechnen, muss der Finanzanalyst u.a. die Umsatzentwicklungen und Cross-Selling-Potenziale für einzelne Produkte einschätzen können. Auch mitarbeiterbezogene Kennziffern wie z.B. die Marktkapitalisierung im Verhältnis zum „Intellectual Capital" des Unternehmens werden verstärkt diskutiert[335], sodass auch Hinweise auf wichtige Non-Financials und deren Entwicklung im Unternehmen gegeben werden müssen.

### 4.3.4 Realoptionsbewertung

Der relativ komplexe Realoptionsansatz ist zwar praktisch noch nicht sehr weit verbreitet, wird aber als angemessenes Bewertungstool für Unternehmen der New Economy verstärkt diskutiert.[336] Grundgedanke ist die Erkenntnis, dass zukünftige Handlungsflexibilität eines Unternehmens einen bestimmten Wert hat. Die Realoptionsbewertung ist somit in der Lage, zukünftige Wachstumschancen und auch Planrevisionen und Strategieänderungen von Unternehmen in einer dynamischen Umwelt zu berücksichtigen. Die resultierenden Werteffekte werden mit den traditionellen Methoden der Unternehmensbewertung nicht erfasst, sodass die Realoptionsbewertung eine wichtige Ergänzung darstellt.

Der Erklärungsanteil von Optionen am gesamten Unternehmenswert ist insbesondere in der Einführungs- und Wachstumsphase außerordentlich hoch. Im Vergleich zur DCF-Methode kann z.B. nicht-linearen Zukunftsperspektiven, asymmetrischen Pay-off-Strukturen und variablen, sich von Periode zu Periode ändernden Kapitalkosten Rechnung getragen werden.[337] Vor diesem Hintergrund stellt der Realoptionsansatz auch für

---

[333]  Vgl. Schwetzler (2001), S. 81f.

[334]  Vgl. Wullenkord (2000), S. 525; Häcker (2000), S. 531f.

[335]  Vgl. Wullenkord (2000), S. 527, Nölting (2000), S. 159.

[336]  Vgl. o.V. (2000), S. 21 und Hommel (1999). Zur Anwendung auf Biotech-Unternehmen vgl. Schäfer/Schässburger (2001), S. 251ff. Zu den Charakteristika von Wachstumsunternehmen vgl. Hommel (2001).

[337]  Vgl. Rams (1999), S. 361.

Finanzanalysten eine valide Methode dar, die Qualität der eigenen Analyse zu verbessern und somit die eigene Reputation aufzuwerten.[338]

Tabelle 6: Beurteilung der Realoptionsbewertung

| Realoption | Vorteil | Nachteil |
|---|---|---|
| **Daten- und Berechnungsaufwand** | | Komplexität der Berechnung und hoher Datenaufwand |
| **Methodik** | Bewertungsmodelle für Finanzoptionen, z.B. Black-Scholes-Model | Mangelnde Verbreitung und Know-how sowohl bei Unternehmen als auch bei Analysten |
| **Beeinflussbarkeit** | Individuell anpassbar auf das zu bewertende Unternehmen | Einschätzung qualitativer Faktoren bei der Definition der Werttreiber stark subjektiv, daher mangelnde Transparenz |
| **Kommunizierbarkeit** | Zur Ergänzung traditioneller Verfahren bzw. zur Erklärung einer hohen Marktbewertung geeignet | Sehr komplex und Vielzahl an Einflussfaktoren; implizite Annahmen beeinflussen das Ergebnis |
| **Eignung für Wachstumsunternehmen** | Für Wachstumsunternehmen besonders geeignet, da zukunftsorientierte Abbildung real existierender Handlungs- und Entscheidungssituationen | |
| **Risikoberücksichtigung** | Berücksichtigung von sich veränderndem Risiko | |
| **Berücksichtigung von Flexibilität** | Dynamisch, nicht-lineare Bewertung von Handlungsflexibilität | |

Quelle: Eigene Darstellung.

Der Wert einer Realoption wird analog zu einer Finanzoption von sechs Faktoren[339] determiniert und mittels Optionspreisverfahren, z.B. dem Black-Scholes-Model, ermittelt. Generell ist zwischen Verkaufs- und Kauf-Optionen (Put und Call) zu unterscheiden. Weiterhin ermöglicht bspw. eine Differenzierung in *Invest, Divest* und *Flexibility Option* eine bessere Kategorisierung real vorliegender Handlungs- und Entscheidungssituationen.[340] Für ein Unternehmen gilt es nun einerseits, die Werttreiber einer Realop-

---

[338]    Vgl. Hommel/Vollrath/Wieland (2000), S. 10.

[339]    Diese Faktoren sind der Wert des Underlying (Barwert der Cashflows), der Ausübungspreis, die Optionslaufzeit, die Volatilität der Aus- und Einzahlungen des Underlying, der risikofreie Zinssatz und die Dividende, d.h. die laufenden Erträge aus dem Underlying. Vgl. Rams (1999), S. 352.

[340]    Vgl. Rams (1999), S. 354.

tion, die in Tabelle 7 dargestellt sind, aktiv zu steuern.[341] Andererseits müssen jegliche Maßnahmen zur aktiven Gestaltung der Werttreiber auch an die Finanzanalysten kommuniziert werden. Bspw. kann der Wert des *Underlying* einer Invest Option „Produkteinführung" durch entsprechend ausgestaltete, strategische Marketingmaßnahmen erhöht werden oder die Laufzeit einer Disinvest Option durch vertragliche Regelungen zum Vorteil des Unternehmens flexibilisiert werden. Mit Hilfe dieser qualitativen Informationen wird der Finanzanalyst befähigt, entsprechende Annahmen zu bilden und die notwendigen Parameter für eine Realoptionsbewertung zu definieren.

Tabelle 7: Werttreiber einer Realoption

| Werttreiber der Realoption | Werteffekt Call | Werteffekt Put |
|---|:---:|:---:|
| Anstieg des Barwertes der zukünftigen Cashflows | + | − |
| Anstieg der Kosten der Ausübung (Folgeinvestition) | − | + |
| Anstieg der Unsicherheit des Barwertes zukünftiger Cashflows | + | + |
| Anstieg der Laufzeit der Option | + | + |
| Anstieg des risikolosen Zinses | + | − |
| Dividende | − | + |

Quelle: Rams (1999), S. 357.

Die praktische Anwendbarkeit des Realoptionseinsatzes ist aufgrund der Komplexität und des erforderlichen Know-hows eher eingeschränkt, allerdings steigt z.B. bei Risikokapitalgebern das Interesse an der Berechnung eines Optionswertes von Wachstumsmöglichkeiten.[342] Daher wird oftmals eine getrennte Bewertung der existierenden Vermögensgegenstände (*Existing Assets*) und der Wachstumsoptionen (*Growth Op-*

---

[341] Vgl. Rams (1999), S. 357.

[342] Vgl. Hommel/Vollrath/Wieland (2000), S. 5f. In der Praxis kommt für die Bewertung von Start-up-Unternehmen zunehmend die so genannte *Venture-Capital-Methode* (VC-Methode) zum Einsatz. Ziel der Methode ist es festzulegen, welchen prozentualen Anteil an einem Unternehmen ein Risikokapitalgeber dafür erhalten soll, dass er zum Eintrittszeitpunkt einen bestimmten Betrag zur Verfügung stellt. Die Methode ist im Vergleich zu den hier vorgestellten Verfahren vor allem aufgrund ihrer Praktikabilität und ihrer Eignung für Bewertungsfragen im Rahmen der VC-Finanzierung zu empfehlen. Vgl. für eine nähere Darstellung der Vorgehensweise sowie einer ausführlichen Kritik Achleitner (2001a), Eberhart (2001) und Achleitner (2001c) sowie Achleitner (2002).

*portunities*) vorgenommen. Dies entspricht jedoch nicht einem ‚reinen' Realoptionsansatz, sondern kann eher als erweiterte DCF-Methode gelten, welche das Optionsportfolio des Unternehmen explizit berücksichtigt. Auch Investmentbanken setzen das Verfahren zunehmend häufiger für die Unternehmensbewertung im Rahmen von M&A-Transaktionen ein. Hierbei kalkuliert der Unternehmenskäufer oftmals Realoptionen in den Kaufpreis ein und ist daher bereit, eine erhebliche Akquisitionsprämie zu zahlen.[343]

## 4.4 Zwischenfazit

Es wurde herausgearbeitet, dass Finanzanalysten sowohl für Unternehmen als auch für Investoren eine wichtige Rolle auf dem Kapitalmarkt übernehmen. Das Ausmaß der Coverage sowie die Veröffentlichung von Analystenempfehlungen haben ökonomische Auswirkungen auf die Unternehmen und deren Kapitalmarktperformance. Wachstumsunternehmen haben reale Anreize, die Zielgruppe der Finanzanalysten zum Fokus ihrer IR-Tätigkeit zu machen, um einen Einfluss auf deren Informationsbasis und auf deren Erwartungsbildung zu nehmen. Insbesondere Star-Analysten sollten dabei ermutigt werden, die Coverage für das jeweilige Unternehmen aufzunehmen.

Aus der detaillierten Betrachtung der Zielgrößen, der Tätigkeit und der Bewertungstools der Finanzanalysten lassen sich erste Rückschlüsse für die Ausgestaltung der Kapitalmarktkommunikation ableiten.

Einige der Charakteristika von Wachstumsunternehmen widersprechen dem *Zielsystem* der Finanzanalysten, z.B. sind die Marktkapitalisierung, der Umsatz und die Liquidität zum Teil nicht entsprechend ausgeprägt, um hieraus eine Coverage lukrativ erscheinen zu lassen. Es bestehen angesichts der unsicheren Unternehmensentwicklung Zweifel, ob sich das Unternehmen in Zukunft vermehrt in den erwünschten Investment-Banking-Aktivitäten engagiert. Aufgrund der inhärenten Unsicherheit des Umfelds ist trotz hohem Bewertungsaufwand eine Prognosegenauigkeit nur eingeschränkt zu erwarten.

Es gilt demnach, den Finanzanalysten bzw. der Investmentbank einen „*Reason-why*" zu bieten, der überzeugend darstellt, dass das Unternehmen eine Coverage lohnt. Zu denken wäre hierbei an eine entsprechende Darstellung der Unternehmensplanung und der Finanzierungsstrategie, die darauf hinweist, dass das Unternehmen in Zukunft als po-

---

[343] Inwieweit die gezahlte Prämie auf den Kaufpreis auf einen tatsächlich berechneten Realoptionswert hinweist oder aber aus reinen Kontrollaspekten resultiert, ist zu diskutieren.

tenzieller Kunde für weitere Kapitalmarkttransaktionen interessant ist. Die Qualität der IR-Abteilung könnte ebenfalls einen Einfluss ausüben, da dem kosten- und zeitsensitiven Analysten somit die Einarbeitung in das neue Bewertungsumfeld erleichtert wird. Hierbei scheint eine Orientierung an stark gecoverten DAX-Unternehmen und deren IR-Aktivitäten im Sinne eines „Benchmarking" aus Sicht des Neue-Markt-Unternehmens sinnvoll.

Die Tätigkeit der Finanzanalysten kann seitens der Unternehmen zum einen dadurch unterstützt werden, dass der Informationszugang für Analysten möglichst einfach und kostengünstig gestaltet wird. Das Management muss zum anderen entsprechend viel Zeit einplanen, um die detaillierten Informationsbedürfnisse im Rahmen spezifischer Analystenveranstaltungen decken zu können und eine langfristige Bindung zu den marktbekannten Analysten zu etablieren. Ausgehend von der üblichen Coverage des Konsortialführers sind möglichst weitere Analysten der Konsorten sowie auch unabhängige Analysten mittelfristig zu verpflichten. Auch die Beziehung zu den Designated Sponsors ist so zu gestalten, dass der Coverage-Bedarf des Unternehmens erfüllt wird. Die Verhandlungsmacht des Unternehmens gegenüber den Analysten ist umso größer, je mehr Folgetransaktionen es zu bieten hat und je mehr alternative Investmenthäuser das Unternehmen als Kunde interessant finden.

Ein Vorteil ist im subjektiven Spielraum der Analysten zu sehen, welche Unternehmensbewertungsmethoden nicht starr anwenden, sondern sie lediglich zur Fundierung ihrer Einschätzung benutzen. Insbesondere die Prognose als ausschlaggebender und zugleich unsicherster Teil der Bewertung ist aktiv durch Informationen seitens des Unternehmens zu stützen. Ferner sind die wesentlichen Werttreiber der Branche in die Kommunikation zu integrieren und im Rahmen der Strategiedarstellung ist auf zukünftige (Real-)Optionen einzugehen, so wie dies im Value-Reporting-Konzept bereits angedacht ist. Da in der Praxis stets die *Komplementarität der Methoden* betont wird, ist auch der Informationsbedarf kumulativ zu sehen. Es werden, und dies bestätigen auch empirische Untersuchungen, jeweils mehrere Bewertungsmethoden parallel eingesetzt, um Schwächen einzelner Ansätze zu kompensieren und die Bewertungssicherheit zu erhöhen.[344] Präferiert wird in der Praxis eine Kombination aus Multiplikatorverfahren sowie DCF-Methode.

Die relativ allgemeine Ableitung des Informationsbedarfs der Finanzanalysten aus den Unternehmensbewertungsmethoden kann Unternehmen in einem ersten Schritt einen Anhaltspunkt geben, welche Informationen den Finanzanalysten bei der Benutzung der

---

[344] Vgl. Nelles/Rojahn/Berner (2001), S.323.

jeweiligen Analysetools unterstützen können. Um jedoch die Kapitalmarktkommunikation effizient gestalten zu können, bedarf es in einem nächsten Schritt einer differenzierteren Ableitung der gewünschten Inhalte und der zu benutzenden Medien. Es wird somit zugleich überprüft, ob die Annahmen des Kapitels 4 sich in der Praxis bestätigen lassen. Hierbei wird der Blick auf empirische Ergebnisse zur Kapitalmarktkommunikation in Deutschland gerichtet.

# 5 Bestandsaufnahme empirischer Studien zur Kapitalmarktkommunikation in Deutschland

Die Bestandsaufnahme der empirischen Studien verfolgt mehrere Ziele. Primär soll das Erkenntnisziel der vorliegenden Arbeit aktiv unterstützt werden, indem empirische Ergebnisse zur Kapitalmarktkommunikation bei Wachstumsunternehmen und zum Informationsbedarf von Finanzanalysten herausgearbeitet werden. Ferner werden Ergebnisse zur Coverage am Neuen Markt geliefert. Die Vorüberlegungen in Abschnitt 4.4 werden somit konkretisiert. Sekundär soll anhand des breiten Spektrums relevanter Studien der Erkenntnisstand in Deutschland dokumentiert und Hinweise auf weiteren Forschungsbedarf, auch außerhalb des hier gelegten Fokus, gegeben werden.[345]

Die Vorgehensweise ist dabei wie folgt: Im Gegensatz zu bereits in vorangehenden Abschnitten verwandten empirischen Studien[346] ist die relevante Grundgesamtheit hier als alle deutschen Studien zum Thema „Kapitalmarktkommunikation" definiert. Zunächst werden die einbezogenen Studien klassifiziert. Die Ergebnisdarstellung orientiert sich an der inhaltlichen Klassifizierung. Die Ergebnisse zu Wachstumsunternehmen und Finanzanalysten werden nicht separat, sondern zusammen mit den Ergebnissen zu etablierten Unternehmen und anderen Zielgruppen aufgeführt. Anschließend wird der Erkenntnisstand zusammengefasst und der Beitrag der empirischen Studien kommentiert. Zusätzlich wird abschließend eine Aussage über bestehende Forschungslücken getroffen.

## 5.1 Klassifizierung der empirischen Studien

Die Klassifizierung der empirischen Studien zum Thema Investor Relations kann alternativ inhaltlich, phasenbezogen oder methodisch erfolgen. Tabelle 9 verdeutlicht dies.

Die *inhaltliche Klassifizierung* ist vor allem deshalb erforderlich, weil die Investor Relations eine hohe Interdisziplinarität aufweisen. Berührungspunkte bestehen innerhalb der Betriebswirtschaftslehre zur Finanzierung, zum Marketing, zur Rechnungslegung

---

[345] Vgl. auch Achleitner/Bassen/Pietzsch (2001).

[346] Es wurden bereits empirische Ergebnisse zur Analysten-Coverage und zu den Unternehmensbewertungsmethoden präsentiert.

und außerhalb der Betriebswirtschaftslehre bspw. zur Kommunikationswissenschaft.[347] Vor diesem Hintergrund lassen sich vier Kategorien ableiten. *IR-spezifische Studien* haben als Hauptuntersuchungsgegenstand die Kommunikationspolitik an die Financial Community (IR i.e.S.).[348] Da Investor Relations als ein wichtiger Baustein einer kapitalmarktorientierten Unternehmensführung verstanden werden, werden sie als *Nebenaspekt* in empirischen Untersuchungen zur Verbreitung des Shareholder-Value-Instrumentariums untersucht und im Rahmen der aktuellen Corporate-Governance-Diskussion thematisiert.[349] Eine weitere Kategorie von Studien betrachtet die unternehmerische Berichterstattung aus einer *rechnungslegungsorientierten Perspektive* (Corporate Reporting*).* Im Mittelpunkt stehen hierbei die verpflichtenden Kommunikationsinstrumente und -inhalte im Rahmen der HGB- bzw. IAS/US-GAAP-Vorschriften sowie des Wertpapierhandelsgesetzes (WpHG).[350] *Verhaltensorientierte bzw. kommunikationswissenschaftliche Studien* können insofern relevant für die Investor Relations sein, als sie sich auf das Informations-, Kommunikations- und Entscheidungsverhalten der Kapitalmarktakteure beziehen.[351]

Die *phasenbezogene Klassifizierung* lehnt sich an die in Abschnitt 2.3 vorgestellten vier Phasen des IR-Managements an: die Studien werden demnach jener Phase zugeordnet, zu der primär Ergebnisse geliefert werden.

Die *methodische Klassifizierung* dient der Charakterisierung des jeweiligen Untersuchungsdesigns einer Studie.[352] Für die Investor Relations bieten sich grundlegend Befragungen verschiedenster IR-Akteure, Inhaltsanalysen der Kommunikationsinstrumente

---

[347] Innerhalb der Fachgebiete werden die Investor Relations z.B. im Rahmen der neo-institutionalistischen Finanzierungstheorie (vgl. Tiemann (1997)), des Beziehungs- (vgl. Tuominen (1995)) und Finanzmarketings (vgl. Link (1991)) und des Stimulus-Response-Modells (Allendorf (1996)) analysiert.

[348] Regelmäßige Untersuchungen, z.B. Geschäftsberichtsbewertungen in den Wirtschaftsmagazinen Capital und Manager Magazin, wurden in der Übersicht nicht berücksichtigt, da sie neben dem Inhalt auch andere, hier nicht primär relevante Kriterien wie Sprache, Design etc. einbeziehen. Vgl. exemplarisch Döhle/Seeger (2000), S. 169f.

[349] Im Rahmen der Studien mit IR als Nebenaspekt untersuchen Steiger (2000) die IR-Arbeit im Rahmen der unternehmerischen Corporate Governance, Glaum (1996) und Achleitner/Bassen (2000c) die verstärkte Etablierung der IR-Funktion in Unternehmen als ein Indikator für den Grad der Kapitalmarktorientierung der Unternehmensführung und Achleitner/Bassen/Funke (2001) die Bedeutung von Investor Relations während des Börsengangs.

[350] Vgl. bspw. Jakoby/Maier/Schmechel (1999) zur Kapitalflussrechnung, zur Berichterstattung über die Finanzlage vgl. bspw. Schulte/Müller (1994), zur Segmentpublizität vgl. Hacker/Dobler (2000).

[351] Zu den verhaltenswissenschaftlichen Studien vgl. Bittner (1996), der das Informations- und Entscheidungsverhalten von Finanzanalysten untersucht, Taeubert (1998), die den Einfluss von Pressemitteilungen und Presseartikel auf das Unternehmensimage sowie Stüfe (1999), der das Informationsverhalten deutscher Privatanleger auf Basis der kognitiven Fähigkeiten darstellt.

[352] Vgl. zu den verschiedenen Methoden und Begriffen exemplarisch Kromrey (1998), S. 298 ff.

oder Ereignisstudien (*Event Studies*) an. Ereignisstudien sind kapitalmarktorientierte Untersuchungen, welche die Informationswirkung bestimmter Ereignisse im Sinne von Überrenditen auf den Aktienkurs quantifizieren.[353] Abbildung 20 zeigt beispielhaft den Verlauf einer solchen Untersuchung auf.

Abbildung 20: Verlauf einer Ereignisstudie

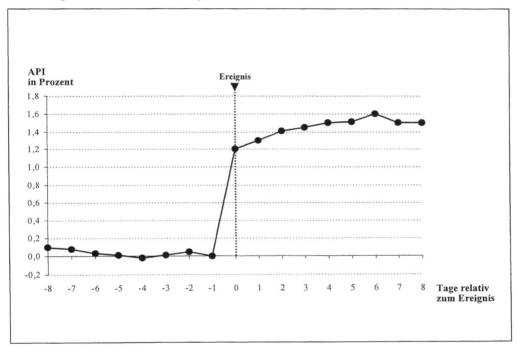

Quelle: Steiner/Hesselmann (2001), S. 109.

Weitere Aspekte sind der inhaltliche und zeitliche Umfang der Untersuchung sowie etwaige zum Einsatz kommende Kriterienkataloge, Modelle oder spezielle Messmethoden. Tabelle 8 fasst die Klassifizierungsmöglichkeiten zusammen.

---

[353] Zur Messung von Überrenditen zum Zeitpunkt der Informationsveröffentlichung wird in Ereignisstudien zumeist der Abnormale Performance Index (API) nach Ball/Brown benutzt. Vgl. Coenenberg/Federspieler (1999), S. 179 und Röder (2000b), S. 576. Die Bestimmung des Ereigniszeitpunktes bzw. -zeitraumes ist dabei von großer Relevanz für die Ergebnisse. Vgl. Röder (2000b), S. 568.

Tabelle 8: Inhaltliche, phasenbezogene und methodische Klassifizierung

| Inhaltliche Klassifizierung | Fokus der Studie |
|---|---|
| IR-spezifische | Alle Aspekte der Kommunikationspolitik |
| Investor Relations als Nebenaspekt | Investor Relations im Kontext von Shareholder Value, Corporate Governance, Going Public etc. |
| Rechnungslegungsorientiert (Corporate Reporting) | Qualität und Wirkung der Pflichtkommunikation im Rahmen der angewandten Rechnungslegungsstandards |
| Verhaltens- und kommunikationswissenschaftlich | Informations-, Kommunikations- und Entscheidungsverhalten und -wirkung |
| **Phasenbezogene Klassifizierung** | **Ergebnisse zu** |
| Konzeptionsphase | Ziele, Organisation, Personal, Budget |
| Planungs- und Durchführungsphase<br>• Anforderungen aus Adressatsicht<br><br>• Gestaltung aus Unternehmenssicht | • Informationsbedürfnisse der Privatanleger, Finanzanalysten und institutionellen Investoren<br>• Zielgruppen, Kommunikationsinhalte und Kommunikationsinstrumente |
| Kontrollphase | Kontrollmaßnahmen, quantitative und qualitative IR-Wirkung |
| **Methodische Klassifizierung** | **Mögliche Inhalte** |
| Datenerhebungsmethode | Empirische Inhaltsanalyse, Befragung, Beobachtung |
| Untersuchungseinheiten, Stichprobenumfang und Erhebungszeitpunkt/-zeitraum, Haupterkenntnisziel | Anzahl und Art der befragten Personen oder untersuchten Kommunikationsinstrumente, Rücklauf, Längs- oder Querschnittanalyse |
| Ergänzende Aspekte zum Untersuchungsdesign | Anzahl der Hypothesen, Ausgestaltung des Kriterienkataloges, verwandtes Modell (CAPM, Dividendenmodell etc.) oder Messmethode (Ereignisstudie etc.) |

Quelle: Eigene Darstellung.

Im Folgenden werden die Ergebnisse aufgrund der weitgehend überschneidungsfreien Abgrenzung anhand der inhaltlichen Klassifizierung ausgewertet. Hierbei erfolgt aufgrund der hohen Bedeutung eine Konzentration auf die IR-spezifischen und die rechnungslegungsorientierten Studien. Für beide Studienkategorien wird anhand der methodischen und phasenbezogenen Kriterien jeweils ein chronologischer Überblick gegeben, um eine Verschiebung der Erkenntnisziele und Methoden im Zeitablauf aufzeigen zu können. Studien mit Investor Relations als Nebenaspekt werden an den Stellen aufgeführt, an denen ergänzende Erkenntnisse geliefert werden. Zusätzlich werden die Ergebnisse einer verhaltenwissenschaftlichen Untersuchung in Abschnitt 5.2.3 knapp dargestellt, da sie für die weitere Erarbeitung von Bewertungskriterien von Bedeutung sind.

## 5.2 Analyse und Ergebnisse der empirischen Studien

### 5.2.1 IR-spezifische Studien

Tabelle 9 gibt zunächst einen Überblick über die identifizierten IR-spezifischen Studien. Da von den insgesamt 48 einbezogenen Studien die IR-spezifische Studien mit über 50% den größten Anteil darstellen, werden deren Ergebnisse der Übersicht halber nachfolgend zusätzlich phasenbezogen[354] gruppiert.

Tabelle 9: IR-spezifische Studien

| Autor (Jahr) | Methodische Klassifizierung | | Phasenbezogene Klassifizierung |
|---|---|---|---|
| | Erkenntnisziel | Untersuchungsdesign | |
| Schering AG (1987) | Perspektive von Finanzanalysten und Anlageberatern bezüglich der Unternehmenspublizität | Befragung von 146 DVFA-Finanzanalysten | Planungs- und Durchführungsphase |
| Maier (1995) | Shareholder Marketing: eigene Aktionäre als Zielgruppe | Befragung von 88 deutschen Aktiengesellschaften und 3 Schweizer Unternehmen | Planungs- und Durchführungsphase |
| Günther/ Otterbein (1996) | Umfang und Bedeutung der Investor Relations | Befragung von 22 Mitgliedsunternehmen des DIRK | Konzeptions-, Planungs- und Durchführungsphase |
| Allendorf (1996) | Untersuchung der Bedeutung von Investor Relations für deutsche Aktiengesellschaften | Befragung der 30 DAX-Unternehmen von 1996, Entwicklung eines kapitalmarktorientierten Modells anhand des CAPM zur Messung der IR-Wirkung | Alle Phasen |
| Tiemann (1997) | Wirkung von Investor Relations auf die (Eigen-)Kapitalkosten | Befragung von 35 DVFA-Finanzanalysten, Untersuchung von 16 MDAX-Unternehmen, Konstruktion eines IR-Qualitätsscores, Messung der IR-Wirkung anhand des Dividenden- und Gewinnmodells und des CAPM | Planungs-, Durchführungs- und Kontrollphase |

---

[354] Es wird sich hierbei an den in Abschnitt 2.3.1 vorgestellten Phasen des IR-Managementprozesses orientiert.

| Günther/ Nürnberger (1998) | Shareholder-Value-Relevanz der Informationen | Untersuchung der Geschäftsberichte der 30 DAX-Unternehmen im Jahr 1995, Ableitung eines Kriterienkatalogs insbesondere für Shareholder-Value-relevante Kommunikationsinhalte | Planungs- und Durchführungsphase |
|---|---|---|---|
| Serfling/ Groß-kopff/ Röder (1998) | Praktische Bedeutung der Investor Relations | Befragung von 41 Mitgliedsunternehmen des DIRK | Alle Phasen |
| IRES (1998) | Stellenwert der Investor Relations bei Unternehmen, Agenturen und Zielgruppen, Vergleich der Jahre 1991 und 1998 | Befragung von 51 Unternehmen, 13 IR-Agenturen, 55 Analysten, 94 institutionellen Investoren und 136 privaten Anlegern | Alle Phasen |
| Schulz (1999) | Operative und finanzielle Informationsbedürfnisse von institutionellen Investoren und Finanzanalysten | Schriftliche Befragung von 39 DVFA-Finanzanalysten und 31 institutionellen Investoren des BVI, Hypothesen zum Informationsbedarf der Finanzanalysten im Rahmen der Unternehmensbewertung | Planungs- und Durchführungsphase |
| Schiller/ Pelizaeus / Werneke (1999) | Eignung des Internets für die Investor Relations | Befragung der 100 größten (nach Marktkapitalisierung) deutschen Unternehmen mit mind. 25% Streubesitz, Anwendung eines Kriterienkatalog mit den Kategorien: inhaltlicher Umfang, informationsaufbereitende und grafische Gestaltung, Dialog/Kommunikation und Übertragungsperformance | Planungs- und Durchführungsphase |
| Hank (1999) | Quantitativer und qualitativer Informationsbedarf von Kleinaktionären | Befragung von 116 Kleinaktionären des Akademischen Börsenzirkels e.V. | Planungs- und Durchführungsphase |
| Lindner (1999) | Kommunikations- und finanzspezifische Aufgaben der Investor Relations beim Börsengang | Befragung 31 deutscher, 8 Schweizer und 45 US-amerikanischer Unternehmen, Befragung untergliedert anhand der Going-Public-Phasen | Planungs- und Durchführungsphase |
| Locarek-Junge/ Ridder-mann/ Sonntag (1999) | Bedeutung des Internets aus Sicht von Finanzanalysten, Inhalte der Internetauftritte | Untersuchung der Internetauftritte von 30 DAX-Unternehmen 1997, Befragung von 52 Finanzanalysten | Planungs- und Durchführungsphase |
| Schieber (1999) | Beurteilung der Internetangebote und Anforderungen der Internetnutzer | Inhaltsanalyse der Internetseiten 267 deutscher und ausländischer Unternehmen sowie Online-Befragung von 240 Internetnutzern | Planungs- und Durchführungsphase |

| Deutsche Bank Research (1999) | Bedeutung der Investor Relations für NEMAX- und SMAX-Unternehmen | Befragung von 50 NEMAX- und 18 SMAX-Unternehmen, Hypothesen zur IR-Wirkung auf Free Float, Anteil institutioneller Investoren, Performance und Risiko | Alle Phasen |
|---|---|---|---|
| Wagenhofer/ Pirchegger (1999) | Qualität der Internet-auftritte | Inhaltsanalyse der Internetseite von 30 DAX-Unternehmen des Jahres 1998 und von 30 österreichischen Unternehmen, Hypothesen zum Einfluss der Unternehmensgröße und des Streubesitzanteils auf die Qualität der Internetseiten | Planungs- und Durchführungs-phase |
| IRES (1999) | Leistungserwartungen und Leistungsbeurteilung externer IR-Anbieter | Befragung von 121 Unternehmen, davon 34 Going-Public-Kandidaten | Konzeptionsphase |
| Charles Barker GmbH (1999) | Performance und Finanzkommunikation im SMAX-Segment | Befragung von 41 SMAX- Unternehmen und 8 Research-Abteilungen von Banken | Konzeptions-, Planungs- und Durchführungsphase |
| Transmedia (2000) | Informationsquellen und Informationsverhalten der Privatanleger | Telefonische Befragung von 250 Privat-anlegern | Planungs- und Durchführungs-phase |
| IHRES (2000) | Bestandsaufnahme insbesondere bezüglich IR-Ausgabe, IR-Wirkung und Outsourcing | Telefonische Befragung von 150 IR-Managern in Unternehmen und Agenturen | Alle Phasen |
| Schieber (2000) | Informationsbedarf von Internetnutzern | Online-Befragung von 838 Internetnut-zern | Planungs- und Durchführungs-phase |
| Psycho-nomics (2000) | Qualität der Internet-auftritte | Untersuchung des Internetauftrittes von 250 deutschen und 10 US-amerikanischen Aktiengesellschaften sowie Befragung von 153 Internetnutzern, Anwendung eines Kriterienkataloges mit den Kategorien Informationsinhalte und Benutzerfreundlichkeit, Bildung eines Index über alle Kriterien | Planungs- und Durchführungs-phase |
| Wolff & Häcker Finanz-consulting AG (2000) | Akzeptanz der Neue-Markt-Emissionen innerhalb der Financial Community | Befragung von 114 Neuemittenten des Neuen Marktes des Jahres 1999, 29 Research-Häusern und 27 Fonds-/Portfolio-Managern | Planungs- und Durchführungs-phase |
| Deter (2000) | Investor Relations für institutionelle Anleger am Neuen Markt | Online-Befragung von 86 Neue-Markt-Unternehmen | Planungs- und Durchführungs-phase |
| Seisreiner (2001) | IR-Management von Wachstumsunternehmen | Telefonische Befragung von 134 Unternehmen am Neuen Markt | Alle Phasen |

| IRES (2001) | Bestandsaufnahme insbesondere bezüglich IR-Ausgaben, IR-Wirkung und Outsourcing | Telefonische Befragung von 150 IR-Managern in Unternehmen und Agenturen | Alle Phasen |
|---|---|---|---|
| Hinz/ Schmeis-ser (2001) | Financial Public Relations vor, während und nach dem Börsengang | Befragung von 65 Neue-Markt-Unternehmen | Konzeptions-, Planungs- und Durchführungsphase |
| Fischer/ Wenzel/ Kühn (2001) | Wertorientierte Berichterstattung der NEMAX 50-Unternehmen | Analyse publizierter Kommunikationsinstrumente der NEMAX 50-Unternehmen | Planungs- und Durchführungsphase |

Quelle: Eigene Darstellung.

## 5.2.1.1 Konzeptionsphase

In der Konzeptionsphase werden die Ziele, die Organisation, das Personal und das Budget festgelegt.

*Ziele der Investor Relations*

Idealtypisch werden die in der Literatur diskutierten Ziele der Investor Relations oftmals als Zielhierarchie interpretiert.[355] Günther/Otterbein (1996), Serfling/ Großkopff/Röder (1998) und Deutsche Bank Research (1999) stellen ihren Erhebungen theoretisch die Erreichung eines langfristig maximalen, im Sinne eines angemessenen Aktienkurses[356] als grundlegendes Oberziel der Investor Relations voran.[357] Aus diesem Oberziel werden finanz- und kommunikationspolitische Unterziele abgeleitet, deren Gewichtung in der Praxis erfragt wird.

Obgleich festzustellen ist, dass sich die Unternehmensspezifika insbesondere für Wachstumsunternehmen und etablierte Unternehmen unterscheiden[358], bestätigt der

---

[355] Vgl. Abschnitt 2.3.2.

[356] Ein Aktienkurs wird dann als angemessen bzw. fair angesehen, wenn er das langfristige Ertragspotenzial reflektiert. Vgl. Serfling/Großkopff/Röder (1998), S. 273.

[357] Im Zeitablauf ist festzustellen, dass frühere wissenschaftliche Arbeiten wie z.B. Hartmann (1968) vor allem den Vertrauensaufbau betonen, während in späteren Arbeiten der Aktienkurs als Hauptzielgröße der Investor Relations herausgestellt wird. Vgl. hierzu auch Link (1991).

[358] Die Besonderheiten von Wachstumsunternehmen wurden in Abschnitt 3.2 herausgearbeitet und begründet.

Vergleich der Zielgewichtung von etablierten und Wachstumsunternehmen[359], dass die Unternehmen die verschiedenen Unterziele annähernd gleich bewerten. Von Günther/Otterbein (1996) und Deutsche Bank Research (1999) werden vor allem die Etablierung eines Vertrauensverhältnisses, die Erweiterung des Aktionärskreises und die Förderung der Aktionärstreue betont. Allendorf (1996) bestätigt diese Ziele grundsätzlich, spricht allerdings der Kapitalkostensenkung und der Steigerung des Bekanntheitsgrads vergleichsweise mehr Gewicht zu. Auch Serfling/Großkopff/Röder (1998) betonen das Erzielen von Wettbewerbsvorteilen am Kapitalmarkt, insbesondere die Senkung der Kapitalkosten. Zu beachten ist jedoch, dass die Höhe der Kapitalkosten sowohl von der Höhe des Aktienkurses als auch von dessen Volatilität abhängt, obgleich in den Befragungen meist alle drei finanzwirtschaftlichen Unterziele ohne Berücksichtigung dieses Zusammenhangs abgefragt werden. Die Ergebnisse von Deutsche Bank Research (1999) bestätigen den hohen Stellenwert der Aktienkurssteigerung und der Volatilitätsreduktion, sodass implizit davon auszugehen ist, dass den Befragten eine Kapitalkostensenkung wichtig erscheint. Obwohl konzeptionell auf einer Ebene stehend, werden in der Praxis somit aufgrund segment-, unternehmens- und situationsspezifischer Bedürfnisse einzelne Unterziele der Investor Relations priorisiert. Allerdings stellt die Vertrauensbildung ein durchweg wichtiges Ziel für alle Unternehmen dar.[360]

*Organisation, Personal und Budget der Investor Relations*

Während im Jahr 1991 laut IRES (1998) nur 23% von 51 befragten Unternehmen eine auf Investor Relations spezialisierte Abteilung hatten, so ist dieser Anteil im Jahr 1998 auf 61% gewachsen. Bereits Günther/Otterbein (1996) weisen der Mehrzahl der (DAX-)Unternehmen ebenfalls eine eigene IR-Abteilung nach. Die regelmäßige Zusammenarbeit mit IR-Dienstleistern wird insbesondere, aber nicht ausschließlich von Unternehmen des Neuen Marktes in Anspruch genommen, soll jedoch laut IRES (2001) bei Unternehmen aller Handelssegmente verstärkt werden. Hierbei sind laut Ansicht der Neue-Markt-Unternehmen vor allem die Aufgaben der grafischen Gestaltung von Kommunikationsinstrumenten und die operative Durchführung externalisierbar, während die strategische Planung der Investor Relations kaum an Externe übertragen werden kann.[361]

Neben der Frage der Existenz einer eigenen IR-Abteilung wird deren organisatorische Einbindung untersucht. Günther/Otterbein (1996), Allendorf (1996) und Serfling/

---

[359]  Vgl. Achleitner/Bassen (2000a), S. 25ff.

[360]  Die Ergebnisse von Steiger (2000) unterstützen die überragende Bedeutung des Vertrauensaufbaus und der Steigerung des Bekanntheitsgrades über alle Börsensegmente hinweg. Vgl. zusätzlich Alvarez/Wotschofsky (2000a), S. 651.

[361]  Vgl. Seisreiner (2001), S. 38.

Großkopff/Röder (1998) geben einstimmig an, dass die IR-Abteilung zumeist in die Finanzabteilung eingegliedert ist. Neben Allendorf (1996) bestätigen Serfling/Großkopff/Röder (1998), Deutsche Bank Research (1999), IRES (1999) und IRES (2001), dass Investor Relations unter der direkten Verantwortung des (Finanz-)Vorstandes stehen. Die Vorstandsnähe wird unabhängig von der Unternehmensgröße als ein wesentlicher Erfolgsfaktor gesehen und stellt sicher, dass die IR-Abteilung sowohl intern als auch extern eine hohe Akzeptanz erfährt. Auch in 79% der befragten Neue-Markt-Unternehmen gibt es in der Studie von Achleitner/Bassen/Funke (2001) einen IR-Manager, der sich ausschließlich mit den Beziehungen zu privaten und institutionellen Investoren befasst. Dieser berichtet an den Finanzvorstand (41%), den Vorstandsvorsitzenden (33%) bzw. den Gesamtvorstand (22%). Eine neuere Untersuchung von Seisreiner für den Neuen Markt zeigt, dass über 70% der befragten Unternehmen die Investor Relations als Stabsstelle einbinden, die an den Gesamtvorstand oder an den CFO/CEO berichtet.

Die Anzahl der IR-Mitarbeiter reicht dabei von nur einem bis drei Mitarbeitern laut Serfling/Großkopff/Röder (1998) bis zu durchschnittlich sechs Mitarbeitern in den Ergebnissen von Allendorf (1996). Für Neue-Markt-Unternehmen stehen laut Deter (2001) und Achleitner/Bassen/Funke (2001) meist weniger als drei Mitarbeiter zur Verfügung. 75% der Mitarbeiter in Neue-Markt-Unternehmen können auf Marketing- bzw. PR-Kenntnisse zurückgreifen. Immerhin 64% haben Kenntnisse in der Finanzierung oder im Rechnungswesen. Erfahrungen mit der IR-Arbeit (41%) oder mit einem IPO (37%) hat jedoch nur eine Minderheit. Allerdings können 30% aber auf Erfahrungen in einer Investmentbank zurückgreifen.

Diese Ergebnisse legen sehr deutlich offen, warum die Kommunikation von Neue-Markt-Unternehmen von Seiten der Kapitalmarktteilnehmer häufig als defizitär bewertet wird. Die IR-Manager kennen möglicherweise das Unternehmen von der Seite des Rechnungswesens bzw. die verschiedenen Kommunikationsmöglichkeiten aus dem Marketing, sie sind jedoch mit den Informationsbedürfnissen der unterschiedlichen Zielgruppen auf dem Kapitalmarkt nicht vertraut. Die Notwendigkeit einer umfassenden, funktionsübergreifenden Qualifikation ist somit neben der knappen Ressourcenausstattung sicherlich auch ein Grund dafür, warum neben dem IR-Manager auch der Finanzvorstand (30% seiner Zeit), der Vorstandsvorsitzende (28% seiner Zeit) und eine Vielzahl von externen Beratern in das IR-Management eingebunden sind.[362]

Die *IR-Budgets* übersteigen 1997 bereits bei 43% der DAX-Unternehmen 1 Mio. DM und betragen durchschnittlich 2,6 Mio. DM. Serfling/Großkopff/Röder (1998) prognos-

---

[362] Vgl. Achleitner/Bassen/Funke (2001).

tizieren anhand ihrer Umfrageergebnisse steigende Budgetvolumina, welche die Unternehmen vor allem auf die erweiterten Informationsansprüche der Aktionäre zurückführen. Die Untersuchung der IRES (1999) bestätigt dies: der Durchschnittswert für die DAX-Unternehmen ist im Jahr 1998 bereits auf 2,8 Mio. DM gestiegen. Nach einem Rekordjahr 2000 mit DAX-Budgets von insgesamt 4,7 Mio. DM fallen jene laut IRES (2001) im Jahr 2001 auf 3,2 Mio. DM zurück. Allerdings wird für 2002 mit einer erneuten Steigerung gerechnet. Abbildung 21 zeigt deutlich die allgemeine Ausweitung der Ausgaben für IR-Aktivitäten als auch die in den Folgejahren erwartete Entwicklung für alle Börsensegmente auf. Unternehmen des Neuen Marktes haben das IR-Budget innerhalb von drei Jahren vervierfacht und weisen somit die stärkste Wachstumsrate auf.

Abbildung 21: Entwicklung der durchschnittlichen IR-Ausgaben in unterschiedlichen Handelssegmenten (in Mio. DM)

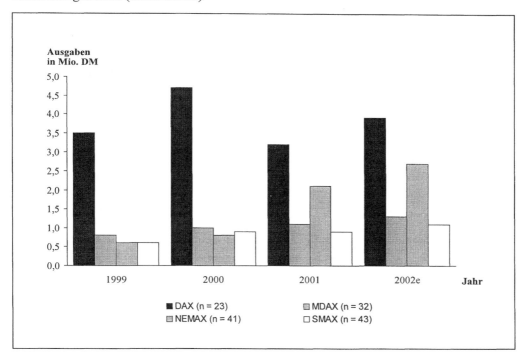

Quelle: Eigene Darstellung. Daten aus: IRES (2000), S. 12 f.; IRES (2001), S. 4f.

Zusammenfassend wird durch die Einrichtung von IR-Abteilungen eine verstärkte unternehmensinterne Anerkennung der Investor Relations deutlich, obgleich die formalorganisatorische Einrichtung nur beschränkte Aussagekraft für den tatsächlichen Stellenwert hat.[363] Die Umsetzung bei etablierten und Wachstumsunternehmen ist aufgrund der fundamentalen Unterschiede[364] zwischen diesen Unternehmen zwar noch auf unterschiedlichem Niveau, die Existenz einer separaten IR-Abteilung auf Vorstandsebene mit einer wachsenden Zahl auf Investor Relations spezialisierter Mitarbeiter scheint aber eine zunehmend strategische Bedeutung einzunehmen.

### 5.2.1.2 Planungs- und Durchführungsphase

Gestaltungsparameter der Planungs- und Durchführungsphase sind auf Seiten der Unternehmen die anzusprechenden Zielgruppen, die Kommunikationsinstrumente und die zu vermittelnden Inhalte. Damit ein effizientes IR-Programm resultiert, müssen die Gestaltungsanforderungen der Zielgruppen hinsichtlich Informationsquellen und -inhalten bekannt sein.

*Anforderungen der Zielgruppen*

Die Anforderungen der Zielgruppen werden in den empirischen Studien aus unterschiedlichen Perspektiven betrachtet. So werden professionelle Adressaten und Privatanleger unterschieden, die sich verschiedener Informationsquellen bedienen und unterschiedliche Informationsinhalte bevorzugen. Finanzanalysten und institutionelle Investoren werden mit Hinblick auf die in den Studien untersuchten Zielgruppen als repräsentativ für die Gruppe der professionellen Adressaten angesehen, da deren Bedeutung hinsichtlich Einflussnahme und Anlagevolumen überdurchschnittlich hoch ist.[365] Es erfolgt hier zunächst keine separate Betrachtung, da angenommen wird, dass Finanzanalysten entweder als institutionelle Investoren verstanden werden oder die beiden Gruppen aber sehr homogene Informationspräferenzen haben. Private Anleger verfügen nur über eingeschränkte Möglichkeiten hinsichtlich ihres Zugangs zu Unternehmensinformationen und der Nutzung professioneller Bewertungsmethoden.[366]

Als primäre Informationsquellen der professionellen Adressaten werden laut Schering AG (1987), IRES (1998) und Schulz (1999) Vorstandsgespräche und Zwischenberichte

---

[363]  Vgl. Seisreiner (2001); S. 14.

[364]  Zu den Merkmalen von Wachstumsunternehmen vgl. Hayn (1998), S. 15 f.

[365]  Vgl. Serfling/Großkopff/Röder (1998), S. 275; Drill (1995), S. 18. Es wird hier nicht auf etwaige Unterschiede in den Informationsanforderungen von institutionellen Investoren und Finanzanalysten eingegangen.

[366]  Vgl. auch Klingebiel (2000), S. 27 f.

genannt, gefolgt von Branchenanalysen und Treffen mit IR-Managern. Locarek-Junge/Riddermann/Sonntag (1999) ermitteln, dass Finanzanalysten den Einsatz des Internets aufgrund der Schnelligkeit und Aktualität für besonders geeignet zur Informationsgewinnung halten.

Hank (1999) und Transmedia (2000) ermitteln, dass Kleinanleger sich hauptsächlich durch die Fach- und Tagespresse, die Hausbank und das Internet informieren, jedoch auch Finanzanzeigen und Werbespots häufig nutzen. Schieber (2000) stellt fest, dass über 50% der Befragten das Internet zur Informationsbeschaffung über börsennotierte Unternehmen mehr als fünfmal wöchentlich in Anspruch nehmen. Diese häufige Nutzung aus Sicht von Privatanlegern stellt auch Transmedia (2000) fest. Unpersönliche Kommunikationsinstrumente sind somit zwar der Hauptinformationskanal der Kleinanleger, im Zuge einer Umstellung auf Namensaktien und eines verstärkten Interneteinsatzes wird jedoch eine stärker personalisierte Ansprache des Privat-anlegersegments ermöglicht.[367]

Hinsichtlich der Kommunikationsinhalte besteht aus Sicht der professionellen Adressaten in der Studie der Schering AG (1987) ein besonderes Interesse an der Managementqualität, der langfristigen Unternehmensstrategie, der Marktstellung und dem freien Cashflow. Eine spartenbezogene und geographische Segmentberichterstattung, eine aussagekräftige Entwicklungsprognose, ein Bericht über gesetzte Ziele und erreichte Ergebnisse, Mehrjahresübersichten sowie die offensive Kommunikation schlechter Nachrichten[368] werden laut Schulz (1999) von den professionellen Adressaten gefordert. Das Internetangebot sollte laut den Finanzanalysten vor allem aktuelle Finanz- und Rechnungslegungsdaten sowie allgemeine Unternehmensinformationen bereitstellen. Weiterhin fordert diese Zielgruppe eine Download- und Kontaktmöglichkeit zum Unternehmen und zeigt sich an einer Teilnahme an Internet-Analystenkonferenzen interessiert.

Um die empirisch ermittelten Informationspräferenzen nochmals zusammenfassend darzustellen, werden in der nachstehenden Tabelle 10 die empirischen Ergebnisse aufgeführt. Sie dienen als weiterer Anhaltspunkt für den in Kapitel 6 abzuleitenden Kriterienkatalog. Viele der finanziellen Größen, wie z.B. das EBIT, EBITDA, der Cashflow, haben sich bereits in Abbildung 19 im Rahmen der erfragten Bewertungsmethoden als bedeutsam heraus kristallisiert.

---

[367] Vgl. Reuter/Tebroke (2000), S. 721; Harrer/Mölling (2001), S. 388.

[368] Dies bestätigt die Relevanz der Earnings Guidance.

Hank (1999) untersucht die Bedürfnisse von Kleinanlegern bezüglich der Kommunikationsinhalte und der Darstellungsweise von Informationen. Wettbewerbsaspekte und die zukünftigen Erfolgspotenziale des Unternehmens stellen die Interessenschwerpunkte dar. Hervorzuheben ist ein Bedarf an ergänzender Kommentierung, insbesondere über die Konsequenzen strategischer Maßnahmen, die Darstellung der Unternehmenszahlen im Branchen- und Zeitvergleich sowie die Offenlegung von Prämissen bei Prognosen. Überraschenderweise wird festgestellt, dass 47% der befragten Kleinanleger quantitative Informationen bevorzugen und 38% sowohl quantitative als auch qualitative Informationen wünschen. Allerdings wird detaillierten Erläuterungen zu den Finanzpositionen (Berechnungsschemata, Bilanzierungsregeln etc.) eine nur mittlere Bedeutung zugesprochen.[369] Starkes Verbesserungspotenzial aus Sicht der Kleinanleger ergibt sich bei den Daten zur Strategie, zu den F&E-Aktivitäten und zur Marktposition.[370]

Tabelle 10: Informationsbedürfnisse von institutionellen Investoren und Finanzanalysten

| Nicht-finanzielle Größen | Bedeutung für Finanzanalysten | Bedeutung für Institutionelle |
|---|---|---|
| Managementqualität | ★★★★ | ★★★★ |
| Langfristige Strategie | ★★★★ | ★★★★ |
| Marktstellung | ★★★★ | ★★★★ |
| Produkte | ★★★★ | ★★★ |
| F&E-Aktivitäten | ★★★ | ★★★ |
| Wettbewerber | ★★★ | ★★ |
| Branche | ★★ | ★★ |
| Produktqualität und Innovation | ★★ | ★★ |
| Kunden | ★★ | ★ |
| Arbeitnehmerbeteiligungsmodelle | ★★ | ★ |
| Risiken | ★★★ | ★★ |
| Marktentwicklung | ★★★ | ★★ |
| Beteiligungspolitik | o.A. | ★ |

| Legende |
|---|
| ★★★ = von 75 bis 100% der Befragten als sehr wichtig eingeschätzt (sehr hohe Bedeutung) |
| ★★ = von 50 bis 75% der Befragten als sehr wichtig eingeschätzt (hohe Bedeutung) |
| ★ = von 25 bis 50% der Befragten als sehr wichtig eingeschätzt (mittlere Bedeutung) |
| ★ = von 0-25% der Befragten als sehr wichtig eingeschätzt (geringere Bedeutung) |

---

[369] Vgl. IRES (1998), S. 54; Hank (1999), S. 187.

[370] Vgl. Hank (1999), S. 191.

Tabelle 11: Informationsbedürfnisse von institutionellen Investoren und Finanzanalysten

| Nicht-finanzielle Größen | Bedeutung für Finanzanalysten | Bedeutung für Institutionelle |
|---|---|---|
| Managementqualität | ★★★★ | ★★★★ |
| Langfristige Strategie | ★★★★ | ★★★★ |
| Marktstellung | ★★★★ | ★★★★ |
| Produkte | ★★★★ | ★★★ |
| F&E-Aktivitäten | ★★★ | ★★★ |
| Wettbewerber | ★★★ | ★★ |
| Branche | ★★ | ★★ |
| Produktqualität und Innovation | ★★ | ★★ |
| Kunden | ★★ | ★ |
| Arbeitnehmerbeteiligungsmodelle | ★★ | ★ |
| Risiken | ★★★ | ★★ |
| Marktentwicklung | ★★★ | ★★ |
| Beteiligungspolitik | o.A. | ★ |

**Legende**

★★★ = von 75 bis 100% der Befragten als sehr wichtig eingeschätzt (sehr hohe Bedeutung)
★★ = von 50 bis 75% der Befragten als sehr wichtig eingeschätzt (hohe Bedeutung)
★★ = von 25 bis 50% der Befragten als sehr wichtig eingeschätzt (mittlere Bedeutung)
★ = von 0-25% der Befragten als sehr wichtig eingeschätzt (geringere Bedeutung)

Quelle: Eigene Darstellung, Ergebnisse vgl. Schulz (1999), S. 181-233.[371]

Schieber (1999), Schieber (2000) und Psychonomics (2000) ermitteln die speziellen Informationsbedürfnisse der Internetnutzer unter den Kleinanlegern und kommen zu dem Ergebnis, dass insbesondere Unternehmenskennzahlen, Presse- und Ad-hoc-Mitteilungen, Geschäftsberichts- und aktuelle Aktienkursdaten sowie strategische Informationen über das Unternehmen und dessen Geschäftsbereiche wichtig sind. Als besonders informativ werden zusätzlich die Prognosen der Unternehmensentwicklung sowie Analystenmeinungen beurteilt. Ferner wird die Darstellung von Kennzahlen und deren Entwicklung, differenziert nach Geschäftsbereichen erwartet. Internetnutzer erwarten eine direkte Email-Kontaktmöglichkeit mit der unternehmerischen IR-Abteilung bzw. die Möglichkeit, eine Email-Benachrichtigung zu erhalten. Eine Live-Übertragung der

---

[371] Berücksichtigt wurden die TOP 20-Ergebnisse sowie zusätzliche Ergebnisse, sofern ihre Bedeutung stark zugenommen hat oder ein großes Informationsdefizit identifiziert wurde. Die Rangfolge entspricht aufgrund veränderter Darstellung nicht exakt der empirisch ermittelten. Die finanziellen Kennzahlen wurden erweitert unter Hinzunahme der Ergebnisse von PriceWaterhouse (1998), S. 21f. Die mit * gekennzeichneten Größen wurden nicht differenziert für beide Gruppen untersucht.

Hauptversammlung im Internet und Audioaufzeichnungen von Conference Calls oder Analystenkonferenzen stoßen dagegen nur auf geringes Interesse.

In der Gesamtbetrachtung ist festzuhalten, dass professionelle Adressaten ausgeprägte Informationsanforderungen haben, und eine persönliche Ansprache für die Etablierung einer Vertrauensbasis bedeutsam ist. Nicht nur finanzielle Informationen müssen durch die Investor Relations weitergegeben werden, sondern gleichsam ist ein strategischer Einblick in die Unternehmensentwicklung zu geben. Auch die Anforderungen der Privatanleger sind in einem Maße erforscht, welches Unternehmen ermöglicht, diesen Adressatenkreis adäquat anzusprechen.[372] Die Informationsanforderungen sind dabei weniger umfangreich als die professioneller Adressaten, beschränken sich jedoch keinesfalls auf qualitative Informationen, was besonders bei der Analyse der Internetstudien deutlich wird. Für Unternehmen scheint es geboten, dieser Adressatengruppe möglichst verständliche Finanzkennzahlen zu kommunizieren, bzw. die Aussagekraft der verwandten Kennzahlen gegebenenfalls näher zu erläutern.

*Gestaltung aus Unternehmenssicht*

Neben der Perspektive der Investoren liegen auch zahlreiche Studien zur Perspektive der Unternehmen vor, die nachfolgend ebenfalls anhand der Zielgruppen, Instrumente und Inhalte analysiert werden.

Zu den wichtigsten Zielgruppen der Investor Relations aus Unternehmenssicht zählen laut Günther/Otterbein (1996), Deutsche Bank Research (1999), IRES (1998), IRES (1999), IRES (2000) und Seisreiner (2001) Finanzanalysten und institutionelle Anleger aus dem In- und Ausland.[373] Privatanleger belegen sowohl bei Wachstumsunternehmen als auch bei etablierten Unternehmen einen hinteren Platz in der Zielgruppenrangliste, obgleich gerade für Wachstumsunternehmen in Dienstleistungsbranchen positive Effekte für die Etablierung am Produktmarkt zu erzielen wären.

Ein Großteil der IR-Manager am Neuen Markt verwendet laut Deter (2000) bis zu 40% seiner Arbeitszeit auf die Kommunikation mit institutionellen Anlegern. Jedoch ist die Kontaktfrequenz mit institutionellen Investoren und die Coverage durch Finanzana-

---

[372] Es gilt unter den mehrheitlich informationsaktiven Privatanlegern verschiedene Segmente zu beachten, die laut Stüfe (1999) und Transmedia (2000) hinsichtlich ihrer Informationsintensität und ihrem Anlageverhalten divergieren und bei der IR-Planung und Durchführung beachtet werden sollen. Bspw. arbeitet Stüfe (1999) fünf Anlegertypen heraus, die anhand unterschiedlicher Begriffe wie z.B. renditebewusst, vorsichtig, beratungsorientiert, wenig informiert und informiert charakterisiert werden.

[373] Vgl. für die Zielgruppengewichtung der Wachstumsunternehmen Deutsche Bank Research (1999), S. 126.

lysten bei etablierten Unternehmen und Wachstumsunternehmen sehr unterschiedlich. Während die Mehrheit der DAX-Unternehmen über 50 persönliche Gespräche pro Jahr mit institutionellen Investoren und Multiplikatoren führt, ist die Hälfte der Neue-Markt-Unternehmen nur ca. ein- bis 16-mal im persönlichen Gespräch mit dieser Zielgruppe.[374]

Bezüglich der Interaktion mit Finanzanalysten werden unklare Erkenntnisse geliefert: während ca. 58% der untersuchten Neue-Markt-Unternehmen im Ein- bis Vier-Wochen-Rhythmus Kontakt mit Finanzanalysten haben, ist es immerhin 20% der Unternehmen nur alle drei bis sechs Monate möglich, mit Finanzanalysten zu sprechen. Eine Erklärung hierfür wird zum einen in einem mangelnden Interesse oder einer Überlastung seitens der Finanzanalysten gesehen. Zum anderen wird auch angeführt, dass die Unternehmen die Analysten nur mangelhaft mit Informationen versorgen bzw. die Möglichkeit zu persönlichen Gesprächen mit dem Vorstand/IR-Officer zu selten bereitstellen.

Dieses Defizit manifestiert sich in einer zu niedrigen Coverage-Quote, sodass die in Abschnitt 3.2 vermuteten Folgeprobleme bestätigt werden. DAX-Unternehmen werden von ca. 25 bis 30 Analysten abgedeckt, wohingegen für Wachstumswerte nur ca. drei bis sechs Analysten zur Verfügung stehen.[375] Wolff & Häcker Finanzconsulting AG (2000) stellen erhebliche Unterschiede innerhalb des Neue-Markt-Segmentes fest: während einige Unternehmen des Neuen Marktes von zehn und mehr Häusern beobachtet werden, werden andere von nur zwei bis drei oder gar nicht gecovert.[376] Hierdurch entsteht für Investoren die Gefahr, erst verzögert oder zu spät über eventuelle negative Entwicklungen informiert zu werden. Diese Tatsache erhält angesichts der aktuellen Negativentwicklung des Neuen Marktes eine realistische Bedeutung. Allerdings hat sich die Coverage-Situation von 1997 bis 2000 zumindest für die NEMAX-Unternehmen tendenziell verbessert: während zu Beginn des Börsensegmentes durchschnittlich drei Analysten pro Unternehmen gezählt wurden, waren es im Jahr 2000 durchschnittlich bereits 15. Auch die Prognosegenauigkeit, gemessen an der Bandbreite der Gewinnprognosen, hat sich erhöht[377], was für eine verbesserte und intensivierte Interaktion mit den Finanzanalysten spricht. Aufgrund der erstrebenswerten Multiplikatoreffekte, welche die Analysten durch ihre Empfehlungen auslösen aber auch mit Hinblick auf den hohen Erklärungsbedarf der New-Economy-Branchen und die kaum fundamental un-

---

[374] Vgl. Steiger (2000), S. 195f.

[375] Vgl. Deutsche Bank Research (1999), S. 131f.; o.V. (2000b), S. 24. Für die USA wird eine ähnliche Quote für Wachstumsunternehmen, insbesondere der High-Tech-Branche konstatiert: Vgl. Brown (2001), o. S.; Eccles et al. (2001), S. 49.

[376] Vgl. Wolff & Häcker Finanzconsulting AG (2000), S. 10.

[377] Vgl. Illhardt (2001), S. B3, der allerdings eine Stichprobe von nur 8 NEMAX 50-Unternehmen betrachtet.

terlegten Unternehmenspotenziale, ist eine verstärkte Abdeckung durch Finanzanalysten für Wachstumsunternehmen essenziell.

Die auf Seiten der Unternehmen bevorzugten Informationskanäle sind laut Charles Barker GmbH (1999) vor allem die persönlichen Instrumente in Form von Einzelgesprächen (One-on-Ones) und Telefonkonferenzen (Conference Calls), nachfolgend das unpersönliche Instrument Quartalsbericht. Auch die Untersuchungen von Günther/Otterbein (1996), IRES (1998), Deutsche Bank Research (1999) und Seisreiner (2001) weisen persönlichen Instrumenten, wie Hintergrundgesprächen mit institutionellen Investoren und Analysten, eine erhebliche Bedeutung zu. Diese Instrumente liegen auch in der Kosten-Nutzen-Einschätzung der Unternehmen weit vor den anderen Medien. Bei den unpersönlichen Kommunikationsinstrumenten schneiden laut Günther/Otterbein (1996) der Geschäftsbericht und Pressemitteilungen am besten ab.

Zunehmend ist das Internet als IR-Instrument in den Blickpunkt der Unternehmen gerückt. Wie Sieber (2000), IRES (2000) und Psychonomics (2000) feststellen, existiert im Jahr 2000 bei den meisten der börsennotierten Unternehmen eine schnell auffindbare, spezielle IR-Seite. Psychonomics (2000) stellt zusätzlich fest, dass die Unternehmensgröße, gemessen am Umsatz, und die DIRK-Mitgliedschaft signifikant mit der Informationsqualität im Internet korreliert sind und auch erhebliche Branchen- sowie Börsensegmentunterschiede bestehen. Neue-Markt-Unternehmen sind in vielen Qualitätsaspekten zweitplaziert hinter den DAX-Unternehmen, wobei die MDAX-Unternehmen ein besseres Gesamtergebnis zeigen. Besonders positiv schneiden Neue-Markt-Unternehmen bei Pressemitteilungen, Ad-hoc-Nachrichten, Quartalsberichten und Aktienkursinformationen ab. Eher unterdurchschnittlich ist die Prognose der Geschäftsentwicklung und die Kommunikation von Kennzahlen. Die meisten Unternehmen stellen, auch laut Schiller/Pelizaeus/Werneke (1999) und IRES (2000), vor allem traditionelle Kommunikationsinstrumente ins Internet ein. Die Studie der Psychonomics (2000) bestätigt die im Durchschnitt gute Verfügbarkeit von Geschäfts- und Zwischenberichten und Jahresabschlussinformationen auf den Internetseiten. Ferner wird festgestellt, dass der aktuelle Aktienkurs, die Aktienkursentwicklung sowie die gängigsten Kennzahlen (Umsatz, Gewinn) und deren Entwicklung über mehrere Jahre dargestellt werden. Neben der Pflichtkommunikation und den finanziellen Angaben kommt das Internet, wie Locarek-Junge/Riddermann/Sonntag (1999) feststellen, zur Kanalisierung von Pressemitteilungen und für den Email-Kontakt zum Einsatz.

Bei der Ad-hoc-Publizität wird eine durchschnittliche Zahl von 11 Meldungen jährlich am Neuen Markt ermittelt, allerdings weisen die Zahl der Meldungen eine hohe Spannweite auf. Die Ad-hoc-Meldungen werden nicht als juristische Verpflichtung gesehen, sondern überwiegend als PR-Instrument aufgefasst.[378] Dies erklärt den teilweise übermäßigen und Marketing-getriebenen Gebrauch dieses Instrumentariums, ohne dass neue und kursrelevante Informationen, wie bspw. Unternehmensrisiken, kommuniziert werden.

Hinsichtlich der Kommunikationsinhalte sehen IR-aktive Unternehmen die langfristigen Ertragsaussichten, die Unternehmensstrategie und detaillierte Erläuterungen zu den Finanzpositionen als besonders wichtig an und betonen zusätzlich die Offenheit und Vertrauenswürdigkeit der vermittelten Informationen. Deter (2001) ermittelt zudem, dass Neue-Markt-Unternehmen die Abgrenzung zur Peer-Group, die Darstellung der Gewinn- und Verlustsituation, die strategische Ausrichtung, den Unternehmenswert und die Produkt- und Marktstärken als wichtige Kommunikationsinhalte ansehen. Zwar ist damit noch nichts über die tatsächliche Umsetzung gesagt, aber die Erkenntnis der Relevanz dieser Größen muss positiv bewertet werden: so sind sich über 95% der von Seisreiner befragten Unternehmen bewusst, dass ihr Börsenkurs maßgeblich durch so genannte „Soft Facts" bestimmt wird.[379] Nicht alle Unternehmen setzten diese Erkenntnis aber auch in ihrer Kommunikationsstrategie um. Im Vordergrund steht bei den Kommunikationsinhalten die finanzielle Performance und im geringeren Maße die Unternehmens- und Marktpotenziale. Vernachlässigt werden laut den Ergebnissen von Seisreiner (2001) vor allem die Unternehmensrisiken. Auch die Untersuchung von Fischer/Wenzel/Kühn (2001), die sich primär an den hier zugrundegelegten Inhalten des Value Reporting orientiert, kommt zu dem Schluss, dass die wertorientierte Berichterstattung der NEMAX 50-Unternehmen noch zu wünschen übrig lässt. Über wertorientierte Steuerungskonzepte, Kunden, Innovation und Unternehmensprozesse wird nur unzureichend informiert.[380] Besser sind die bereitgestellten Informationen zum Personal und zum Einsatz von Informationstechnologie (IT). Es zeigen sich, insbesondere im Rahmen des *Strategic Advantage Reporting*, deutliche Branchenunterschiede.

Dokumentieren diese Ergebnisse deutlich den Fokus der unternehmerischen IR-Arbeit auf Finanzanalysten und institutionelle Anleger, so ist zu folgern, dass die Kommunikationsinhalte der Unternehmen hauptsächlich am Informationsbedarf dieser professionellen Adressaten ausgerichtet sind. Diese Zielgruppengewichtung zeigt, dass die Unternehmen die potenziellen Vorteile eines hohen Privatanlegeranteils, z.B. eine hohe

---

[378]  Vgl. Seisreiner (2001), S. 32.

[379]  Der konkrete Anteil der Soft Facts am Börsenkurs wird dabei über die Branchen hinweg sehr unterschiedlich eingeschätzt. Am höchsten schätzen Biotechnologieunternehmen den Anteil mit 52% ein. Vgl. Seisreiner (2001), S. 16.

[380]  Es kann darauf geschlossen werden, dass wertorientierte Steuerungskonzepte bei der Mehrheit der NEMAX-Unternehmen noch nicht etabliert sind.

Aktionärstreue[381], offensichtlich geringer einschätzen als die positiven Effekte, z.B. eine faire Bewertung, die mit einer Ansprache der maßgeblichen, kursbeeinflussenden Meinungsbildner auf dem Kapitalmarkt verbunden sein können. Die Fokussierung der Zielgruppenansprache und der eingesetzten Maßnahmen scheint bei Wachstums- und etablierten Unternehmen ähnlich. Die Ergebnisse stützen die sich am Neuen Markt abzeichnende Professionalisierung der Anlegerbasis. Der durchschnittliche Anteil institutioneller Investoren am Free Float stieg in den letzten drei Jahren von 20% auf 50%.[382] Das Engagement der Privatanleger am Neuen Markt wird von den Unternehmen sehr zyklisch, d.h. mal positiv, mal neutral bewertet. Auch die Kommunikationsinstrumente bewerten die Unternehmen entsprechend der aus Sicht der professionellen Adressaten erstellten Rangfolge, sodass von einer Übereinstimmung bei der Wahl des Kommunikationsinstrumentes auszugehen ist. Eine Beurteilung hinsichtlich der gewünschten und der tatsächlich realisierten Frequenz ist auf Basis der vorliegenden Ergebnisse aber noch nicht möglich. Wertorientierte Kommunikationsinhalte wurden in ihrer Bedeutung zwar zunehmend erkannt, jedoch ist dieser Erkenntnis noch keine optimale Umsetzung gefolgt.

## 5.2.1.3 Kontrollphase

Die Kontrolle des IR-Erfolgs hat sich an den in Abschnitt 2.3 präsentierten finanz- und kommunikationspolitischen Zielen zu orientieren und soll Auskunft über den Zielerreichungsgrad geben. IR-spezifische Studien untersuchen entweder qualitativ die internen Kontrollmaßnahmen oder aber die Wirkung eines Maßnahmenbündels auf unterschiedliche Größen wie z.B. die Kapitalkosten und den Free Float.

Im Rahmen der Finanzmarktforschung werden laut Serfling/Großkoff/Röder (1998) hauptsächlich Erhebungen der Aktionärsstruktur und die Messung der Aktionärszufriedenheit durchgeführt. Die praktische Wirkungskontrolle der Unternehmen erfolgt laut Allendorf (1996) überwiegend durch Feedback-Gespräche mit der Financial Community und durch die Auswertung von Analystenreports. Zusätzlich wird IRES (2000) zufolge die Aktienkursentwicklung analysiert und von Seiten der beauftragten IR-Agentur die Aktienkursvolatilität untersucht. IRES (2001) bestätigt ebenfalls, dass Feedback-Gespräche mit Aktionären und Analysten zunehmend für die IR-Erfolgsmessung eingesetzt werden.

---

[381]  Vgl. exemplarisch die Studie der Transmedia (2000), die einem Großteil der befragten Privatanleger ein langfristiges und sicherheitsorientiertes Anlageverhalten nachweist.

[382]  Vgl. Illhardt (2001), S. B3.

Allendorf (1996) bestätigt in seiner Untersuchung, dass Investor Relations geeignet sind, den Aktienkurs zu stabilisieren und das Gesamtrisiko des Unternehmens zu mindern. Kapitalerhöhungen können durch IR-aktive Unternehmen in Form günstigerer Emissionskurse erfolgreicher durchgeführt werden, es ist jedoch keine dauerhafte Senkung der Kapitalkosten erreichbar. Tiemann (1997) schätzt die Eigenkapitalkosten der Unternehmen auf Basis der Dividenden und des Gewinns. Es kann im Gegensatz zu Allendorf (1996) eine Senkung der Kapitalkosten durch IR-Maßnahmen unter den Annahmen des Dividendenmodells nachzuweisen.[383] Die Aktienkursvolatilität wird laut Tiemann (1997) durch Investor Relations verringert und das Informationsrisiko für externe Adressaten gemindert. Es gelingt, eine Relation zwischen IR-Qualität und IR-Kosten in Abhängigkeit der Unternehmensgröße darzustellen, sodass im Hinblick auf die gewünschte IR-Qualität und bestimmte Prämissen[384] die optimalen Aufwendungen ermittelt werden können, welche wiederum Einfluss auf die Höhe der Eigenkapitalkosten nehmen. Die Volatilitätssenkung und die Kapitalkostenreduktion durch Investor Relations lassen sich demnach als wichtige finanzpolitische Unterziele zumindest unter bestimmten Prämissen nachweisen.

Deutsche Bank Research (1999) zeigen zudem auf, dass IR-aktive Unternehmen einen höheren Free Float, einen höheren Anteil institutioneller Investoren, eine bessere Aktienkursentwicklung und ein insgesamt vorteilhafteres Ertrags-Risiko-Verhältnis aufweisen. Dies wirkt sich vorteilhaft auf die Liquidität und somit die Nachfrage der Aktie aus. Der Ursache-Wirkungs-Zusammenhang ist hier jedoch nicht eindeutig. Deutsche Bank Research (1999) argumentieren sinngemäß, dass eine höhere Anzahl institutioneller Investoren zu einer erhöhten IR-Aktivität führt, alternativ aber auch aktive Investor Relations das Interesse institutioneller Investoren erhöhen.

Deutsche Bank Research (1999) stellen zudem einen gesteigerten Bekanntheitsgrad, eine verstärkte Kapitalmarktorientierung und ein verbessertes Rekrutierungspotenzial der Unternehmen als Ergebnisse einer aktiven IR-Arbeit fest, d.h. nicht nur aktienkurs- und kapitalkostenbezogene Größen können vorteilhaft beeinflusst werden.

Insgesamt deuten die von Tiemann (1997) und Deutsche Bank Research (1999) erhaltenen Ergebnisse auf einen deutlichen positiven Einfluss der Investor Relations auf die Unternehmensperformance hin. Die Wirkungsbeurteilung von Allendorf (1996) und IRES (2000) ist eher zurückhaltend. Die unterschiedliche Einschätzung könnte zum einen darauf zurückgeführt werden, dass die Isolation der IR-Wirkung auf den Aktienkurs

---

[383] Der Nachweis gelingt jedoch nicht im Rahmen des Gewinnmodells bzw. des Capital Asset Pricing Modells (CAPM). Ein Zusammenhang zwischen der IR-Qualität und dem Beta-Faktor kann nicht festgestellt werden.

[384] Vgl. Tiemann (1997), S. 316.

aufgrund der indirekten Wirkungsmechanismen und der Vielzahl an konkurrierenden Einflussfaktoren mit Schwierigkeiten verbunden ist. Zum anderen treten, je nachdem welche Erfolgsgrößen zur Messung der IR-Wirkung herangezogen werden, unterschiedliche Messprobleme, bspw. bei der Quantifizierung der Kapitalkosten, auf.

### 5.2.2 Rechnungslegungsorientierte Studien

Rechnungslegungsorientierte Studien leisten überwiegend im Rahmen der Messung der Kommunikationsqualität und in Form von Ereignisstudien einen Erkenntnisgewinn. Neuere Untersuchungen widmen sich dem Internet als Reporting-Instrument und den ökonomischen Auswirkungen der Berichterstattung. Tabelle 12 gibt einen Überblick über die relevanten Studien.

Tabelle 12: Rechnungslegungsorientierte Studien

| Autor (Jahr) | Methodische Klassifizierung | | Phasenbezogene Klassifizierung |
|---|---|---|---|
| | Erkenntnisziel | Untersuchungsdesign | |
| Kellinghu-sen/Irrgang (1978) | Anforderungen an den optimalen Geschäftsbericht | Befragung von 52 Aktionären, 53 Finanzanalysten und 55 Pressevertretern | Planungs- und Durchführungsphase |
| Krumbholz (1994) | Qualität der Lageberichterstattung | Befragung von 29 Finanzanalysten und 38 Wirtschaftsprüfern sowie Untersuchung von 120 Lageberichten, Verwendung eines Qualitätsmaßes, das einzelne Informationen auf Basis der empirischen Umfrage gewichtet | Planungs- und Durchführungsphase |
| Küting/ Hütten/ Lorson (1995) | Shareholder-Value-Orientierung in der Geschäftsberichterstattung | Inhaltsanalyse von 200 Geschäftsberichten deutscher Konzerne aus dem Berichtsjahr 1993/1994 | Planungs- und Durchführungsphase |

| Brotte (1997) | Umfang und Inhalt jahresabschlussergänzender Informationen US-amerikanischer und deutscher Geschäftsberichte | Inhaltsanalyse von je 20 Geschäftsberichten ausgewählter US-amerikanischer und deutscher Unternehmen | Planungs- und Durchführungsphase |
|---|---|---|---|
| Deller/ Stubenrath/ Weber[385] (1997) | Qualität der Internetauftritte | Untersuchung der Homepages der 30 DAX-Unternehmen 1997, Zusammenstellung und Anwendung eines Kriterienkataloges | Planungs- und Durchführungsphase |
| Baetge/ Armeloh/ Schulze (1997) | Qualität der Geschäftsberichterstattung | Untersuchung der Geschäftsberichte von 500 börsennotierten Unternehmen im Berichtsjahr 1995/1996, Konstruktion eines Qualitätsscores für die Geschäftsberichterstattung | Planungs- und Durchführungsphase |
| Deller/ Stubenrath/ Weber (1998) | Qualität der Internetauftritte | Untersuchung der Homepages von je 100 deutschen, amerikanischen und englischen Unternehmen, Anwendung eines Kriterienkatalogs mit den Kategorien: Inhalt, Nutzung internetspezifischer Vorteile und Nutzung von E-Mail | Planungs- und Durchführungsphase |
| Armeloh (1998) | Qualität des Anhangs | Befragung von 34 Finanzanalysten und 443 Wirtschaftsprüfern, Untersuchung von 170 Anhängen, Konstruktion eines Qualitätsscores für Anhangsinformationen | Planungs- und Durchführungsphase |
| Rolvering/ Stahl (1999) | Qualität der Zwischenberichterstattung am Neuen Markt | Untersuchung von Zwischenberichten von 32 ausgewählten Neue-Markt-Unternehmen, Konstruktion eines Qualitätsscores für Zwischenberichte | Planungs- und Durchführungsphase |
| Coenenberg/ Federspieler (1999) | Informationsgehalt der Zwischenberichterstattung – Deutschland, Frankreich und Großbritannien im Vergleich | Untersuchung von 433 Zwischenberichten deutscher Unternehmen im Zeitraum von 1989 bis 1993, Ereignisstudie, Anwendung des Abnormal Performance Index (API) als Informationsmaß, Überprüfung von drei Hypothesen | Kontrollphase |
| Alvarez/ Wotschofsky (2000) | Einschätzung, Gestaltung und Beurteilung der Zwischenberichtspublizität | Untersuchung der Zwischenberichte der DAX 100-Unternehmen im 2. Quartal 1998 sowie Befragung von 69 DAX 100-Unternehmen zur Zwischenberichterstattung | Planungs- und Durchführungsphase |

---

[385] Obgleich Deller/Stubenrath/Weber (1997) und Deller/Stubenrath/Weber (1998) das Internet als freiwilliges Kommunikationsinstrument untersuchen, legen Sie den Untersuchungsfokus auf die gesetzlich verpflichtenden Angaben. Daher werden diese Untersuchungen zu den rechnungslegungsorientierten Studien gezählt.

| | | | |
|---|---|---|---|
| Röder (2000a) | Intraday-Kurswirkung von Ad-hoc-Meldungen deutscher Unternehmen | Untersuchung von 390 Ad-hoc-Meldungen, Ereignisstudie, Anwendung des Abnormal Performance Index (API) | Kontrollphase |
| Röder (2000b) | Informationswirkung von Ad-hoc-Meldungen | Untersuchung von 912 Ad-hoc-Meldungen der Jahre 1996 bis 1997, Ereignisstudie, Anwendung des Abnormal Performance Index (API), Überprüfung von zwei Hypothesen | Kontrollphase |
| Spanheimer/ Koch (2000) | Status Quo der internationalen Rechnungslegung bei deutschen Unternehmen | Untersuchung der Geschäftsberichte der Jahre 1997 und 1998 der DAX- und MDAX-Unternehmen, Befragung von 108 Neue-Markt-Unternehmen | Planungs- und Durchführungsphase |
| Selch/ Rothfuss (2000) | Umfang und Qualität der Zwischenberichterstattung | Untersuchung von 50 Zwischenberichten deutscher Kapitalgesellschaften aus dem Berichtsjahr 1998 | Planungs- und Durchführungsphase |
| d'Arcy/ Leuz (2000) | Bedeutung der Rechnungslegungsstandards, Trends, Gründe und ökonomische Konsequenzen | Untersuchung der Rechnungslegungsstandards der Neue-Markt-Unternehmen in den Jahren 1997 bis 1999, Vergleich von 42 ausgewählten NEMAX- und MDAX-Unternehmen, Messung des ökonomischen Nutzens der Rechnungslegungsstandards anhand von Geld-Brief-Spannen und Umsatzzahlen | Kontrollphase |
| Pellens/- Hillebrandt/ Tamszewski (2000) | Value Reporting bei DAX-Unternehmen | Analyse der Geschäftsberichte der Jahre 1997 bis 1999 | Planungs- und Durchführungsphase |
| Gassen/ Heil (2001) | Umfang und Qualität der Internetpublizität | Untersuchung der Internetauftritte von 387 deutschen Unternehmen des DAX, MDAX, SMAX und Neuen Marktes, Überprüfung von 4 Hypothesen zum Einfluss der Unternehmensgröße, Marktkapitalisierung, Börsensegmente und Branche auf den Publizitätsumfang | Planungs- und Durchführungsphase |
| Kajüter (2001) | Risikoberichterstattung | Untersuchung von 82 Lageberichten der DAX 30-Unternehmen und von MDAX-Unternehmen | Planungs- und Durchführungsphase |
| Orth/ Böcking (2001) | Risikokommunikation am Neuen Markt | Untersuchung der Emissionsprospekte, Geschäfts- und Quartalsberichte von 30 Unternehmen des NEMAX 50 | Planungs- und Durchführungsphase |

Quelle: Eigene Darstellung.

Baetge/Armeloh/Schulze (1997), Krumbholz (1994) und Armeloh (1998) untersuchen im Rahmen rechnungslegungsorientierter Studien jeweils unterschiedliche Bestandteile des Geschäftsberichtes mit einem Scoring-Modell. Die Defizite liegen vor allem im Bereich der Prognose, des F&E-Berichtes und der freiwilligen Anhangsangaben. Günther/Nürnberger (1998) dokumentieren, dass sich die Qualität der Geschäftsberichterstattung von 1991 bis 1995 maßgeblich verbessert hat. Aufgrund mangelnder Segmentberichterstattung, Cashflow- und Aktienkurs-Orientierung sowie fehlenden strategischen Informationen wird allerdings die Shareholder-Value-Orientierung der Kommunikation, ähnlich wie auch bei Küting/Hütten/Lorson (1995), als verbesserungsbedürftig angesehen. Eine Betrachtung der empirischen Ergebnisse von Baetge/Dossmann/Rolvering (1999) der Jahre 1997 bis 1999 führt zu dem Ergebnis, dass sich die durchschnittliche Berichtsqualität deutlich verbessert hat. Dabei ist anzumerken, dass sich die Berichtsqualität großer Aktiengesellschaften ständig verbessert hat, während die Qualität bei mittleren und kleineren Unternehmen tendenziell stagniert.[386] Pellens/Hillebrandt/Tomaszewski (2000) untersuchen die DAX-Geschäftsberichte auf Value-Reporting-Inhalte. Sie stellen fest, dass insbesondere Informationen zur Aktienentwicklung im Branchenvergleich, zu traditionellen und wertorientierten Steuerungskonzepten sowie zu aktienkursorientierten Entlohnungssystemen von 1997 auf 1999 zugenommen haben. Die Segmentberichterstattung findet wesentlich differenzierter statt und Kennzahlen werden bereist auf Geschäftsbereichsebene geliefert. Stark abgenommen hat hingegen die Nutzung der Kennzahl DFVA/SG-Ergebnis.

Interessant ist der Vergleich deutscher und amerikanischer Geschäftsberichte. Brotte (1997) stellt komplementär zu den Ergebnissen von Günther/Nürnberger (1998) bezüglich der nicht-finanziellen, freiwilligen Informationen Defizite der deutschen Berichte vor allem bei Prognosen, Risiken der zukünftigen Entwicklung, Informationen zum Produktprogramm und der Wettbewerbssituation fest. Weiterhin fehlen Informationen zur Corporate Governance, d.h. bspw. zu Mitarbeiterbeteiligungen, Managementvergütung und zu Großaktionären.[387] Diese Ergebnisse müssten erneut überprüft werden, da laut Spanheimer/Koch (2000) und d'Arcy/Leuz (2000) fast alle DAX- und NEMAX-Unternehmen für die Pflichtinstrumente bereits internationale Rechnungslegungsstandards anwenden, um die Vergleichbarkeit und Transparenz zu erhöhen[388] und sich im Zuge dieser Umstellung eventuell eine Angleichung der Inhalte eingestellt hat.

---

[386] Vgl. Baetge/Dossmann/Rolvering (1999), S. 56. Die Ergebnisse der Geschäftsberichtbewertung für das Jahr 2000 bestätigen eine mangelhafte Qualität am Neuen Markt. Vgl. Döhle/Seeger (2000), S. 169 ff.

[387] Vgl. Brotte (1997), S. 369.

[388] MDAX-Unternehmen sind bezüglich der Umstellung von HGB auf internationale Rechnungslegung noch nicht soweit fortgeschritten.

Insbesondere zur Risikokommunikation liegen zwei aktuellere Studien vor, sodass Aussagen für alle Handelssegmente bis auf den SMAX möglich sind. Kajüter (2001) stellt fest, dass 74% der untersuchten DAX- und MDAX-Unternehmen der Risikoberichterstattung einen eigenen Abschnitt im Lagebericht widmen, der jedoch nach Umfang und Bezeichnung sehr unterschiedlich gestaltet ist. Vor allem auf Produkt- und Produktions- aber auch auf Konjunktur-, Wechselkurs- und Wettbewerbsrisiken wird eingegangen. Insgesamt wird die zusätzliche Transparenz durch die Risikoberichte mit Hinweis auf die theoretischen Anforderungen des Deutschen Rechnungslegungsstandard Nr. 5 (E-DRS 5) jedoch noch als zu gering eingeschätzt. Böcking/Orth (2001) finden auch am Neuen Markt ein sehr heterogenes Bild der Risikokommunikation vor. Insbesondere in den untersuchten Zwischenberichten wird kaum auf Risiken eingegangen. Die Geschäfts- bzw. die Lageberichte weisen in vielen Fällen einen eigenen Abschnitt „Risiken" auf. Am häufigsten wird auf rechtliche, marktbedingte und technologische Risiken eingegangen.

Während der Geschäftsbericht bereits seit längerer Zeit Objekt empirischer Untersuchungen ist, wird die zunehmende Bedeutung des Zwischenberichts als IR-Instrument vor allem in jüngster Zeit[389] betrachtet. Rolvering/Stahl (1999) untersuchen die Qualität der Zwischenberichterstattung und kommen zum Ergebnis, dass die DAX-Unternehmen im Durchschnitt eine bessere Berichtsqualität aufweisen als Neue-Markt-Unternehmen, nur der Zwischenabschluss und der Anhang der Zwischenberichte der Neue-Markt-Unternehmen werden besser bewertet. Die Ergebnisse von Alvarez/Wotschofsky (2000) und Selch/Rothfuss (2000) zeigen, dass Unternehmen außerhalb des DAX die gesetzlichen Publizitätsvorschriften zum Teil nur unzureichend erfüllen.[390] Als Beispiel sei genannt, dass laut Alvarez/Wotschofsky (2000) 80% der Unternehmen im Zwischenbericht keine freiwilligen Angaben über die Pflichtvorschriften hinaus machen.

Daneben wird das Internet zunehmend freiwillig für die gesetzliche Berichterstattung eingesetzt. Deller/Stubenrath/Weber (1997) und Deller/Stubenrath/Weber (1998) stellen für die DAX-Unternehmen fest, dass jene das Internet als alternativen Distributionsweg für die Bereitstellung von Rechnungslegungsdaten, d.h. für die Pflichtkommunikation im Rahmen des Geschäfts- und Zwischenberichtes, ausgiebig nutzen. Allerdings ist die Nutzung in Deutschland im Vergleich zu angelsächsischen Ländern noch verbesserungsbedürftig. Gassen/Heil (2000) begutachten ebenfalls die Internetpublizität und stellen fest, dass DAX-Unternehmen über und Neue-Markt-Unternehmen unter dem Durchschnitt aller befragten Unternehmen liegen. Insgesamt werden noch erhebliche

---

[389] Vgl. Selch/Rothfuss (2000), S. 507 und die dort erwähnten Quellen zu Untersuchungen der Zwischenberichtspublizität.

[390] Vgl. Alvarez/Wotschofsky (2000b), S. 315 und Selch/Rothfuss (2000), S. 518.

Mängel vor allem hinsichtlich der Darstellung von Quartalsdaten, Lageberichten und Kapitalflussrechnungen festgestellt.

Röder (2000a), Röder (2000b), Coenenberg/Federspieler(1999) und d'Arcy/Leuz (2000) zeigen die signifikanten Kapitalmarktreaktionen auf, welche durch die Informationspolitik beobachtet werden können. Röder (2000a) und Röder (2000b) weisen deutlich eine Informationswirkung von Ad-hoc-Meldungen nach, welche sich in den Börsenumsätzen und Aktienkursen widerspiegelt. Die Informationsverarbeitung am Kapitalmarkt hängt hierbei vom Marktsegment und dem Tenor der Nachricht ab. Positive Meldungen rufen eine stärkere Kursreaktion hervor als negative Meldungen. Coenenberg/Federspieler (1999) beobachten eine deutliche Kapitalmarktreaktion durch die Zwischenberichterstattung und kommen zum Ergebnis, dass eine quantitativ ausführlichere Berichterstattung einen höheren Informationswert für die Adressaten bietet.[391] D'Arcy/Leuz (2000) weisen anhand der Neue-Markt-Unternehmen nach, dass die durch internationale Rechnungslegungsstandards[392] geschaffene Transparenz am Kapitalmarkt mit niedrigeren Geld-Brief-Spannen und höherer Liquidität belohnt wird.

Zusammenfassend zeigt sich, dass die traditionell intensive Auseinandersetzung mit der Rechnungslegung in Deutschland aus Perspektive der Investor Relations dazu geführt hat, dass die Pflichtkommunikation bereits sehr weitgehend erforscht ist. Nicht nur die Defizite in diesem Bereich, sondern bereits erste Ereignisstudien verdeutlichen die Wirkung dieser Instrumente.

### 5.2.3 Verhaltenswissenschaftliche Ergebnisse

Ergänzend ist die verhaltensorientierte Untersuchung von Bittner (1996) zu erwähnen, die eine Reihe von Erkenntnissen für die praktische IR-Arbeit mit Finanzanalysten beinhaltet. Insbesondere die Ableitung verschiedener *Typen* von Finanzanalysten anhand verhaltenswissenschaftlicher Kriterien gibt Aufschlüsse für eine typengerechte Gestaltung der Kommunikation mit den Analysten.

---

[391] Prämisse ist hierbei die optimale Auswertung der Zwischenberichte durch die Anleger, d.h. die Berücksichtigung aller verfügbarer Informationen. Vgl. Coenenberg/Federspieler (1999), S. 191.

[392] Es wird dabei darauf hingewiesen, dass sich IAS und US-GAAP hinsichtlich ihrer „Wertrelevanz" aus Sicht der Kapitalmarktteilnehmer gleichen. Bei einer Untersuchung der Variablen Liquidität und Grad der Informationsasymmetrie in Anhängigkeit des Rechnungslegungsstandards wurden keine signifikanten Unterschiede zwischen IAS und US-GAAP festgestellt. Vgl. d'Arcy/Leuz (2000), S. 389.

Bittner (1996) stellt mittels einer Clusteranalyse fest, dass nur 10% der befragten Analysten sich sehr detailliert mit den Unternehmen beschäftigen und durch häufige Einzelgespräche zu wertvollen Spezialisten werden. Für diese Analysten ist das Angebot von Einzel- und Kleingruppengesprächen besonders interessant. Die Annahme, dass sich jeder Analyst als Spezialist positionieren will und daher nach stark spezialisiertem Know-how strebt, ist offensichtlich nur für einen Teil der Analysten haltbar.[393] Eine größere Gruppe (27%) von Analysten wendet sich verstärkt weniger umfangreichen Unternehmenspräsentationen zu und ist im Vergleich zur ersten Gruppe auch unkritischer und weniger detailversessen. Fast genauso viele Analysten (20%) sind dadurch gekennzeichnet, dass sie durch die Vielzahl der beobachteten Unternehmen nur sehr wenig Zeit auf das einzelne Unternehmen verwenden können und daher auch nur dann an IR-Veranstaltungen teilnehmen, wenn ex-ante ein „Zusatznutzen" zu erwarten ist. Sie werden daher die Angebote der Unternehmen eher kritisch prüfen bzw. nur bei entsprechender Gestaltung wahrnehmen. Die größte Gruppe (42%) der Analysten ist laut Bittner von einer „Durchschnittlichkeit"[394] gekennzeichnet: ihre Teilnahme an Informationsveranstaltungen, ihre Einstellung und Informationsaufnahme bzw. der Austausch mit anderen Analysten ist auf einem mittleren Niveau. Dies erschwert die gezielte Ansprache dieser Gruppe im Rahmen der Kapitalmarktkommunikation, da sie keine besonderen Bedürfnisse bzw. Bedarfslücken aufweist.

Die in Abschnitt 5.2.1.2 gesetzte Annahme, dass die Gruppe der professionellen Adressaten bezüglich ihrer Informationsanforderungen homogen ist, muss auf Basis der vorliegenden Ergebnisse relativiert werden. Dagegenhalten lässt sich jedoch, dass die folgenden Ergebnisse Feinheiten in der Ausgestaltung der Kapitalmarktkommunikation darstellen, die gerade bei Wachstumsunternehmen nicht prioritär adressiert werden können und müssen. Da langfristig jedoch gerade die Bindung und die Pflege bestimmter „Kernanalysten"[395] von besonderer Wichtigkeit ist, sollte das Unternehmen zumindest eine Sensibilität für die differenzierten Bedürfnisse verschiedener Analystentypen entwickeln. Gleiches gilt dann auch für die institutionelle Abgrenzung zwischen Buy- und Sell-Side-Analysten.

---

[393] Vgl. Abschnitt 4.2.

[394] Vgl. Bittner (1996), S. 278. Bittner nennt diese Gruppe „motivierte Optimisten".

[395] Vgl. Schmitt (2001), S. 14. Die Kernanalysten erzielen durch ihre Tätigkeit auch den Großteil der Kurswirkungen am Markt.

## 5.3 Zusammenfassung der empirischen Ergebnisse

### 5.3.1 Erkenntnisstand

*Allgemein*

Die Analyse der empirischen Studien zu Investor Relations in Deutschland verdeutlicht, dass sich die Anfang und Mitte der 90er Jahre durchgeführten, allgemeineren Studien hauptsächlich mit den Aspekten im Rahmen der IR-Konzeption auseinandersetzen und diese aus Unternehmensperspektive untersuchen. Es musste zunächst ein Verständnis der Funktionsweise von Investor Relations als Novum auf dem deutschen Kapitalmarkt geschaffen werden. Jüngere Studien untersuchen vor allem die speziellen Informationsbedürfnisse der unterschiedlichen IR-Zielgruppen sowie die Effizienz und Eignung einzelner Kommunikationsinstrumente. Zunehmend werden die Ergebnisse, soweit das Untersuchungsdesign es ermöglicht, für die unterschiedlichen Börsensegmente separat ausgewiesen. Die Notwendigkeit einer differenzierten Aussage über die Ausgestaltung der Investor Relations wurde somit erkannt und wird auch für die vorliegende Arbeit als gegeben angenommen.

Die in der *Konzeptionsphase* relevanten Aspekte der Investor Relations, d.h. Ziele, Organisation, Personal, Budget sowie die grundlegenden Gestaltungsparameter der *Planungs- und Durchführungsphase* sind aus Unternehmenssicht bereits hinreichend erforscht. Die Informationsbedürfnisse sowohl der professionellen Adressaten als auch der Privatanleger wurden im Rahmen der empirischen Erhebungen zunehmend präzisiert. Die Inhaltsanalyse einzelner Kommunikationsinstrumente dokumentiert die Durchführung der Investor Relations detailliert und ist geeignet zu überprüfen, inwieweit den Zielgruppenanforderungen nachgekommen wird. Unpersönliche Kommunikationsinstrumente, insbesondere der Geschäfts- und Zwischenbericht sowie das Internet, sind die hauptsächlichen Analyseobjekte.[396] Die besonders hohe Erwartungshaltung gegenüber dem Internet spiegelt sich sowohl in den IR-spezifischen als auch in den rechnungslegungsorientierten Untersuchungen wider.

Anhand der vorliegenden Ergebnisse können bereits relativ fundierte Gestaltungsempfehlungen für die Inhalte und die Form der Kommunikation mit den unterschiedlichen Zielgruppen abgeleitet werden. Die in der Kontrollphase stattfindende Erfolgsmessung der Investor Relations stellt das mit Abstand am wenigsten erforschte Gebiet dar. Existierende Ergebnisse lassen zwar tendenziell auf einen positiven Beitrag zum Unterneh-

---

[396] Vgl. Abbildung 8.

menserfolg schließen, jedoch konnte bislang kein klarer ursächlicher Wirkungszusammenhang zwischen Investor Relations und Aktienkursentwicklung dokumentiert werden. Jedoch ist zu fragen, ob Investor Relations nicht einfach eine marktseitige Notwendigkeit darstellt und einem strengen Kosten-Nutzen-Kriterium überhaupt unterliegen kann.

*Wachstumsunternehmen und Finanzanalysten*

Wachstumsunternehmen dienen im Gegensatz zu DAX-Unternehmen erst seit kurzer Zeit als Untersuchungsobjekt. Die Qualität der Kapitalmarktkommunikation dieser Unternehmen liegt teilweise noch deutlich unter der etablierter Unternehmen. Die Studien von Deutsche Bank Research (1999), Deter (2000), Schmeisser/Hinz (2001), Seisreiner (2001) und Fischer/Wenzel/Kühn (2001) legen den Fokus auf Neue-Markt-Unternehmen und sind daher auch in der Lage, die Spezifika dieser Unternehmen zu reflektieren und zu berücksichtigen. Andere IR-spezifische Studien, wie z.B. IRES (1999) und IRES (2000), weisen ihre Ergebnisse differenziert nach Börsensegmenten aus, sodass Auskünfte über NEMAX-Werte resultieren. Allerdings geht die Indexzugehörigkeit per se mit einer höheren Aufmerksamkeit einher, sodass es auch interessant wäre, Ergebnisse für die übrigen Neue-Markt-Werte zu erhalten. Insgesamt werden jedoch die bereits in den Abschnitten 3.1 und 3.2 angesprochenen Problembereiche für die Investor Relations, wie ein Mangel an Erfahrung, eine geringe Anzahl von Mitarbeitern, starke Budgetbeschränkungen, eine niedrige Analysten-Coverage und ein hoher Erklärungsbedarf gegenüber der Financial Community durch die bisherigen Untersuchungen adressiert und auch weitgehend bestätigt.

Einige rechnungslegungsorientierte Studien untersuchen die Belange der Neue-Markt-Unternehmen: Rolvering/Stahl (1999), Spanheimer/Koch (2000) und d'Arcy/Leuz (2000) betrachten und beurteilen deren Pflichtpublizität[397], Böcking/Orth (2001) die Risikokommunikation. Gegenüber dem „Benchmark" in Gestalt der DAX-Unternehmen weisen bspw. die NEMAX-Unternehmen zumeist noch Schwächen auf, die es gilt, in Zukunft zu beseitigen.

Finanzanalysten wurden in den betrachteten Studien insgesamt siebenmal befragt, davon fünfmal als Hauptzielgruppe der Untersuchung und zweimal neben anderen Zielgruppen. Insbesondere die quantitativen und qualitativen Informationsbedürfnisse wurden zunehmend beleuchtet, sodass eine solide, jedoch ergänzungsbedürftige Basis für die angestrebte Ableitung von Bewertungskriterien vorliegt.

---

[397] Weitere Ergebnisse zum Neuen Markt finden sich zudem in Studien, die Investor Relations als Nebenaspekt untersuchen.

## 5.3.2 Erklärungsbeitrag der Studien

Bei der Vielzahl empirischer Studien ist zu erörtern, inwieweit aus den Ergebnissen Hilfestellungen für ein effizientes IR-Management in der Praxis gezogen werden können und welche Art von Studie besonders relevant erscheint. Tabelle 13 gibt eine Übersicht hierzu, indem die Studien den jeweiligen Phasen des IR-Managements zugeordnet werden.

IR-spezifische Studien liefern, wie zu erwarten war, sehr umfangreiche und ergiebige Ergebnisse zu allen Phasen des IR-Managementprozesses. Bezüglich der IR-Konzeption können sie Hinweise geben, welchen Stellenwert die Investor Relations auch unter strategischen Aspekten innerhalb des Unternehmens hat bzw. haben sollte. Es werden Anregungen für eine optimale organisatorische Einbindung und Abstimmung der Investor Relations mit z.B. der strategischen Unternehmensplanung und dem Finanzmanagement geliefert. Von besonderer Relevanz für eine effiziente Durchführung scheinen zudem detaillierte Zielgruppenuntersuchungen, welche den Unternehmen wertvolle Anhaltspunkte für die Wahl der adäquaten Kommunikationsinstrumente und deren inhaltlicher Gestaltung geben können. Eine regelmäßig wiederholte Erhebung von Zielgruppen- und Budgetdaten durch Marktforschungsinstitute, z.B. dem Investor-Relations-Monitor der IRES GmbH, ist somit zu begrüßen und sollte auch fester Bestandteil des Leistungsspektrums von IR-Agenturen sein, um aktiv die IR-Planung und Durchführung der Unternehmen unterstützen zu können.

Die Entwicklung von Qualitätsstandards für die Kommunikationsinhalte ist hilfreich für eine effiziente Nutzung der einzelnen Medien. So ermöglicht die Operationalisierung der Anforderungen im Rahmen von Kriterienkatalogen und Qualitätsmaßzahlen eine aktive Gestaltung und Beeinflussung der Informationsqualität seitens der Unternehmen. In diesem Bereich haben die rechnungslegungsorientierten Studien Vorbildcharakter, da sie inhaltliche Anforderungen detailliert in Einzelkriterien zerlegen und in einer Gesamtmaßzahl ausdrücken. Für das Ziel der vorliegenden Arbeit wird aus den genannten Gründen ebenfalls eine Darstellung in Form eines Kriterienkataloges als vorteilhaft erachtet.[398]

---

[398] Vgl. Kapitel 6.

Tabelle 13: Beitrag der Studien zu den Phasen des IR-Managementprozesses

| IR-Management-Prozess (1 von 3) | | | | | | | |
|---|---|---|---|---|---|---|---|
| Konzeptionsphase | | | Planungs- und Durchführungsphase | | | Kontrollphase | |
| | | | Gestaltung aus Unternehmenssicht | | Anforderungen aus Adressatensicht | Kontrollmaßnahmen | IR-Wirkung |
| Ziele | Organisation und Personal | Budget | Allgemein | Kommunikations-instrumente | | | |
| Günther/Otterbein (1996) | Günther/Otterbein (1996) | Günther/Otterbein (1996) | Maier (1995) | Kellinghusen/Irrgang (1978), GB | Kellinghusen/Irrgang (1987), F, P, PR | Allendorf (1996) | Allendorf (1996) |
| Allendorf (1996) | Allendorf (1996) | Allendorf (1996) | Günther/Otterbein (1996) | Krumbholz (1994), GB | Shering AG (1987), F | Serfling/Großkopff/Röder (1998) | Tiemann (1997) |
| Serfling/Großkopff/Röder (1998) | Serfling/Großkopff/Röder (1998) | Serfling/Großkopff/Röder (1998) | Allendorf (1996) | Küting (1995), GB | Krumbholz (1994), F, W | IRES (2000) | Taeubert (1998), PR |
| IRES (1998) | IRES (1991, 1998) | IRES (1998) | IRES (1991, 1998) | Brotte (1997), GB | Tiemann (1997), F | | IRES (1991, 1998) |
| Deutsche Bank Research (1999) | Deutsche Bank Research (1999) | IRES (1999) | Deutsche Bank Research (1999) | Deller/Stubenrath/Weber (1997), IT | Armeloh (1998), F, W | | Deutsche Bank Research (1999) |
| IRES (2000) | IRES (1999) | IRES (2000) | Charles Barker GmbH (1999) | Baetge/Armeloh/Schulze (1997), GB | Schulz (1999), F, I | | Coenenberg/Federspieler (1999), ZB |
| | Charles Barker GmbH (1999) | Charles Barker GmbH (1999) | Steiger (2000) | Günther/Nürnberger (1998), GB | Charles Barker GmbH (1999), F | | Röder (2000a, 2000b), AH |
| | Achleitner/Bassen/Funke (2001) | Achleitner/Bassen/Funke (2001) | IRES (2000) | Volkart/Labhart/Mihic (1998), IT | Hank (1999), P | | d'Arcy/Leuz (2000) |
| | IRES (2000) | Deter (2001) | Deter (2001) | Deller/Stubenrath/Weber (1998), IT | Locarek-Junge/Riddermann/Sonntag (1999), F | | |

## IR-Management-Prozess (2 von 3)

| | Konzeptionsphase | | Planungs- und Durchführungsphase | | | Kontrollphase | |
| --- | --- | --- | --- | --- | --- | --- | --- |
| | | | Gestaltung aus Unternehmenssicht | | | | |
| Ziele | Organisation und Personal | Budget | Allgemein | Kommunikations-instrumente | Anforderungen aus Adressatensicht | Kontroll-maßnahmen | IR-Wirkung |
| | Seisreiner (2001) | Seisreiner (2001) | Seisreiner (2001) | Armeloh (1998), GB | Schieber (1999), P | | |
| | | | | Schiller/Pelizaeus/Werneke (1999), IT | Stüfe (1999), P | | |
| | | | | Locarek-Junge/Riddermann/Sonntag (1999), IT | Schieber, P | | |
| | | | | Wagenhofer/Pirchegger (1999), IT | Transmedia (2000), P | | |
| | | | | Rolvering/Stahl (1999), ZB | Wolff & Häcker Finanzconsulting AG (2000), F, I | | |
| | | | | Alvarez/Wotschofsky (2000), ZB | Psychonomics (2000), P | | |
| | | | | Psychonomics (2000), IT | | | |
| | | | | Weiss/Heiden (2000), IT | | | |
| | | | | Schieber (2000), IT | | | |
| | | | | Spanheimer/Koch (2000), GB | | | |

## IR-Management-Prozess (3 von 3)

| Konzeptionsphase | | | Planungs- und Durchführungsphase | | | Kontrollphase | |
| --- | --- | --- | --- | --- | --- | --- | --- |
| | | | Gestaltung aus Unternehmenssicht | | Anforderungen aus Adressatensicht | | |
| Ziele | Organisation und Personal | Budget | Allgemein | Kommunikations-instrumente | | Kontroll-maßnahmen | IR-Wirkung |
| | | | | d'Arcy/Leuz (2000), ZB | | | |
| | | | | Selch/Rothfuss (2000), ZB | | | |
| | | | | Gassen/Heil (2001), IT | | | |

### Legende

AH = Ad-hoc-Publizität
GB = Geschäftsbericht bzw. Bestandteile des Geschäftsberichtes
ZB = Zwischenbericht bzw. Bestandteile des Zwischenberichtes
IT = Internet
EG = Einzelgespräche
P = Privatanleger
F = Finanzanalysten
I = Institutionelle Investoren
PR = Presse
W = Wirtschaftsprüfer

Quelle: Eigene Darstellung.

Die betrachteten Ereignisstudien untermauern statistisch die Aktienkurs- bzw. Börsen-umsatzwirkungen von Kommunikationsaktivitäten und können Impulse für die Aus-gestaltung der Kontrollphase geben. Für die unternehmerische IR-Arbeit bzw. ein Kommunikationscontrolling sind sie jedoch vermutlich weniger relevant, da es in die-sem Zusammenhang wichtiger wäre, Messmethoden zu entwickeln, welche im Unter-nehmen tagtäglich eingesetzt werden können oder das Instrumentarium von externen IR-Anbietern komplettieren. Prinzipiell erscheint der verstärkte Einsatz der Event-Study-Methodik, insbesondere für die Erfolgsmessung der Investor Relations, jedoch wünschenswert und erkenntniserweiternd.

### 5.3.3 Weiterer Forschungsbedarf

Die vorliegende Bestandsaufnahme kann zukünftigen Untersuchungen im Bereich der Kapitalmarktkommunikation als Ausgangspunkt dienen, damit diese gezielt dort ansetzen können, wo weiterer Forschungsbedarf besteht. Ein solcher kann bei den Zielgruppen und den Inhalten der Kapitalmarktkommunikation identifiziert werden.

Befragungen von den für die Investor Relations bedeutsamen Fondsmanagern sind kaum existent. Diese sicherlich schwer erreichbare Zielgruppe könnte genauer hinsicht-lich ihrer Informationsbedürfnisse befragt werden, da sie eine wichtige „Gatekeeper"-Funktion inne hat. Die persönliche Kommunikation im Rahmen von Gesprächen zwi-schen Vorstand, IR-Officer und Analysten bleibt trotz der Vielzahl an Studien hinsicht-lich ihrer Ausgestaltung eine „Black-Box". Hier wäre es zwar von großem Interesse, nähere Erkenntnisse über die Informationsvermittlung und die Einflussnahme Externer auf das Management zu erhalten. Die Praktikabilität einer solchen Untersuchung ist je-doch zweifelhaft, da die Effektivität der Maßnahmen offensichtlich gerade aus dem nicht-öffentlichen Charakter herrührt.

Die Informationsbedürfnisse der Finanzanalysten sind zwar vom Grundsatz her umris-sen, es wäre jedoch weiterhin interessant zu erörtern, wie sich Finanzanalysten eine ef-fektive Earnings Guidance vorstellen. Dies wäre auch für die Unternehmen von Inte-resse, gerade weil die Kommunikation mit Finanzanalysten vielen rechtlichen Be-schränkungen unterliegt. Insbesondere Wachstumsunternehmen haben vielleicht noch sehr wenig Erfahrung mit dem Erwartungsmanagement dieser wichtigen Zielgruppe. Es besteht demnach Unsicherheit, wann und vor allem wie schlechte Nachrichten wie z.B. Gewinnwarnungen in den Markt gebracht werden sollten. Finanzanalysten wurden zu-dem hauptsächlich in ihrer Funktion als Informationsintermediär befragt; gerade bei

Wachstumsunternehmen würde aber zusätzlich ihre Einflussnahme auf das Unternehmen im Rahmen der Corporate Governance interessieren.

Hinsichtlich der durch die Investor Relations zu vermittelnden Kommunikationsinhalte wäre eine stärker branchenbezogene Sichtweise sicherlich hilfreich. Im Hinblick auf das Value-Reporting-Konzept und die neuesten Änderungen des Regelwerkes am Neuen Markt scheinen branchenspezifische Informationen an Relevanz zu gewinnen. Das deutet darauf hin, dass gerade die Kommunikationsinhalte für Wachstumsunternehmen einer noch genaueren Analyse unterzogen werden könnten.

Zudem fehlen *einheitliche Kriterien* für eine erleichterte Umsetzung einer wertorientierten Kommunikation. Die Notwendigkeit eines Kriterienkataloges liegt somit auf der Hand. So gibt es mittlerweile Bemühungen, in Form von *„Generally Accepted Value Reporting Principles"* einen allgemeinen Standard vorzugeben, an dem sich die Unternehmen orientieren können.[399] Diese Forschungslücke soll im Rahmen dieser Studie verkleinert werden.

Der Nutzen weiterer empirischer Untersuchungen hinsichtlich der IR-Wirkung kann schließlich ebenfalls hoch eingeschätzt werden, da jene trotz der Messprobleme von großer Relevanz für die interne Rechtfertigung der Ressourcenallokation auf die IR-Arbeit bleiben wird. Sowohl über mögliche quantitative (Aktienkurs, Volatilität, etc.) als auch qualitative Aspekte der Erfolgsmessung (Bekanntheitsgrad, Aktionärsstruktur, etc.) liegen in Deutschland nur rudimentäre Ergebnisse vor. Insgesamt würde es sich anbieten, die empirischen Ergebnisse für Deutschland in einem internationalen Kontext zu betrachten[400], um konzeptionelle und wirkungsbezogene Ergebnisse zu vergleichen.

Gerade US-amerikanische Studien weisen bereits genauere Ergebnisse zur quantitativen Wirkung einzelner Kommunikationsmaßnahmen vor. Diese Studien sind der Kritik ausgesetzt, die IR-Arbeit als Einflussfaktor auf den Aktienkurs zwar statistisch isoliert zu haben, aber dafür bestimmte Restriktionen aufzuweisen, die sich bspw. auf eine zu enge Definition der Investor Relations oder auf die Vernachlässigung verhaltenstheoretischer Variablen beziehen. Nichtsdestotrotz stellen Ergebnisse zur Informationswirkung von Conference Calls[401] und Analystenmeetings[402] interessante Ansatzpunkte dar, denen für den deutschen Kapitalmarkt keine vergleichbaren Untersuchungen entgegenstehen.

---

[399] Vgl. Baetge/Noelle (2001), S. 175.

[400] Vgl. exemplarisch für die USA die Ergebnisse von Brennan/Tamarowski (2000) und Botosan (2000).

[401] Vgl. Bowen/Davis/Matsumoto (2000) sowie Bushee/Matsumoto/Miller (2001).

[402] Vgl. Francis/Hanna/Philbrick (1997).

## 5.4 Eigene Befragungsergebnisse

### 5.4.1 Zielsetzung und Überblick

Ziel der eigenen Befragungen war es, ergänzend zu den bislang geschilderten Ergebnissen noch genauere Auskünfte über Informationspräferenzen der Finanzanalysten[403] zu geben und die Kapitalmarktkommunikation mit Finanzanalysten auch kontextspezifisch zu untersuchen. Somit wird die Informationsbasis für die abzuleitenden Bewertungskriterien erweitert, um eine möglichst zielgruppenspezifische Ausgestaltung zu erreichen. Die eigene Untersuchung gliederte sich in zwei Stränge: zum einen wurde im Rahmen einer Habilitationsschrift[404] eine kombinierte Befragung von institutionellen Investoren, dabei auch Finanzanalysten, und börsennotierten Unternehmen in Deutschland durchgeführt, zum anderen wurden im Rahmen eines Promotionsprojektes[405] weltweit Finanzanalysten der Automobilbranche befragt. Die Untersuchungsdesigns der Befragungen werden im Folgenden knapp charakterisiert.

Bassen (2002) untersucht die Anforderungen institutioneller Investoren an die Unternehmensführung und an die Corporate Governance. Finanzanalysten spielen in diesem Zusammenhang, wie in Abschnitt 4.1.1 dargestellt, eine nicht unerhebliche Rolle. Die Kapitalmarktkommunikation wird hier zwar als Nebenaspekt, jedoch trotzdem sehr umfangreich behandelt. Es werden zudem Gestaltungsempfehlungen für die Unternehmensführung von Neue-Markt-Unternehmen gegeben. Innerhalb der Grundgesamtheit wurden insgesamt 1644 Kapitalmarktteilnehmer befragt. Der Rücklauf lag mit 171 Antworten bei 12 %, von dieser Zahl waren 27% der Antwortenden als Buy- oder Sell-Side-Analyst tätig. Zusätzlich zur Investorenseite wurde auch die Unternehmensseite beleuchtet, indem 573 Unternehmen der Qualitätssegmente SMAX, DAX und NEMAX schriftlich und per E-Mail befragt wurden. Insgesamt konnten 159 Fragebögen (Rücklaufquote: 28%) aufgenommen werden. Die Ergebnisse, d.h. die herausgearbeiteten Unterschiede zwischen den Handelssegmenten und die Unterschiede zwischen Analysten und Unternehmen, werden als signifikant bezeichnet, sofern die Irrtumswahrscheinlichkeit kleiner bzw. gleich 0,1 war.[406] Die Befragung wurde im Zeitraum von Dezember 2000 bis Ende Januar 2001 durchgeführt.

---

[403] Vgl. Wichels (2001) und Bassen (2002).

[404] Vgl. Bassen (2002).

[405] Vgl. Wichels (2001).

[406] Zur differenzierten Angabe von drei Signifikanzniveaus vgl. Bassen (2002): es wurde hier eine Kennzeichnung in (***) hoch signifikant (Irrtumswahrscheinlichkeit <0,01), (**) signifikant (Irrtumswahrscheinlichkeit 0,05-0,01) und (*) schwach signifikant (Irrtumswahrscheinlichkeit 0,1-0,05) vorgenommen. Vgl. auch Bortz/Döring (1995), S. 463; Schwaiger (1993), S. 51ff.

Wichels (2001) entwickelt im Rahmen seiner IR-spezifischen Untersuchung ein Modell zur systematischen Earnings Guidance als einem elementaren Bestandteil der Kapitalmarktkommunikation mit Finanzanalysten. 237 Finanzanalysten der Automobilbranche wurden im Zeitraum von Mai bis Juni 2000 schriftlich befragt. Es wurde ein Rücklauf von 31% (68 Antworten) erzielt. Zusätzlich wurden Buy- und Sell-Side-Analysten separat untersucht, um etwaige Unterschiede in den Anforderungen dieser unterschiedlichen Analystentypen aufzudecken.[407] Auf wichtige Unterschiede wird im Folgenden eingegangen, wenngleich die institutionelle Unterscheidung in Buy- und Sell-Side ebenso wie die verhaltensorientierte Differenzierung verschiedener Analystentypen für die IR-Arbeit für Wachstumsunternehmen nicht zwingend notwendig ist und unpraktikabel erscheint.[408]

Die nun folgende Ergebnisdarstellung gliedert sich in zwei Abschnitte: Erfolgsfaktoren der Kapitalmarktkommunikation sowie die Informationspräferenzen der Finanzanalysten. Unter den ‚Informationspräferenzen der Finanzanalysten' werden hier vor allem die gewünschten Kommunikationsinstrumente (Medien) und Kommunikationsinhalte (Qualität) untersucht. Die Kommunikationsinhalte sind u.a., wie bereits das Konzept des Value Reporting (Kapitel 3) und die Ergebnisse dieses Kapitels zeigen, in finanzielle und nicht-finanzielle Informationen zu unterscheiden. Bereits existierenden Ergebnissen zu den gewünschten Kommunikationsinhalten in Tabellen 10 und 11 werden nun den Ergebnissen der eigenen Befragungen gegenübergestellt. Dies ermöglicht es, Entwicklungen der Einschätzungen verschiedener finanzieller und nicht-finanzieller Kennzahlen abzulesen und eventuelle Abweichungen herauszufiltern.

Aussagen zur Frequenz und zur Quantität sind den Untersuchungsergebnissen nicht direkt zu entnehmen, sondern müssen zu einem Großteil individuell und situationsspezifisch auf Unternehmensebene entschieden werden.[409] Eine bislang noch nicht untersuchte Sondersituation bezüglich der Informationspräferenzen stellt die Earnings Guidance dar. Ergebnisse zu deren spezifischer Gestaltung werden daher separat dargestellt.

---

[407] Für Aussagen zur Signifikanz der Ergebnisse wurde prinzipiell von einer fünfprozentigen Irrtumswahrscheinlichkeit ausgegangen.

[408] Vgl. hierzu Abschnitt 5.2.3

[409] Siehe auch Abschnitt 5.3.2.

## 5.4.2 Erfolgsfaktoren der Kapitalmarktkommunikation

Finanzanalysten legen im Rahmen der Corporate Governance großen Wert auf die Qualität der Informationsversorgung und die Transparenz des unternehmerischen Informationssystems. Hierbei ist nicht nur die externe, sondern gleichsam die interne Informationsversorgung[410] angesprochen. Es zeigt sich in den Untersuchungen, dass Unternehmen auf Basis der Forderungen institutioneller Investoren starke Anpassungen hinsichtlich ihrer IR-Arbeit vorgenommen haben. Die professionellen Adressaten haben demnach genaue Vorstellungen, was eine gute Kapitalmarktkommunikation ausmacht, und artikulieren diese offensichtlich auch.

Übergreifende Erfolgsfaktoren der IR-Arbeit sind, wie Abbildung 22 vermittelt, vor allem die Glaubwürdigkeit des Managements sowie die Qualität und der Umfang der Informationspolitik. Die Kompetenz der IR-Verantwortlichen spielt eine besondere Rolle: nur ein kompetentes IR-Team kann Unsicherheit aus dem Markt nehmen und die essenzielle Glaubwürdigkeit des Managements sicherstellen. Zwar erfüllen die Analysten aufgrund ihrer Marktstellung eine wichtige neutralisierende Funktion zwischen Unternehmen und Investoren. Letztlich sind aber auch sie im Rahmen der externen Aktienanalyse in einem bedeutenden Ausmaß auf die Zuverlässigkeit und Genauigkeit der zur Verfügung gestellten Daten angewiesen, um qualitativ hochwertige Analysen und präzise Prognosen erstellen zu können.[411] Dementsprechend wird der Qualität der publizierten Daten auch eine höhere Wertschätzung als der Frequenz und der Quantität der publizierten Daten zugesprochen. Dies legitimiert auch die hier stattfindende schwerpunktmäßige Beschäftigung mit den Kommunikationsinhalten und den Kommunikationsinstrumenten. Eine umfassende Informationsgewinnung ist aus Sicht der professionellen Adressaten zudem umso wichtiger, je dynamischer und komplexer die Branchen sind. Das Top-Management sollte eine hohe Bereitschaft zum Gespräch mit der Financial Community zeigen und auf einstimmige Aussagen im Sinne einer One-Voice-Policy achten.

---

[410] Hierzu zählen die Gestaltung der Kosten- und Leistungsrechnung sowie der Einsatz einer statischen und dynamischen Investitionsrechnung sowie verschiedener Shareholder-Value-Verfahren. Insbesondere unter dem Aspekt der Wertorientierung wäre der Einsatz von dynamischen Verfahren wünschenswert. Vgl. hierzu Bassen (2002).

[411] Vgl. Wichels (2001).

Abbildung 22: Erfolgsfaktoren von Investor Relations aus Analystensicht

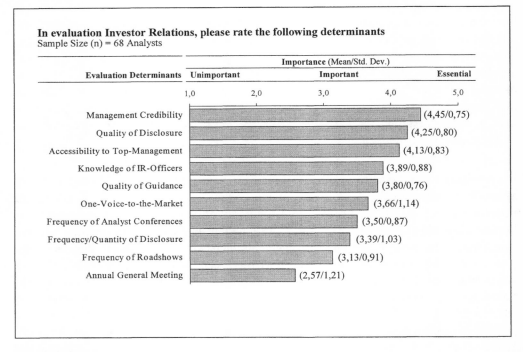

**In evaluation Investor Relations, please rate the following determinants**
Sample Size (n) = 68 Analysts

Quelle: Wichels (2001).

Wachstumsunternehmen sollten der Ausgestaltung der externen Kapitalmarktkommuni-kation bereits in der sehr frühen Phase der Unternehmensentwicklung eine hohe Auf-merksamkeit entgegen bringen.[412] Es kommt zunächst vor allem darauf an, die notwendigen Rahmenbedingungen für die Kapitalmarktkommunikation als *kritische Teilfunktion* zu schaffen. Hierzu zählt eine adäquate Anzahl von IR-Mitarbeitern, wel-che die Kontakte zur Financial Community, insbesondere zu Finanzanalysten, aufbauen und pflegen. Die Entscheidung über ein Outsourcing bestimmter IR-Aktivitäten und der damit zusammenhängenden Entlastung der Mitarbeiter ist daher zu diesem Zeitpunkt von besonderer Relevanz. Auch die wahrgenommene Kompetenz der IR-Mitarbeiter ist eine aus Analystensicht wichtige Größe, sodass auf den entsprechenden Erfahrungshin-tergrund und die Qualifikation zu achten ist.[413] Gerade für Wachstumsunternehmen ist die Bereitschaft des Managements wichtig, Zeit für Analystengespräche einzusetzen.

---

[412] Vgl. Bassen (2002).

[413] Gerade dieser Aspekt ist jedoch in vielen Wachstumsunternehmen nicht erfüllt. Vgl. Abschnitt 5.2.1.1.

Dies stellt für das Management eines Wachstumsunternehmens jedoch zeitmäßig oft eine überproportionale Herausforderung dar.

Es zeigt sich insgesamt, dass die externe und interne Informationsversorgung aus Sicht der professionellen Adressaten ähnlich relevant sind. Dabei ist eine interne Informationsversorgung Voraussetzung und damit neben den genannten Kriterien Erfolgsfaktor für die externe Kapitalmarktkommunikation, da die Effizienz und Effektivität der Kapitalmarktkommunikation direkt von der Existenz und Funktionsfähigkeit der internen Informationsversorgung abhängt. Als wichtigstes Instrument wird eine funktionierende Kosten- und Leistungsrechnung angesehen. Die Unternehmen unterschätzen die Bedeutung aller internen Instrumente der Informationsversorgung allerdings signifikant. Dies kam in bisherigen empirischen Ergebnissen nicht so deutlich zum Ausdruck. Es zeigt sich, dass die Unternehmen aller Börsensegmente den Stellenwert der externen Informationsversorgung überwiegend erkennen. Die Kapitalmarktkommunikation wird von den Kapitalmarktakteuren beobachtet und Handlungsbedarf wird an die Unternehmen signalisiert. Dies stellt für die Unternehmen eine Chance dar, sich durch das Monitoring der externen Adressaten Verbesserungspotenziale erschließen zu lassen.

## 5.4.3 Informationspräferenzen der Finanzanalysten

## 5.4.3.1 Kommunikationsinstrumente

Hinsichtlich der Informationsquellen zeigt Abbildung 23, dass Analysten persönlichen (Einzel- oder Gruppen-)Gespräche mit dem Management sowie Telefonkonferenzen (Conference Calls) eine sehr hohe Bedeutung beimessen. Dies bestätigt die bereits in Abschnitt 5.2.1.3 skizzierten Anforderungen. Etwas unerwartet ist das geringe Interesse, welches Roadshows hervorrufen. Nur für 31% der Analysten stellen diese eine zentrale Möglichkeit zur Informationsbeschaffung dar. Offensichtlich zielt der Wirkungsgrad dieses Instrumentes primär auf institutionelle Investoren, um bestehende und potenzielle Aktionäre zu umwerben.

Abbildung 23: Informationsquellen der Finanzanalysten

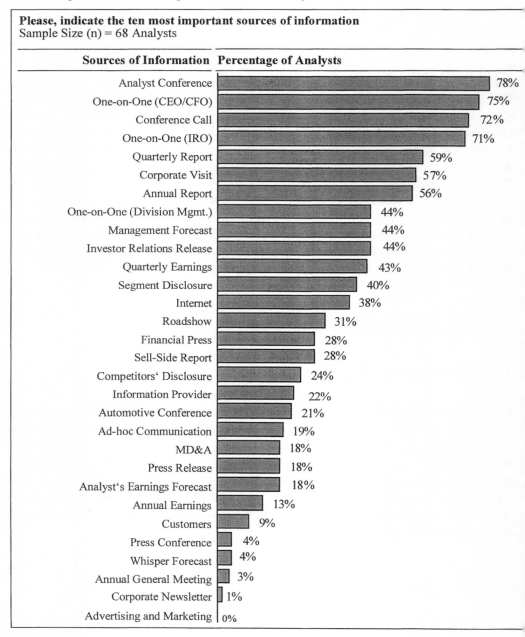

**Please, indicate the ten most important sources of information**
Sample Size (n) = 68 Analysts

| Sources of Information | Percentage of Analysts |
|---|---|
| Analyst Conference | 78% |
| One-on-One (CEO/CFO) | 75% |
| Conference Call | 72% |
| One-on-One (IRO) | 71% |
| Quarterly Report | 59% |
| Corporate Visit | 57% |
| Annual Report | 56% |
| One-on-One (Division Mgmt.) | 44% |
| Management Forecast | 44% |
| Investor Relations Release | 44% |
| Quarterly Earnings | 43% |
| Segment Disclosure | 40% |
| Internet | 38% |
| Roadshow | 31% |
| Financial Press | 28% |
| Sell-Side Report | 28% |
| Competitors' Disclosure | 24% |
| Information Provider | 22% |
| Automotive Conference | 21% |
| Ad-hoc Communication | 19% |
| MD&A | 18% |
| Press Release | 18% |
| Analyst's Earnings Forecast | 18% |
| Annual Earnings | 13% |
| Customers | 9% |
| Press Conference | 4% |
| Whisper Forecast | 4% |
| Annual General Meeting | 3% |
| Corporate Newsletter | 1% |
| Advertising and Marketing | 0% |

Quelle: Wichels (2001).

Da persönliche Gespräche (One-on-Ones in Abbildung 23) aus Analystensicht besonders relevant erscheinen, ist ihre Ausgestaltung näher zu untersuchen. Persönliche Gespräche erfordern nicht unbedingt ein ausgeprägtes Vertrauensverhältnis zum Management, sondern werden auch kurzfristig zum Zwecke einer besseren Informationsgewinnung eingesetzt.[414] Besonders DAX-Unternehmen greifen auf ein bereits aufgebautes Vertrauensverhältnis zu den institutionellen Investoren zurück, das, vermutlich aufgrund der längeren Existenz der Unternehmen und dem längeren Zeitraum der Börsennotierung, signifikant über dem vom SMAX- und NEMAX-Unternehmen liegt. Alle Befragten sind der Auffassung, dass das Vertrauen der stärkste Einflussfaktor auf das Verhalten der institutionellen Investoren ist. Allerdings ist diese Auffassung bei Unternehmen signifikant stärker ausgeprägt als bei institutionellen Investoren, d.h. sie überschätzen die Wirkung und damit auch die Konstanz eines aufgebauten Vertrauensverhältnisses.

Ein bestehendes Vertrauensverhältnis zwischen dem Management und den professionellen Adressaten hat in der Praxis eine ambivalente Wirkung. Zum einen wird eine aktivere Einflussnahme durch besseren Managementzugang und transparentere Informationsgenerierung ermöglicht, zum anderen wird jedoch die Kontrollnotwendigkeit als geringer empfunden, was in einem passiven Verhalten der externen Akteure resultiert. Sell-Side-Analysten sehen durch Vertrauen stärker ein aktives Verhalten gefördert, da sie auf dieser Basis leichter Informationen generieren und verarbeiten können. Asset-Manager und Buy-Side-Analysten sehen dagegen häufig nicht mehr die Notwendigkeit für eine Kontrolle, was sich in einem eher passiven Verhalten äußert.

Eine detailliertere Betrachtung der Kommunikationsinstrumente offenbart signifikante Bedeutungsunterschiede zwischen den Handelssegmenten und zwischen Unternehmen und Investoren. So werden Conference Calls von institutionellen Investoren als signifikant bedeutender eingestuft als von Unternehmen. Dieser Unterschied lässt sich durch die signifikant geringe Bedeutung von Conference Calls bei SMAX-Unternehmen erklären. Zwischen NEMAX- und DAX-Unternehmen sowie institutionellen Investoren gibt es kaum Unterschiede. Die zeitnahe Kommunikation von neuen Informationen an den Kapitalmarkt ist somit bei diesen Unternehmen, eventuell aufgrund der Marktdynamik, sehr viel bedeutsamer. Die geringe Bedeutung bei SMAX-Unternehmen könnte mit deren im Vergleich zu NEMAX-Unternehmen noch geringeren Coverage-Quote zusammenhängen, sodass Conference Calls hier selten notwendig sind. Diese Erklärung wird auch mit der Aussage gestützt, dass Sell-Side- und Buy-Side-Analysten die Be-

---

[414] Vgl. hierzu und zum Folgenden Bassen (2002).

132

deutung von Conference Calls signifikant höher einschätzen als die übrigen institutionellen Investoren.

Erstaunlicherweise finden neben den persönlichen Kommunikationsinstrumenten auch vergangenheitsorientierte Jahresabschlussdaten im Geschäftsbericht großen Anklang, wobei der Quartalsbericht im Vergleich noch entscheidungsrelevanter zu sein scheint. Diesem Instrument kommt somit trotz der mangelnden Zeitnähe und der vermeintlichen Vergangenheitsorientierung der Informationen eine hohe Bedeutung zu. Die Unternehmen unterschätzen dabei signifikant die Bedeutung des Quartalsberichtes für die institutionellen Investoren.

Aus Abbildung 23 wird deutlich, dass Internetinformationen insbesondere im Vergleich zu den persönlichen Instrumenten geringer bewertet werden. Dies widerspricht den in Abschnitt 5.2.1.3 vorgefundenen Ergebnissen. Die Bewertung des Internet als IR-Instrument aus Analystensicht ist somit noch nicht abschließend geklärt. Der Einsatz dieser liquiditätsschonenden Kommunikationsmittel sollte bei Wachstumsunternehmen eigentlich begrüßt werden. E-Mail- und Internet werden als Kommunikationsmittel von Unternehmen in der Bedeutung für institutionelle Investoren überschätzt. Zwar werten auch institutionelle Investoren den Einsatz positiv, Unternehmen schätzen diesen aber signifikant positiver ein. Signifikant häufiger sind E-Mail- und Internet-Kommunikation von SMAX- und DAX-Unternehmen modifiziert worden, was möglicherweise mit der bereits höheren Anfangsqualität der Internetkommunikation von NEMAX-Unternehmen oder mit noch vorhandenen Defiziten in den genannten Segmenten zusammenhängt.

Durchschnittlich führen professionelle Adressaten 45 Gespräche pro Jahr, wobei die Zahl der geführten Telefongespräche um das Zehnfache höher ist. Die durchschnittliche Zahl der von NEMAX-Unternehmen durchgeführten One-on-Ones hat sich im Vergleich zu früheren Erhebungen erhöht[415]: sie liegen mit 59 Gesprächen weit über den SMAX-Unternehmen (20), jedoch noch deutlich unter denen der DAX-Unternehmen (100). Dabei ist es aus Analystensicht durchaus relevant, ob Gespräche mit dem CEO oder dem IRO geführt werden.[416] Auffallend ist ebenfalls die deutlich höhere Wertschätzung, die Einzelgesprächen mit dem IRO im Vergleich zu den Geschäftsbereichsvorständen (Division Management) entgegengebracht wird. Sie demonstriert eindrucksvoll die Bedeutung der IR-Verantwortlichen.[417]

---

[415] Vgl. Abschnitt 5.2.1.2.

[416] Vgl. hierzu und im Folgenden Wichels (2001).

[417] Vgl. Wichels (2002).

Bezüglich den Kommunikationsinstrumenten können insgesamt nur geringe Unterschiede zwischen Buy- und Sell-Side-Analysten identifiziert werden. Insbesondere Sell-Side-Analysten suchen den direkten Unternehmenskontakt, wobei Analysten- und Telefonkonferenzen sowie One-on-Ones mit dem CEO, CFO und IRO die bevorzugten Informationsvehikel darstellen. Buy-Side-Analysten werten neben Einzelgesprächen auf Vorstandsebene hingegen die Research-Produkte der Sell-Side als wichtigste Informationsquellen. Diese Erkenntnisse sind jedoch für Wachstumsunternehmen nicht von primärer Relevanz.

Insbesondere die persönlichen Gespräche werden, wie Abbildung 24 zeigt, nicht nur zur reinen Informationsgenerierung eingesetzt, sondern, neben Anteilsverkäufen und Veröffentlichungen, auch für eine aktive Einflussnahme auf das Management.[418] In den komplexen Branchen des Neuen Marktes dürften Analysten auch stärker an einer Einflussnahme auf die Unternehmensführung interessiert sein als bei einem etablierten Unternehmen. Gerade bei einer geringen Coverage-Quote bzw. bei kleineren Unternehmen hat der einzelne Analyst wesentlich mehr „Gewicht" bzw. ihm wird seitens des Managements auch relativ mehr Aufmerksamkeit entgegengebracht, sodass stärkere Anreize bestehen, seine Monitoring-Funktion zu übernehmen.

Analysten weisen somit zusammenfassend eine deutliche Instrumentenpräferenz zugunsten freiwilliger, persönlicher Maßnahmen auf, welche sie auch dazu nutzen, Einfluss auf das Management zu nehmen. Nichtsdestotrotz sind Quartals- und Geschäftsbericht weiterhin relevante Informationsquellen und eine Herabstufung ihrer Bedeutung ist auf Basis der vorliegenden Ergebnisse nicht zu rechtfertigen. Die Aktivität der Neue-Markt-Unternehmen bezüglich der persönlichen Ansprache von Analysten und institutionellen Investoren hat sich im Laufe des letzten Jahres erhöht. Die Bewertung des Internets aus Sicht professioneller Adressaten bleibt unklar, obgleich in der Praxis die Zunahme von Web-Cast und Analystenkonferenzen über das Internet betont wird. Gerade für Wachstumsunternehmen scheinen die Schnelligkeit und die geringe Kostenbelastung des Interneteinsatzes deutliche Vorteile darzustellen. Insgesamt ist zu vermuten, dass aus Adressatensicht durch den reinen Internetauftritt des Unternehmens kein klarer Mehrwert gegenüber alternativen Informationsquellen geschaffen wird, aber auf dem Internet aufbauende, interaktive Instrumente positiv angenommen werden.

---

[418] Vgl. Bassen (2002).

Abbildung 24: Instrumente der Einflussnahme im Rahmen der Corporate Governance

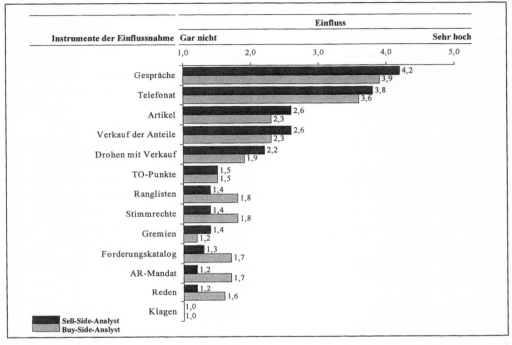

Quelle: Bassen (2002)

Das Vertrauen ist zwar eine wichtige und wirksame Einflussgröße auf das Verhalten der externen Adressaten, hat allerdings ambivalente Auswirkungen und führt sowohl zu aktivem als auch zu passivem Verhalten gegenüber dem Management. Unternehmen müssen verstehen, dass die persönliche Kommunikation sowohl Chancen als auch Risiken beinhalten. Eine Chance ist einerseits darin zu sehen, dass die Informationsversorgung der professionellen Adressaten genauer wird, dass Informationsasymmetrien abgebaut werden und Einfluss genommen werden kann auf die Prädisposition der Analysten. Andererseits ist mit häufigerem Managementzugang auch zu beachten, dass ein verstärktes Monitoring der Unternehmensführung das Management unter einen erhöhten Erfolgsdruck setzt.

## 5.4.3.2 Finanzielle Kommunikationsinhalte

Bezüglich der finanziellen Anforderungen liefert Abbildung 25 eine Präferenzliste aus Sicht der Finanzanalysten.

Obgleich im Rahmen der in der Praxis gängigen Bewertungsverfahren dem Free Cashflow, EBIT sowie dem EBITDA eine große Bedeutung zukommt, wird das EPS als wichtigste preissensitive Variable genannt. Diese Reihenfolge entspricht ungefähr den bereits von Schulz festgestellten Ergebnissen, wobei betont werden muss, dass nicht nur der reinen Zahlenangabe, sondern auch der Ermittlung der „Earnings per Share" Aufmerksamkeit geschenkt wird. Dies erscheint daher plausibel, weil Analysten im Rahmen ihrer Prognosen diese Größe fast ausschließlich als Bezugspunkt nutzen. Hierbei muss allerdings auf den Branchenfokus der Untersuchung (Automobilindustrie) hingewiesen werden, da der Gewinn pro Aktie bei Wachstumsunternehmen nicht immer als aussagekräftige Größe angenommen werden kann.

Daneben sind das Umsatzwachstum und das allgemeine Marktwachstum für die Analysten von Relevanz. Hier spiegelt sich die Entwicklung wider, dass neben den spezifischen Unternehmensnachrichten die Einschätzung globaler Branchenentwicklungen eine zentrale Ursache von Aktienkursschwankungen darstellt. Aus IR-Sicht bedeutet dies im Dialog mit den Analysten eine stärkere Hinterfragung von Industrietrends.[419] Von Unternehmen häufig betonte Investitionsgrößen wie die allgemeinen Kapitalaufwendungen oder die F&E-Kosten, welche die Zukunftsfähigkeit des Unternehmens sichern sollen, werden hingegen nur selektiv als preisstimulierende Faktoren eingeschätzt. Dieses Ergebnis steht allerdings im Gegensatz zu dem in Tabelle 10. Die Bedeutung von Investitionsgrößen kann jedoch gerade aus Sicht von Wachstumsunternehmen hoch eingeschätzt werden, obgleich natürlich der Investitionserfolg mit mehr Unsicherheiten behaftet ist als bei etablierten Unternehmen. Eine positive Interpretation des Investitionsvolumens als Indikator zukünftigen Wachstums wäre somit für Wachstumsunternehmen vorteilhaft.[420]

---

[419]  Vgl. Wichels (2001).

[420]  So zeigen Noe/Parker (2000), dass überproportional hohe Marketingaufwendungen z.B. in der Internetbranche trotz anfänglicher Beeinträchtigung der Profitabilität optimal sein können. Durch aggressives Marketing, welches als *Sunk Cost* gesehen wird, wird die Wahrscheinlichkeit, in späteren Perioden den Markt zu dominieren, erhöht, und es werden Markteintrittsbarrieren geschaffen. Sie sehen die Marketingaufwendungen als langfristige Investitionen, welche strategische Realoptionen für spätere Perioden generieren. Vgl. Noe/Parker (2000), S. 3-5.

Abbildung 25: Bedeutung finanzieller Informationen aus Analystensicht

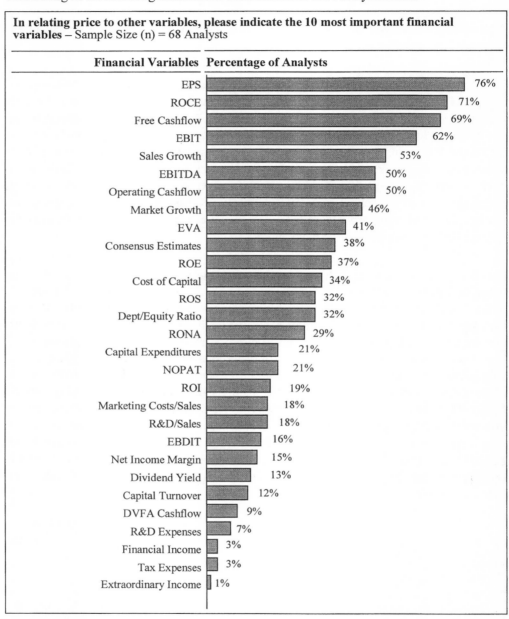

**In relating price to other variables, please indicate the 10 most important financial variables** – Sample Size (n) = 68 Analysts

| Financial Variables | Percentage of Analysts |
| --- | --- |
| EPS | 76% |
| ROCE | 71% |
| Free Cashflow | 69% |
| EBIT | 62% |
| Sales Growth | 53% |
| EBITDA | 50% |
| Operating Cashflow | 50% |
| Market Growth | 46% |
| EVA | 41% |
| Consensus Estimates | 38% |
| ROE | 37% |
| Cost of Capital | 34% |
| ROS | 32% |
| Dept/Equity Ratio | 32% |
| RONA | 29% |
| Capital Expenditures | 21% |
| NOPAT | 21% |
| ROI | 19% |
| Marketing Costs/Sales | 18% |
| R&D/Sales | 18% |
| EBDIT | 16% |
| Net Income Margin | 15% |
| Dividend Yield | 13% |
| Capital Turnover | 12% |
| DVFA Cashflow | 9% |
| R&D Expenses | 7% |
| Financial Income | 3% |
| Tax Expenses | 3% |
| Extraordinary Income | 1% |

Quelle: Wichels (2001).

Es überrascht, dass Verhältniskennzahlen eine tendenziell untergeordnete Rolle spielen, obwohl die Gegenüberstellung von periodischen Erfolgsgrößen und den kalkulatorischen Kapitalkosten den Kern des Shareholder-Value-Ansatzes darstellt. Mit Ausnahme des Return on Capital Employed *(ROCE)* nimmt keine Profitabilitätsgröße eine besondere Bedeutung ein. Weder die Ermittlung der Eigenkapitalrendite *(Return on equity)* noch die Kalkulation der Umsatzrendite *(Return on sales)* oder des Return on Net Assets *(RONA)* scheint von wesentlicher Relevanz zu sein. Während dieses Ergebnis für Wachstumsunternehmen nicht unbedingt überraschend wäre, ist es für Unternehmen der Old Economy jedoch ungewöhnlich. Vielleicht hat sich hinsichtlich dieser Kennzeichen bereits eine gewisse Skepsis aufgrund der möglichen Manipulierbarkeit der bilanziellen Größen durchgesetzt. Tendenziell hat die Aussagekraft auch im Hinblick auf die in Tabelle 12 dokumentierten Ergebnisse so genannter Shareholder-Value-orientierter Kennzahlen zugenommen. Wurde die Kennzahl *Economic Value Added* (EVA) in früheren Untersuchungen noch als unwichtig erachtet, so unterstreichen immerhin 40% der von Wichels befragten Analysten ihre Bedeutung. Eine ähnliche Entwicklung ist für die Kennzahl ROCE festzustellen.

Eine gesonderte Betrachtung von Buy-Side- und Sell-Side-Analysten zeigt, dass ebenso wie bei der Analyse der Bewertungspraxis[421] und der Informationsquellen ein weitgehender Konsens in der Einschätzung über die Wertrelevanz von finanziellen Variablen im Rahmen der Aktienanalyse herrscht.

Insgesamt ist zu bemerken, dass sich bei den finanziellen Angaben im Vergleich zu früheren Ergebnissen Änderungen ergeben haben. So nimmt die Aussagekraft traditioneller Renditekennzahlen merklich ab. Hingegen ist ein Bedeutungszuwachs bei jenen Größen zu verzeichnen, die auch verstärkt für die Unternehmensbewertung herangezogen werden. Geht man davon aus, dass Multiplikatorenverfahren noch vor dem DCF-Verfahren in der Praxis eingesetzt werden, so ist die Bedeutung der EBIT-Größen als Ausgangsgröße für verschiedene Multiplikatoren gestiegen. Von unverminderter Bedeutung ist allerdings die Aussagekraft des Gewinns pro Aktie. Viele finanzielle Größen wurden im Vergleich verschiedener Studien unterschiedlich bewertet, sodass nur wenige Kennzahlen pauschal als nicht entscheidungsrelevant eingestuft werden können. Dazu gehören u.a. die Dividendenrendite, verschiedene DVFA-Kennzahlen sowie der Jahresüberschuss nach HGB.

---

[421]   Vgl. Abschnitt 4.3.

138

### 5.4.3.3 Nicht-finanzielle Kommunikationsinhalte

Bezüglich der nicht-finanziellen Angaben wurde bereits deutlich, dass diese für Wachstumsunternehmen von besonderer Bedeutung sind.[422] Nachfolgende Abbildung 26 zeigt die Befragungsergebnisse, welche grundlegend mit den existierenden Ergebnissen in Tabelle 11 übereinstimmen.

Abbildung 26: Bedeutung nicht-finanzieller Informationen

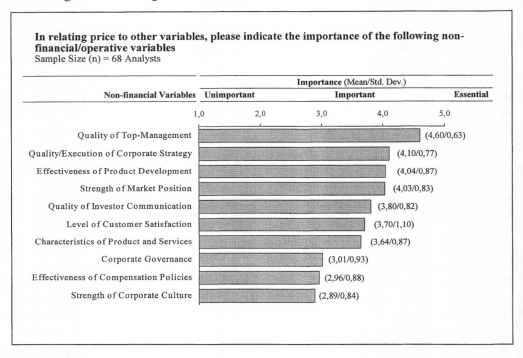

Quelle: Wichels (2001)

Die nicht-finanziellen Inhalte werden in der Reihenfolge ihrer Bedeutung aus Analystensicht vorgestellt. Innerhalb der befragten Analysten sowie auch zwischen Buy- und Sell-Side herrscht eine hohe Übereinstimmung über die Relevanz von *nicht-finanziellen Faktoren*, unter denen die *Qualität des Top-Managements* eine überragende Bedeutung innerhalb der Aktienanalyse einnehmen. Die Ergebnisse stützen damit Vergleichsstu-

---

[422]  Vgl. Abschnitt 5.4.2.

dien, welche die Managementqualität als Ursache substanzieller Bewertungszuschläge anführen.[423]

Daneben stellen die strategische Vision und deren Umsetzung (*Quality/Execution of Corporate Strategy*) einen zentralen Aspekt in der Einschätzung von Analysten über die künftige Ertragskraft von Unternehmen dar. Da die Tätigkeit der Analysten zumeist langfristig angelegt und auf die Prognose der Unternehmensentwicklung ausgerichtet ist, messen Analysten ergänzend zu den in Abbildung 26 aufgezeigten Größen einem umfassenden strategischen Management eine hohe Bedeutung zu.[424] Im Rahmen der so genannten Non-Financials muss somit die kontinuierliche Darstellung und Erklärung der eingeschlagenen Unternehmensstrategie einen entsprechend hohen Stellenwert einnehmen, um einen Einblick in die strategische Unternehmensentwicklung zu gewähren. Im Folgenden wird daher der Versuch unternommen, den oftmals vage umschriebenen Informationsaspekt „Strategie" zu konkretisieren.[425] Es werden vier Teilaufgaben im strategischen Management unterschieden: die strategische Absichten, die strategische Analyse, die Strategiewahl und die strategische Kontrolle.[426] Der Schwerpunkt der Darstellung liegt auf der Strategiewahl.

Bezogen auf die *langfristigen Unternehmensabsichten* zeigt sich, dass dem *Unternehmensleitbild* eine hohe und den formulierten *Erfolgszielen* eine sehr hohe Bedeutung von Unternehmen und von institutionellen Investoren beigemessen wird. Signifikant höher wird die Bedeutung der langfristigen Absichten von Sell-Side-Analysten eingeschätzt.

Eine *strategische Analyse* der Unternehmensumwelt[427] erscheint ebenfalls institutionellen Investoren und Unternehmen sehr bedeutend, wobei institutionelle Investoren die Bedeutung signifikant höher einschätzen. Hier unterschätzen insbesondere Unternehmen des NEMAX und SMAX die Erwartungen der institutionellen Investoren. Dies steht im Gegensatz zur als besonders dynamisch empfundenen Umwelt seitens des Managements von Neue-Markt-Unternehmen und weist möglicherweise auf bislang unterentwickelte Systeme der strategischen Planung am Neuen Markt hin.

---

[423] Vgl. Kames (2000), S. 110.

[424] Vgl. Bassen (2002).

[425] Vgl. hierzu und zum Folgenden Bassen (2002).

[426] Vgl. Kreikebaum (1993), S. 34 sowie Behnam (1998), S. 66ff.

[427] Im Rahmen der strategischen Analyse werden die verschiedenen Ebenen der Umwelt (externe Analyse) und des Unternehmens (interne Analyse) hinsichtlich ihres Ist-Zustandes und ihrer potenziellen Entwicklungspfade erfasst. Ein bekanntes Werkzeug für diesen Zweck ist bspw. die SWOT-Analyse. Vgl. Kreikebaum (1997), S. 40ff.

Die bei der *Strategieauswahl* wichtigen Variablen sind u.a. *Produkte/Märkte, der regionale Geltungsbereich* und der *Grad der Eigenständigkeit*. Unter den funktionsorientierten Strategien hat sich die *Finanzierungsstrategie* als besonders interessanter Informationsaspekt herausgestellt. Gerade die Finanzierung des Wachstums bleibt auch für bereits börsennotierte Wachstumsunternehmen ein Kernproblem. Aber auch die Markterweiterung sowie die Zusammenarbeit mit anderen Unternehmen ist aufgrund der speziellen Ressourcenbeschränkung der Wachstumsunternehmen von kritischer Bedeutung.

Differenziert nach Produkten und Märkten weisen institutionelle Investoren der Verbreiterung der Produktpalette und der Diversifikation eine mittlere bis hohe Bedeutung zu. Unternehmen am Neuen Markt schätzen die Bedeutung signifikant höher ein als die anderen Handelssegmente. Die von Wachstumsunternehmen verfolgte Strategie, eine breitere Produktpalette mit einem Hauptprodukt und wenigen Nebenprodukten anzubieten, wird von institutionellen Investoren vorteilhaft beurteilt. Dies gilt insbesondere für Sell-Side-Analysten, die dieser fokussierten Strategie eine signifikant höhere Bedeutung beimessen als andere institutionelle Investoren.

Bedeutend ist für institutionelle Investoren die Internationalisierungsstrategie. Von Unternehmen und institutionellen Investoren wird die Bedeutung als hoch bis sehr hoch bewertet, da in der Internationalisierung ein Wertsteigerungspotenzial vermutet wird. Vor allem NEMAX- und DAX-Unternehmen schätzen den Einfluss höher ein als SMAX-Unternehmen. Auch wenn die Unterschiede nicht signifikant sind, kann dieses Ergebnis als Erklärung für die im Vergleich stärkere Internationalisierung von NEMAX- und DAX-Unternehmen herangezogen werden.[428]

Hinsichtlich des Grades der Eigenständigkeit werden Kooperationen, strategische Allianzen und Akquisitionen unterschieden. Die Bedeutung von Kooperationen und Allianzen wird von Unternehmen und institutionellen Investoren als hoch bis sehr hoch bewertet, wobei institutionelle Investoren die Bedeutung signifikant höher einschätzen. Innerhalb der Unternehmen bewerten besonders die NEMAX-Unternehmen Kooperationen als bedeutend wichtiger als die anderen Unternehmen. Für sie wird der Vorteil im Vordergrund stehen, dass Kooperationen sehr kurzfristig, partiell und damit äußerst flexibel und ressourcenschonend eingesetzt werden können. Akquisitionen werden wiederum von Unternehmen und institutionellen Investoren in der Bedeutung als mittel bis hoch bewertet. Aufschlussreich ist die Betrachtung dieser Ergebnisse nach Handelssegmenten: vor allem DAX-Unternehmen schätzen die Bedeutung von Akquisitionen

---

[428] Eine Analyse der Emissionsprospekte aller Neuemissionen am Neuen Markt im ersten Halbjahr 2000 zeigt, dass die Internationalisierung bereits der drittwichtigste Verwendungszweck für die im Zuge der Börseneinführung erhaltenen Emissionserlöse darstellt. Vgl. Vollrath (2002).

höher ein, was sicherlich an der deutlich höheren Zahl an durchgeführten Akquisitionen liegt. Es zeigt sich somit, dass Wachstumsunternehmen die Bedeutung der Flexibilität von Kooperationen für institutionelle Investoren höher einschätzen, während etablierte Unternehmen den langfristigen Charakter von Akquisitionen aus Investorensicht höher bewerten und Kooperationen eventuell aufgrund ihrer möglichen negativen Effekte, z.B. eines erhöhten Koordinationsbedarf, ablehnen.

Ein weiterer wichtiger Aspekt der institutionellen Investoren ist die Finanzierungsstrategie. Hierzu zählen z.B. Eigen- und Fremdkapitalaufnahme und der Rückkauf eigener Aktien.[429] In der Bewertung zeigen sich durchgehend signifikante Unterschiede zwischen Unternehmen und institutionellen Investoren.

Die Bedeutung einer erneuten Eigenkapitalaufnahme für institutionelle Investoren schätzen Unternehmen signifikant geringer ein als die institutionellen Investoren selbst. Dies liegt möglicherweise daran, dass Unternehmen seltener mit Kapitalerhöhungen konfrontiert sind als institutionelle Investoren. In die gleiche Richtung deuten die Ergebnisse in Bezug auf die Fremdkapitalaufnahme. Zwar schätzen sowohl institutionelle Investoren als auch Unternehmen die Bedeutung geringer als die Eigenkapitalaufnahme ein. Die Bewertung der institutionellen Investoren liegt aber signifikant über derjenigen der Unternehmen. Die Ergebnisse verdeutlichen, dass sich Unternehmen aller Handelssegmente der Signalwirkung von Finanzierungsmaßnahmen auf institutionelle Investoren nicht vollumfänglich bewusst sind

Mit dem Rückkauf eigener Aktien ist ein Rückfluss von Liquidität an die institutionellen Investoren verbunden. Auch hier liegen die Einschätzungen der Bedeutung von Unternehmen signifikant unter denen von institutionellen Investoren. Besonders die Aussagen von DAX- und NEMAX-Unternehmen fallen signifikant auseinander. NEMAX-Unternehmen schätzen die Bedeutung des Aktienrückkaufs für institutionelle Investoren sehr viel geringer ein. Die Kapitalmarktwirkung wird von den Unternehmen tendenziell unterschätzt, obgleich eine Vielzahl von Rückkaufprogrammen am Neuen Markt existiert.

Die Bedeutung der abschließenden *strategischen Kontrolle*, d.h. die Kontrolle der Annahmen und der Strategiedurchführung, wird wiederum von Unternehmen und institutionellen Investoren hoch bewertet. Die Bedeutung für institutionelle Investoren ist aus Unternehmenssicht signifikant niedriger als aus Investorensicht.

---

[429] Vgl. zu weiteren finanziellen Maßnahmen Bassen (2002).

Es zeigt sich zusammenfassend für den Kommunikationspunkt „Strategie", dass die Unternehmen häufig Aspekte innerhalb der verschiedenen Teilaufgaben des strategischen Managements - Absichten, Analyse, Durchführung und Kontrolle - in ihrer Bedeutung unterschätzen. Abbildung 27 bildet die Bedeutung der einzelnen Aspekte aus Sicht von Analysten zusammenfassend ab.

Abbildung 27: Anforderungen an die strategische Planung und Kontrolle

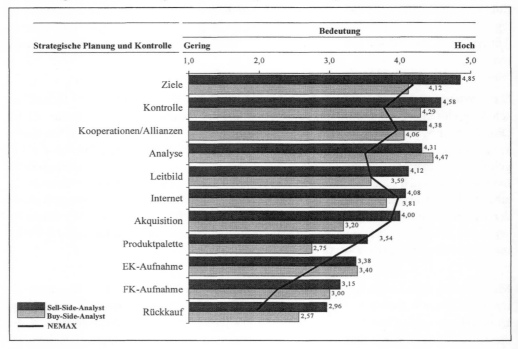

Quelle: Bassen (2002).

An welcher Stelle die Prioritäten auch für die Kapitalmarktkommunikation zu setzen sind, ist deutlich ablesbar. Besonders wichtig erscheinen institutionellen Investoren formulierte Unternehmensziele und deren Kontrolle. Bezogen auf die ebenfalls wichtige Strategiewahl zeigt sich, dass bei Wachstumsunternehmen eine Verringerung des Risikos durch eine moderate Verbreiterung der Produktpalette positiv aufgenommen wird. Alle anderen, hier nicht aufgeführten Arten der Diversifikation werden von institutionellen Investoren ablehnend bewertet. Wesentlich aus Sicht der institutionellen Investoren sind Kooperationen und strategische Allianzen, besonders mit internationaler Dimension. Hinsichtlich der Finanzierungsstrategie zeigt sich, dass Unternehmen deren

Signalwirkung für die institutionellen Investoren weitgehend unterschätzen.[430] Es sollte daher insbesondere über Kooperationen, Akquisitionen und eine internationale Expansion sowie über Finanzierungsmaßnahmen ausführlich informiert werden. Insbesondere das Timing und die voraussichtliche Wertgenerierung strategischer Entscheidungen wird durch die Finanzanalysten kritisch hinterfragt. Auf dieser Ebene kann somit auch durch entsprechende Kommunikation eine Shareholder-Value-Orientierung demonstriert werden.

Abbildung 26 zeigt jedoch noch weitere wichtige Non-Financials auf. Die Bedeutung der *Marktposition* von Unternehmen spiegelte sich bereits in der finanziellen Kennziffer des Marktwachstums wider. Überraschend ist die ebenfalls als sehr bedeutsam eingeschätzte *Effektivität der Produktentwicklung*, da den F&E-Kosten im Rahmen der finanziellen Kennziffern nur eine sekundäre Bedeutung zugesprochen wurde. Schließlich spielt auch die im Fokus dieser Arbeit stehende *Kapitalmarktkommunikation* eine wichtige Rolle als nicht-finanzielle Größe, die ebenfalls zu nennenswerten Zu- und Abschlägen bei der Aktienbewertung führen kann.

Die *Unternehmenskultur* sowie die in Deutschland in jüngerer Zeit diskutierte erfolgsabhängige *Entlohnung* von Führungskräften zur Harmonisierung divergierender Eigentümer- und Managementinteressen sind als wichtig einzuschätzen.[431] In relativer Hinsicht nehmen sie aber innerhalb der Aktienanalyse ebenso wie der im Vergleich zu den angelsächsischen Ländern neue *Corporate-Governance*-Aspekt eine weniger bedeutsame Rolle ein.[432] Allerdings ist im Abgleich zu früheren Ergebnissen zu bemerken, dass die Corporate Governance zunehmend in das Blickfeld der professionellen Adressaten gelangt ist und sich mittlerweile als bewertungsrelevante Information einstufen lässt.[433]

Insgesamt ist festzuhalten, dass sich die Forderung nach nicht-finanziellen Informationen mit der Zeit zunehmend verfestigt hat und frühere empirische Ergebnisse somit bestärkt wurden: Schwerpunkte liegen weiterhin bei Informationen über die Management-

---

[430] Diese finanziellen Transaktionen haben z.T. Signalcharakter und vermitteln somit, neben der expliziten Kapitalmarktkommunikation, indirekte Informationen. Mohanram (1999) sieht sie als eine alternative Kommunikationsform zu Investor Relations an. Er führt bspw. den Aktienrückkauf als Information über eine vorliegende Unterbewertung und die Dividendenzahlung als Information über eine moderate Volatilität und eine stabile Profitabilität an. Vgl. Mohanram (1999), S. 8-11.

[431] Vgl. dazu ausführlich Achleitner/Wichels (2000), S. 2 und die dort angegebene Literatur.

[432] Vgl. Bassen/Böcking/Loistl/Strenger (2000), S. 693-698 zur Bewertung von Corporate-Governance-Strukturen.

[433] Vgl. Bassen/Böcking/Loistl/Strenger (2000), S. 693.

qualität, die Unternehmensstrategie und die Marktposition. Allerdings ist die Konkreti-sierung des Strategieaspektes ein dringendes Anliegen, dem auf Basis der vorliegenden Ergebnisse näher gekommen wurde. Neu hinzugekommen sind lediglich die Aspekte der Corporate Governance und der Unternehmenskultur.

### 5.4.3.4 Ausgestaltung der Earnings Guidance

Neben der mittel- bis langfristig angelegten Kommunikationspolitik müssen Unterneh-men ebenfalls kurzfristig agieren, indem sie die Erwartungen der Analysten präventiv steuern. Dies geschieht im Rahmen der bereits beschriebenen Earnings Guidance. Wird diese effektiv eingesetzt, so können Unternehmen aus Analystensicht bedeutende Vor-teile generieren sowie Nachteile vermeiden. An Vorteilen wird, wie Abbildung 28 zeigt, u.a. eine höhere Glaubwürdigkeit, eine reduzierte Fehlbewertung auf Analysten- und Investorenseite, mehr langfristige Investitionen, ein erhöhter Aktienkurs und eine ver-minderte Risikoprämie erwartet. Diese Vorteile sind insbesondere für Wachstumsunter-nehmen bedeutsam, da sie in allen genannten Kriterien potenzielle Nachteile gegenüber etablierten Unternehmen verbuchen müssen. Auf die Frage nach möglichen asymmetri-schen Kursreaktionen als Konsequenz erfüllter bzw. enttäuschter Markterwartungen bestätigt die überwältigende Mehrheit der Analysten die Existenz systematischer Kapi-talmarktsanktionen infolge von Ergebnisverfehlungen. Die Nachteile eines fehlenden Erwartungsmanagements wiegen demnach ebenso stark wie die oben genannten Vor-teile einer effektiv gemanagten Earnings Guidance.

Auch zur operativen Umsetzung der Earnings Guidance wurden Ergebnisse erzielt. Das Management sollte die Financial Community insbesondere im Fall einer bedeutsamen (ca. 7-10% in der Automobilindustrie) negativen oder auch positiven Gewinnabwei-chung vorab informieren. Ist die Abweichung geringer, so ist die Notwendigkeit von so genannten Pre-Announcements nicht gegeben. Wichtig ist für junge Unternehmen die Einsicht, dass auch eine konstante Outperformance der Erwartungen nicht dienlich für die Kapitalmarktperformance ist.

Abbildung 28: Wahrgenommene Vorteile einer effektiven Earnings Guidance

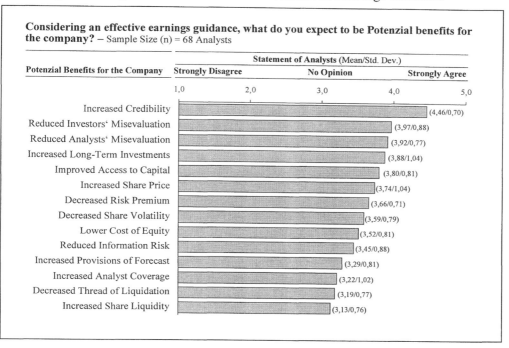

**Considering an effective earnings guidance, what do you expect to be Potenzial benefits for the company?** – Sample Size (n) = 68 Analysts

| Potenzial Benefits for the Company | Statement of Analysts (Mean/Std. Dev.) | | |
|---|---|---|---|
| | Strongly Disagree | No Opinion | Strongly Agree |

| Potenzial Benefits | Value |
|---|---|
| Increased Credibility | (4,46/0,70) |
| Reduced Investors' Misevaluation | (3,97/0,88) |
| Reduced Analysts' Misevaluation | (3,92/0,77) |
| Increased Long-Term Investments | (3,88/1,04) |
| Improved Access to Capital | (3,80/0,81) |
| Increased Share Price | (3,74/1,04) |
| Decreased Risk Premium | (3,66/0,71) |
| Decreased Share Volatility | (3,59/0,79) |
| Lower Cost of Equity | (3,52/0,81) |
| Reduced Information Risk | (3,45/0,88) |
| Increased Provisions of Forecast | (3,29/0,81) |
| Increased Analyst Coverage | (3,22/1,02) |
| Decreased Thread of Liquidation | (3,19/0,77) |
| Increased Share Liquidity | (3,13/0,76) |

Quelle: Wichels (2001).

Bei der inhaltlichen Gestaltung der Earnings Guidance überwiegen Forderungen nach quantitativen Informationen. So verlangen 26% bzw. 33% der Analysten bei kleinen Gewinnüberraschungen die Vorhersage einer *Bandbreite* voraussichtlicher Gewinnkennziffern und ein äquivalenter Anteil sogar genaue *Punktschätzungen*.[434] Im Rahmen von großen negativen und großen positiven Gewinnüberraschungen fordert mit einer Zustimmungsquote von 52% bzw. 49% die Mehrheit der Analysten Vorhersagen über eine Bandbreite. Genaue Punktschätzungen werden hingegen von nur 25% bzw. 12% der Analysten präferiert. Alle sonstigen Varianten wie die Angabe der maximalen Abweichung, Äußerungen nicht-finanzieller Natur oder ein unternehmerisches Signalling durch z.B. Aktienrückkäufe spielen kaum eine Rolle.[435]

---

[434] Bei kleinen positiven Gewinnüberraschungen handelt es sich dabei allerdings nur um jeweils drei Analysten.

[435] Der Rückkauf eigener Aktien hat bspw. eine positive Signalwirkung am Kapitalmarkt, da solche Ankündigungen im Regelfall nur dann erfolgen, wenn das Management den Marktwert der eigenen Aktien aufgrund interner Informationen für unterbewertet hält. Vgl. Achleitner (2001b) S. 336.

Gerade in letzter Zeit sind Gewinnwarnungen durch Wachstumsunternehmen in der Wirtschaftspresse zur Regel geworden. Die Gründe hierfür liegen mehrheitlich an fehleingeschätzten Produktentwicklungs- und -einführungskosten, allgemeinen Marktfehleinschätzungen sowie Projektverschiebungen.[436] Analysten erwarten eine frühzeitige Information, da sie kursrelevante Neuigkeiten nicht erst der Presse entnehmen wollen. Die Ausgestaltung der Krisenkommunikation im Rahmen der Earnings Guidance stellt eine große Herausforderung dar, da eine Gewinnwarnung nicht gleichsam den Bruch mit der Financial Community bedeuten sollte. Analysten fordern in einer solchen Situation Angaben, die ihnen relativ genaue Indikationen über die aktuelle Gewinnentwicklung liefern, gleichwohl aber ausreichend Raum für eigene Analysen lassen. Diese Tendenz gilt insbesondere für Sell-Side-Analysten, während Buy-Side-Analysten detailliertere Aussagen in Form von Punktschätzungen präferieren. Die Earnings Guidance sollte also besonders in Wachstumsunternehmen bedacht werden und es sollte entsprechende Leitlinien geben, um gerade in Krisensituationen die so genannte „One-Voice-Policy" gegenüber dem Kapitalmarkt einzuhalten. Dies kann auch auf Wachstumsunternehmen angewandt werden, die u.U. noch keine Gewinne aufweisen: sie müssen die Analysten darauf vorbereiten, wann in Zukunft die Gewinnschwelle erreicht bzw. warum diese nicht erreicht wird. Eine effektiv gemanagte Earnings Guidance steht somit unter Umständen in der Bedeutungsskala noch oberhalb einer all zu detaillierten Kommunikationsstrategie, erfordert aber auch in der Umsetzung noch mehr Expertise und entsprechend qualifizierte IR-Mitarbeiter.

## 5.5 Zwischenfazit

Die Analyse der empirischen Ergebnisse als auch die eigenen Erhebungen haben aufschlussreiche Erkenntnisse sowohl über die Gestaltung der Kapitalmarktkommunikation in Deutschland als auch über die Informationsbedürfnisse der Finanzanalysten geliefert.

Zweifelsohne nimmt das Thema „Kapitalmarktkommunikation" sowohl in der Wahrnehmung der Unternehmen als auch der potenziellen Zielgruppen einen hohen Stellenwert ein. Es wurde bestätigt, dass sich die Kapitalmarktkommunikation als Bestandteil einer wertorientierten Unternehmensführung einen festen Platz geschaffen hat. Im Folgenden werden zunächst die Erkenntnisse bestehender Studien knapp resümiert, bevor auf die Resultate der eigenen Befragungen eingegangen wird.

---

[436]   Vgl. Wassiluk (2001), S. 399.

Bestehende empirische Ergebnisse liefern bereits einen umfangreichen Datenkranz zu den hier interessierenden Themengebieten. Aus den IR-spezifischen und rechnungslegungsorientierten Studien ist deutlich ablesbar, wie sich die besonderen Charakteristika von Wachstumsunternehmen im Rahmen der Kapitalmarktkommunikation äußern. Viele der zunächst theoretisch abgeleiteten Folgeprobleme[437] manifestieren sich in den empirischen Ergebnissen. Beispielsweise. ist die Coverage-Situation am Neuen Markt im Vergleich zu den DAX-Werten unbefriedigend; die Kontaktfrequenz zu den institutionellen Investoren ist unterdurchschnittlich. Die für Investor Relations eingesetzten Humanressourcen sind in Qualität und Quantität durchschnittlich unterhalb der von etablierten Unternehmen einzuordnen.

Die Zielgruppenpräferenzen und die Bewertung der eingesetzten Instrumente sind denen etablierter Unternehmen recht ähnlich. Orientiert wird sich bei der Gestaltung der Kommunikation primär an den Bedürfnissen der Finanzanalysten und institutionellen Investoren. Deren Informationsbedürfnisse erstrecken sich sowohl auf finanzielle als auch auf nicht-finanzielle Informationen, worauf sich die Unternehmen prinzipiell eingestellt haben. Der Einsatz gerade neuer Kommunikationsmedien, wie dem Internet und E-Mail, kann nicht pauschal befürwortet werden, da gerade innerhalb der Gruppe der professionellen Adressaten noch weitgehende Uneinigkeit besteht. Der Informationsstand im Bereich der Kapitalmarktkommunikation ist insgesamt als umfangreich zu beurteilen; es bestehen jedoch weiterhin klar identifizierbare Forschungslücken. Dies gilt bspw. in Bezug auf Wachstumsunternehmen und Finanzanalysten: da es bislang keine Untersuchung gab, die speziell diesen Unternehmenstypus mit dieser Zielgruppe verbindet, wird die Motivation für die vorliegende Studie zusätzlich erhöht.

Die eigenen Befragungsergebnisse bestätigen nicht nur vorliegende Ergebnisse, sondern erweitern und konkretisieren diese deutlich. Es werden zum einen wichtige kontextspezifische Erkenntnisse zum Umgang mit den Finanzanalysten im Rahmen der Unternehmensführung und der Earnings Guidance herausgearbeitet. Zum anderen wird durch die erneute Erhebung der finanziellen und nicht-finanziellen Informationsbedürfnisse eine Aussage über deren Entwicklung im Zeitablauf möglich. Die für das Verständnis der Unternehmensstrategie als relevant empfundenen Informationen werden detaillierter aufgeführt und in einen Zusammenhang mit der Unternehmensführung am Neuen Markt gebracht. Weitere Evidenz für die Charakteristika von Wachstumsunternehmen und die Folgewirkungen auf die Kapitalmarktkommunikation wurde somit gewonnen.

---

[437] Vgl. dazu Abschnitt 3.2.

Finanzanalysten benutzen persönliche Kommunikationsmaßnahmen nicht nur in ihrer Funktion als Informationsintermediär, sondern ebenfalls im Sinne eines Monitoring-Agent[438], welcher aktiv Einfluss auf die Unternehmensführung nimmt. Dabei wird von Wachstumsunternehmen u.a. erwartet, dass die Kapitalmarktkommunikation bereits zum Zeitpunkt des Börsengangs etabliert ist.

Die Informationsbedürfnisse der Finanzanalysten werden durch die eigenen Erhebungen weitestgehend bestätigt. Bei den finanziellen Informationen ergeben sich geringfügige, aber beachtenswerte Verschiebungen, während die Anforderungen an die so genannten Non-Financials nahezu identisch ermittelt werden. Die differenzierte Betrachtung von Buy-Side- und Sell-Side-Analysten zeigt insgesamt, dass Unterschiede in den Kommunikationsinhalten und -instrumenten Einzelfallcharakter aufweisen und sich insgesamt ein hoher Homogenitätsgrad zwischen den Analystengruppen herauskristallisiert, der eine Differenzierung in der Informationspolitik nicht notwendig erscheinen lässt.

Innerhalb der Teilfunktionen des strategischen Managements und auch innerhalb der Kapitalmarktkommunikation gibt es klar identifizierbare Bereiche, welche Wachstumsunternehmen in ihrer Bedeutung für institutionelle Investoren unter- oder überschätzen. Es ist wahrscheinlich, dass jene Bereiche eventuell auch in der externen Kommunikation unter- oder überrepräsentiert sind. Unterschätzt werden im Bereich der Kommunikation vor allem die Bedeutung interner Informationssysteme und Shareholder-Value-Kennzahlen sowie die Wirksamkeit von Conference Calls und Quartalsberichten. Im Bereich des strategischen Managements wird der strategischen Analyse und den verschiedenartigen Finanzierungsmaßnahmen tendenziell eine zu geringe Bedeutung zugemessen. Hingegen wird das Internet in seiner Wirkung überschätzt. Die genannten Bereiche bieten demnach die wichtigsten Ansatzpunkte für Verbesserungsmaßnahmen.

Weiterführend sind vor allem die Erkenntnisse zur Earnings Guidance, d.h. der erwünschten und gezielten Steuerung der Markt- bzw. Analystenerwartungen. Eine effektiv gestaltete Earnings Guidance bringt zahlreiche (Wahrnehmungs-)Vorteile insbesondere aus Sicht von Finanzanalysten mit sich, wobei davon auszugehen ist, dass sich gerade junge Unternehmen nur ungenügend darüber bewusst sind. Gleichwohl sind für Wachstumsunternehmen die Vorteile, auch aufgrund häufiger auftretender Krisensituationen, nicht zu unterschätzen. Dies gilt insbesondere vor dem Hintergrund, dass sich Wachstumsunternehmen im Vergleich zu etablierten DAX-Unternehmen auf ein signifikant schwächer ausgeprägtes Vertrauen stützen können und somit ein professionelles Erwartungsmanagement auch in dieser Hinsicht förderlich erscheint.

---

[438] Vgl. zu den Funktionen von Finanzanalysten Abschnitt 4.1.1.

Die eigenen Erhebungen haben es somit ermöglicht, Wachstumsunternehmen konkrete Empfehlungen für die Gestaltung der Kapitalmarktkommunikation zu geben. Durch das Aufdecken von Fehleinschätzungen bestimmter Kommunikationsinhalte und -mittel seitens der Unternehmen, die eventuell in einer Fehlwahrnehmung der Analysten und Investoren resultieren, wurde gezielt Verbesserungspotenzial offengelegt. Die Konkretisierung der Anforderungen an die Gestaltung und operative Umsetzung der Earnings Guidance gibt Unternehmen für diesen schwierigen und oft heiklen Bereich der Kommunikation mit Analysten Hinweise.

Abschließend muss auf die Grenzen der empirischen Ergebnisse für die vorliegende Themenstellung eingegangen werden. Branchenspezifika wurden in der Untersuchung vernachlässigt. Ergebnisse aus einer Industrie der „Old Economy"[439] müssen auch im Hinblick auf ihre Übertragbarkeit auf neue, innovative Branchen geprüft werden. Es kann also nur bedingt von einer Repräsentativität der Ergebnisse für alle Arten von Wachstumsunternehmen ausgegangen werden. Somit wurden zwar auf Seiten der Finanzanalysten noch spezifischere Ergebnisse als zuvor generiert, die Unternehmensseite könnte im Hinblick auf die Branchenzugehörigkeit jedoch noch differenzierter betrachtet werden.

Weitere Grenzen der eigenen Befragungsergebnisse sind zum einen in den allgemeinen methodischen Nachteilen der überwiegend schriftlich durchgeführten Befragungen zu sehen. Bei der Auswertung und Interpretation muss bspw. bedacht werden, dass die Unternehmenssicht eine gewisse Verzerrung beinhaltet: waren Akquisitionen bspw. ein erfolgreiches Instrument für das Unternehmenswachstum in der Vergangenheit, so schätzen die Unternehmen diese Maßnahme auch als bedeutsam für die Kapitalmarktadressaten ein. Gleiches gilt für den Grad der Internationalisierung. Ist umgekehrt wie im Falle der Wachstumsunternehmen der Zugang zu Fremdkapital erschwert, so wird die Bedeutung der Fremdkapitalaufnahme für die Investoren und Analysten subjektiv niedriger eingestuft.

Zum anderen liegen aufgrund des erst kurzen Beobachtungszeitraums am Neuen Markt seit 1997 keine gefestigten Ergebnisse bzw. langjährigen Entwicklungen vor. Trotzdem sind bereits Änderungen, z.B. im Sinne einer Professionalisierung der IR-Arbeit, festzustellen, sodass die vorliegenden Ergebnisse ein relativ authentisches Abbild der jüngeren Vergangenheit bei Wachstumsunternehmen des Neuen Marktes zeichnen.[440]

---

[439] Die Untersuchung von Wichels bezog sich auf die Automobilindustrie.

[440] Inwieweit die momentane Markt-Baisse die IR-Aktivitäten beeinflusst, ist zur Zeit nicht absehbar, belegt die gewonnenen Ergebnisse jedoch mit keinem Vorbehalt, da gerade in einer Marktbereinigungsphase für die verbleibenden Unternehmen die Kapitalmarktkommunikation relevant bleiben wird.

Das nun folgende Kapitel dient dazu, die in den vorangehenden Kapiteln 3 bis 5 herausgearbeiteten Ergebnisse inhaltlich zusammenzuführen und auf Basis dessen einen Kriterienkatalog für Wachstumsunternehmen zu erarbeiten, welcher die Ausgestaltung der Kapitalmarktkommunikation mit Finanzanalysten umfasst.

# 6 Empfehlungen für das IR-Management in Wachstumsunternehmen

## 6.1 Zielsetzung eines Kriterienkataloges und Einbettung in das IR-Management

*Zielsetzung* des Kriterienkataloges ist es, die praktische Gestaltung eines wertorientierten IR-Managements in Wachstumsunternehmen zu unterstützen. Es werden normative Vorgaben zur praktischen Gestaltung der Kapitalmarktkommunikation formuliert, die es Wachstumsunternehmen ermöglichen, ihre Kommunikation mit Finanzanalysten zu optimieren sowie einen unternehmensspezifischen Wahrnehmungs- und Wettbewerbsvorteil innerhalb der Financial Community, insbesondere bei den Analysten, zu erzielen.

Anhand der vier idealtypischen Phasen des IR-Managements - Konzeption, Planung und Durchführung sowie Kontrolle[441] - wird deutlich, dass ein Kriterienkatalog phasenspezifisch verschiedene Funktionen erfüllt. In der strategisch angelegten Konzeptionsphase werden *strategische Rahmenkriterien* mit Grundsatzcharakter langfristig festgelegt. In der mittelfristig ausgerichteten Planungs- und Durchführungsphase greifen detailliertere, *operative Umsetzungskriterien*, bevor in der Kontrollphase *evaluierende Erfolgskriterien* für die Kommunikation mit Finanzanalysten formuliert werden. Nach einer umfassenden phasenspezifischen Betrachtung kann dann ein ganzheitliches *Analyst Communication Model* abgeleitet werden, welches die genannten Kriterien vereint.

Abbildung 29 zeigt die Kriterien und ihre Zuordnung zu den Phasen des IR-Managements auf und deutet gleichzeitig an, dass der Schwerpunkt der Ableitung auf den operativen Umsetzungskriterien liegt.

---

[441] Vgl. Abschnitt 2.3.

Abbildung 29: Einbettung der Kriterien in den IR-Managementprozess

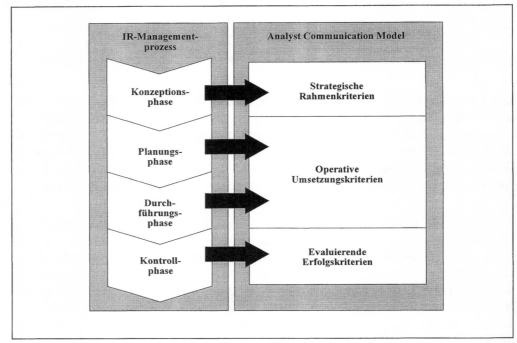

**Quelle: Eigene Darstellung**.

Für die Ableitung der Kriterien bietet es sich an, chronologisch anhand der einzelnen Phasen des IR-Managements vorzugehen. Hierbei muss berücksichtigt werden, dass in der Praxis keine scharfe Trennung zwischen den einzelnen Phasen des IR-Managements vorgenommen wird und kann. Die Differenzierung zwischen strategischen und operativen Kriterien wird jedoch beibehalten, da es sich hierbei um zwei verschiedene Ebenen hinsichtlich des Zeitbezugs und des Detaillierungsgrades handelt, für die eine gewisse Praxisrelevanz unterstellt wird. Auch die Trennung von Umsetzung und anschließender Kontrolle kann als gängige Handhabe in der Praxis vorausgesetzt werden.

Bevor die inhaltliche Synthese erfolgen kann, wird festgehalten, welchen Grundanforderungen ein Kriterienkatalog für die Kapitalmarktkommunikation unter Berücksichtigung der oben genannten Zielsetzung gerecht werden sollte.

## 6.2 Allgemeine Anforderungen an den Kriterienkatalog

In Anlehnung an die für die Einschätzung der verschiedenen Unternehmensbewertungsmethoden benutzten Kriterien[442] dienen die allgemeinen Anforderungen einer zielkonformen Gestaltung des Kriterienkataloges.

Unter Beachtung der Zielsetzung des Kriterienkataloges werden die Praktikabilität, Flexibilität und Spezifität als grundsätzliche Gestaltungsregeln vorangestellt und im Folgenden begründet.

Damit der Kriterienkatalog die praktische IR-Arbeit unterstützen kann, sollte er eine *adäquate Komplexität* aufweisen. Ziel ist es, unter Berücksichtigung der Umsetzbarkeit ein ausgewogenes Verhältnis zwischen Vollständigkeit und Übersichtlichkeit zu erreichen. Der Vollständigkeit halber sollten alle vier Teilaspekte Qualität, Medien, Quantität und Zeit adressiert werden. Da jedoch für die Quantität empirische Ergebnisse nicht vorhanden und normative Vorgaben nur sehr eingeschränkt möglich sind, wird davon ausgegangen, dass unternehmensindividuell über den nicht-wettbewerbsschädlichen Informationsumfang entschieden wird. Der Teilaspekt ‚Zeit' wird als Frequenz des Instrumenteneinsatz interpretiert.

Da das Unternehmen im Laufe der Börsennotierung individuelle Entwicklungsphasen durchläuft und zunehmend unternehmensspezifische Details in die Kapitalmarktkommunikation integriert werden müssen[443], sollte der Kriterienkatalog *flexibel* und auch *individualisierbar* sein. Er muss so allgemein formuliert sein, dass er für alle Wachstumsunternehmen relevant ist, sollte aber gleichzeitig Potenzial bieten, auf Branchen- oder Unternehmensspezifika einzugehen.

Unter *Spezifität* wird verstanden, dass der Kriterienkatalog auf die Charakteristika von Wachstumsunternehmen und deren Kommunikation mit Finanzanalysten zugeschnitten ist. Seine Eignung für etablierte Unternehmen wird nicht notwendigerweise eingeschränkt, die Aussagekraft für Wachstumsunternehmen jedoch erhöht. Der Kriterienkatalog wird jedoch für die Ansprache von Privatanlegern und Journalisten wenig Relevanz haben. Gewährleistet wird die Spezifität primär durch den Einbezug der empirischen Ergebnisse der Kapitalmarktkommunikation von Wachstumsunternehmen und der Informationspräferenzen der Finanzanalysten, aber auch durch die explizite Berücksichtigung der besprochenen Bewertungsprobleme von Wachstumsunternehmen.

---

[442] Vgl. Abschnitt 4.3.1.

[443] Vgl. Bassen (2002).

Die Erfüllung der Grundanforderungen wird im Anschluss an die nun folgende phasenspezifische Ableitung überprüft, da erst dann das komplette Gefüge im Rahmen eines Analyst Communication Models erarbeitet ist.

## 6.3 Erarbeitung phasenspezifischer Kriterien

### 6.3.1 Strategische Rahmenkriterien

Die strategischen Rahmenkriterien stellen grundlegende Werte der Kapitalmarktkommunikation bei Wachstumsunternehmen dar und sollten als „Mission Statement" der IR-Abteilung verstanden werden. Dabei wird sich an den Grundsätzen einer ordnungsgemäßen Kapitalmarktkommunikation[444] orientiert. Allgemein werden folgende Grundsätze herangezogen[445]: Zielgruppenorientierung, Offenheit, Wirtschaftlichkeit, Transparenz, Gleichbehandlung, Aktualität, Wesentlichkeit, Kontinuität und Glaubwürdigkeit. Diese Grundsätze werden in ihrer Bedeutung für Wachstumsunternehmen hinterfragt und sind gegebenenfalls aufgrund der spezifischen Bedürfnisse der Wachstumsunternehmen zu ergänzen. Wichtig erscheint abschließend eine Priorisierung der Grundsätze anhand ihres Bedeutungsumfanges.

- *Zielgruppenorientierung*: Eine adressatengerechte Ansprache ist für Wachstumsunternehmen ebenso relevant wie für etablierte Unternehmen. Allerdings kann aus Gründen der Wirtschaftlichkeit nicht zu stark differenziert werden, z.B. in eine Kapitalmarktkommunikation für professionelle Anleger und Kleinaktionäre. Da Wachstumsunternehmen auch hinsichtlich der empirischen Ergebnisse einen klaren Fokus auf die professionellen Adressaten richten, sollte diese Gruppe auch für die Gestaltung der Kapitalmarktkommunikation ausschlaggebend sein. Ein Vorteil ist darin zu sehen, dass der Umfang der aus Sicht der professionellen Adressaten gewünschten Informationen so groß ist, dass die übrigen Adressaten wie z.B. Wirtschaftjournalisten und Kleinaktionäre einen umfangreichen Datenkranz erwarten können. Nachteile sind in der Gefahr eines Information Overflows und einer zu hohen Komplexität der bereitgestellten Informationen für weniger professionelle Adressaten zu sehen, welche dem Verständnis der Unternehmensentwicklung abträglich sind.

---

[444] Vgl. Abschnitt 2.4.1.

[445] Vgl. Diehl/Loistl/Rehkugler (1998), S. 14ff. sowie Abbildung 3.

- *Offenheit*: Eine offene Darstellung der Unternehmensentwicklung sollte vor allem ehrlich sein und auch negative Informationen schnell an den Markt bringen. Dieser Grundsatz ist insbesondere wichtig für die volatile Entwicklung vieler Wachstumsunternehmen und wirkt hinein bis in die Gestaltung der Earnings Guidance. Hierbei kann und sollte im Hinblick auf die titelspezifische Volatilität nicht jedes eintretende oder potenzielle Ereignis sofort an den Markt gebracht werden, aber für den Kurs wesentliche Änderungen, auch wenn sie formal nicht der Ad-hoc-Publizitätspflicht unterliegen, offen an den Markt kommuniziert werden. Die Offenheit kann auch dazu beitragen, sich aus Sicht des Unternehmens von einem etwaigen Image-Malus des gesamten Handelssegmentes, wie es zur Zeit für den Neuen Markt vorherrscht[446], zu befreien.

- *Wirtschaftlichkeit*: Während die Zielgruppenorientierung für eine Effektivität der Kapitalmarktkommunikation sorgt, sollte der Einsatz verschiedenster Maßnahmen auch in einem angemessenen Kosten-Nutzen-Verhältnis stehen. Allgemein besteht für die Effizienzmessung der Kapitalmarktkommunikation die Schwierigkeit der Isolierung ihrer Wirkung auf die verschiedenen Zielgrößen[447], sodass ein Nutzen nur sehr indirekt zu messen ist. Zur Annäherung sollten Wachstumsunternehmen sich des vermuteten Zielbeitrags[448] und der Zielgruppeneignung[449] der freiwilligen Kommunikationsinstrumente bewusst werden, da die gesetzlichen Maßnahmen ohnehin zu erfüllen sind.

Hingegen ist die Kostenseite der Investor Relations durchaus transparent und auch unter den angenommenen Charakteristika für Wachstumsunternehmen sehr relevant. Die Budgetierung des IR-Bereiches sollte dabei marktorientiert vorgenommen werden, da das Unternehmen relativ zu seinen Peers, z.B. die Unternehmen derselben Branche und desselben Segmentes, wahrgenommen wird und nicht direkt mit z.B. DAX-Werten konkurriert. In die Budgetierung sollte auch die Outsourcing-Entscheidung eingebracht werden, um indirekte Kosten im Sinne einer zu starken Bindung der meist geringen Humanressourcen in externalisierbare Aufgaben zu berücksichtigen. Schlüsselfaktoren einer wirtschaftlichen Kapitalmarktkommunikation bei Wachstumsunternehmen sind demnach die marktorientierte Budgetierung, die ziel- und zielgruppenorientierte Bewertung der freiwilligen Kommunikationsmaßnahmen und der aktive Einbezug des Outsourcing.

---

[446] Die aktuell zu beobachtende Krise am Neuen Markt wird auf zu geringe Transparenz und mangelnde Sanktionen seitens der Börsenorganisation zurückgeführt. So wird ein strengeres Regelwerk, höhere Bußgelder und die Möglichkeit eines Delistings gefordert. Vgl. o.V. (2001c), S. 27.

[447] Vgl. Diehl/Loistl/Rehkugler (1998), S. 21; Steiner/Hesselmann (2001), S. 105 und S. 116.

[448] Vgl. Abschnitt 2.4.3.

[449] Es sollte entsprechend der Präferenzliste die Eignung für professionelle Adressaten im Vordergrund stehen.

- *Transparenz*: Unter Transparenz wird in Abgrenzung zum Grundsatz der Offenheit verstanden, dass das Unternehmen unter der Beachtung der Wettbewerber versucht, die wesentlichen Ziele und Maßnahmen der strategischen Unternehmensentwicklung darzustellen. Dies schließt auch zukunftsbezogene, unsichere Angaben ein, bei denen naturgemäß keine vollständige Transparenz herrschen kann. Wie die aktuelle Entwicklung am Neuen Markt zeigt, ist die Signalfunktion eines strengen Regelwerkes mit entsprechenden Zulassungsfolgepflichten langfristig nicht ausreichend, um die Transparenzanforderungen des Marktes zu erfüllen[450], sodass es aus Sicht des einzelnen Wachstumsunternehmens gilt, im Rahmen der Kommunikationsstrategie eigene Maßstäbe für die Transparenz zu definieren. Dies weist bereits auf die Relevanz des Value-Reporting-Konzeptes für die Planung und Durchführung der Kapitalmarktkommunikation hin.

- *Gleichbehandlung*: Dieser Grundsatz basiert auf der aktienrechtlichen Regelung der Gleichbehandlung aller Aktionäre[451], gilt jedoch unter Berücksichtigung des faktischen Ablaufs der IR-Arbeit im Rahmen des Wertpapierhandelsgesetzes auch für das Verhältnis zwischen Finanzanalysten und den ihnen nachgelagerten Investoren. Dieser Grundsatz sollte jedoch unter der Maßgabe, wichtige Informationen nicht vorzuenthalten, für Wachstumsunternehmen weniger relevant sein, da allein aus der Wirtschaftlichkeitsüberlegung und der Zielgruppenorientierung eine legale und notwendige Ungleichbehandlung resultiert: der IR-Manager widmet einen Grossteil der Zeit professionellen Adressaten mit denen er persönliche Einzel- und Gruppengespräche führt.

- *Aktualität*: Hiermit ist die Zeitnähe der Informationen angesprochen, die ergänzend zur Transparenz und zur Offenheit wirkt. Aufgrund der hohen Veränderungsrate des Umfelds und des Wachstumsunternehmen selbst ist die Aktualität der Kapitalmarktkommunikation zwingend. Auch die Einhaltung der den jeweiligen Handelssegmenten vorgegebenen Veröffentlichungsfristen[452] für die Regelpublizität sollte aus Glaubwürdigkeitsgründen gewährleistet sein.

- *Wesentlichkeit*: Dieser Grundsatz soll Wachstumsunternehmen dazu anhalten, nur die Informationen zu veröffentlichen, die bewertungs- und entscheidungsrelevant sind. Eine Negativabgrenzung von nicht-wesentlichen Informationen scheint dabei verhältnismäßig sinnvoller. Die Überprüfung hat jedoch kontinuierlich zu erfolgen,

---

[450] Wie wirksam die Signalfunktion ist, hängt natürlich auch von den bestehenden Sanktionsmechanismen ab. Das Beispiel Regelwerk Neuer Markt zeigt dies. Hier besteht zwar die rechtliche Möglichkeit der Verhängung von Bußgeldern, die Deutsche Börse AG hat aber erst in jüngster Vergangenheit davon Gebrauch gemacht.

[451] Vgl. § 53a AktG.

[452] Für einen Überblick der Fristen vgl. Feinendegen/Nowak (2001), S. 374.

da mit der Unternehmensentwicklung Informationen u.U. wesentlich werden, die es zuvor nicht waren. Die Wesentlichkeit unterstützt zum einen die Wirtschaftlichkeit, da auch für die Kommunikationsinstrumente bestimmt werden kann, welches unter Berücksichtigung des Kommunikationsziels und der Zielgruppe als wesentlich gelten kann. Zum anderen wird die Glaubwürdigkeit erhöht, da dem Eindruck vorgebeugt wird, das Management wolle mit Nebensächlichkeiten von den Kernfakten „ablenken". Insgesamt ist jedoch davon auszugehen, dass bei Erfüllen der Zielgruppenorientierung bereits die wesentlichen Informationen aus Zielgruppensicht ausgewählt werden.

- *Kontinuität*: Eine stetige Kapitalmarktkommunikation beugt Informationslücken des Marktes vor und verstetigt somit die Erwartungen der Marktteilnehmer. Für Wachstumsunternehmen ist die Kontinuität vor allem im Anschluss an die Börsennotierung zu beachten. Nach erfolgreicher Platzierung der Aktien darf kein Informationsvakuum entstehen - eine Gefahr die aufgrund des überproportionalen Kommunikationsaufwandes im Rahmen der Börseneinführung besteht. Die inhaltliche Kontinuität der Kapitalmarktkommunikation im Sinne einer intertemporalen Vergleichbarkeit sollte zwar grundlegend gegeben sein, allerdings ist bei Wachstumsunternehmen zu berücksichtigen, dass die Kapitalmarktkommunikation anfangs noch unausgereift ist und sich daher noch Änderungen im positiven Sinne ergeben können.

- *Glaubwürdigkeit*: Dieser Grundsatz ist eigentlich ein Surrogat aus der Gesamtheit der übrigen Grundsätze, sodass seine Erfüllung automatisch gesichert ist, wenn das Unternehmen offen, transparent und kontinuierlich wesentliche Informationen kommuniziert. Der Grundsatz der Glaubwürdigkeit stellt eine direkte Verbindung zum Vertrauensaufbau her und ist somit Voraussetzung und Verstärker für eine der wichtigsten Zielgrößen der Kapitalmarktkommunikation von Wachstumsunternehmen.

Die bestehenden Grundsätze haben allesamt eine Relevanz für Wachstumsunternehmen. Aufgrund der Charakteristika von Wachstumsunternehmen und der empirischen Ergebnisse zu deren Kommunikationsverhalten sollten hinsichtlich der Glaubwürdigkeit noch zwei wesentliche Ergänzungen vorgenommen werden, welche eine professionelle IR-Arbeit kennzeichnen: der Grundsatz der Finanzorientierung und der Grundsatz der One-Voice-Policy. Diese Grundsätze haben auch direkte Auswirkung auf die Organisation der Investor Relations.

- *Finanzorientierung*: Aufgrund der geringen Erfahrung, den begrenzten Humanressourcen und der nicht-standardisierten Ausbildung der IR-Mitarbeiter in der Praxis besteht die Gefahr, die Kapitalmarktkommunikation zu stark vor einen Marketing-

Hintergrund zu stellen. Diese Sichtweise eines „Investor-Marketings"[453] oder Aktienmarketings[454] ist im Rahmen einer Emission zu rechtfertigen, da es dort um das Angebot eines Finanztitels geht und die Emissionserlöse maximiert werden sollen. Nach der Emission ist zwar die Erweiterung des Aktionärskreises u.U. erwünscht, primäres Ziel sollte jedoch die Bindung existierender Investoren sein. Eine allzu aggressive „Vermarktungsstrategie" lenkt eventuell von den bestehenden Tatsachen ab und sollte gegenüber Analysten daher vermieden werden. Sinnvoll ist in diesem Zusammenhang auch die inhaltliche Trennung von Public Relations und Investor Relations, um keinem der beiden Bereiche den Fokus zu nehmen, den er grundsätzlich haben sollte: Akzeptanz bei Stakeholdern schaffen vs. Investoren informieren.[455]

- *One-Voice-Policy*: Um einheitliche Aussagen an den Kapitalmarkt zu kommunizieren, ist eine enge Abstimmung zwischen der Unternehmensführung und der IR-Abteilung zu gewährleisten. Dies sollte sich in der internen Organisation bzw. in den Berichtspflichten widerspiegeln. Die Vorstandsbindung sichert die Glaubwürdigkeit zusätzlich und stellt sicher, dass strategische Themen früh genug in die IR-Arbeit aufgenommen werden können. Zudem wird die Kommunikationsbereitschaft des oberen Managements als bevorzugte Zielgruppe der Analysten gestärkt.

Abschließend erscheint es sinnvoll, die Grundsätze zu priorisieren. Unverzichtbar sind die Zielgruppenorientierung und die Wirtschaftlichkeit. Sie können auch in Widerspruch zueinander stehen. Es ist Aufgabe des IR-Managements, die entsprechende Balance herzustellen und zu wahren. Die richtig verstandene Zielgruppenorientierung impliziert bereits die Wesentlichkeit und Finanzorientierung der Informationen, welche auch aus Wirtschaftlichkeitsgründen relevant ist. Die Offenheit und Transparenz der Kommunikationsinhalte sollte gleichzeitig für die notwendige Aktualität der Daten sorgen. Die Kontinuität ist vor allem in dem Sinne zu verstehen, dass Informationslücken oder Marktüberraschungen vermieden werden, obgleich das Kommunikationsniveau abgesehen von einer gesetzlichen Mindestfrequenz mit den Marktgegebenheiten und der individuellen Unternehmensentwicklung schwankt. Auf alledem fußt eine One-Voice-Policy, d.h. ein explizites Commitment, nur eindeutige und einstimmige Aussagen an den Kapitalmarkt zu richten. Die Glaubwürdigkeit resultiert aus der Befolgung der Grundsätze automatisch.

---

[453] Vgl. Simon/Ebel/Pohl (2001).

[454] Vgl. Schulz (1999).

Nach Analyse der einzelnen Grundsätze und ihrer Bedeutung für Wachstumsunternehmen lassen sich somit sieben strategische Rahmenkriterien aufstellen, welche die Grundwerte der Investor Relations darstellen sollten. Abbildung 30 gibt diese wieder. Die Implikationen der Grundsätze, insbesondere der Wirtschaftlichkeit und der One-Voice-Policy, auf die Budgetierung und die Organisation der Investor Relations sollten beachtet werden.

Abbildung 30: Strategische Rahmenkriterien

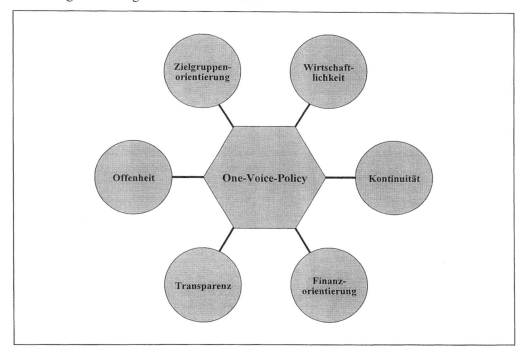

Quelle: Eigene Darstellung.

Die nun folgenden operativen Umsetzungskriterien sollten im Einklang mit den strategischen Rahmenkriterien stehen, um eine glaubwürdige Kommunikation zu erreichen.

---

[455] Für eine Gegenüberstellung von Public Relations und Investor Relations vgl. Thommen/Struß (2001), S. 161. Gerade in Wachstumsunternehmen ist es aufgrund des Ressourcenmangels wahrscheinlich, dass die PR- und die IR-Aufgabe zusammengelegt werden.

## 6.3.2 Operative Umsetzungskriterien

Ziel der operativen Umsetzungskriterien ist es, mittelfristige Prioritäten für Kommunikationsinhalte, Kommunikationsmittel und Zielgruppen festzulegen. Hierbei werden zunächst theoretische Überlegungen angestellt, bevor die empirischen Erkenntnisse über die Informationspräferenzen der Finanzanalysten einfließen und die jeweils konkrete Ausgestaltung vorgeben.

### 6.3.2.1 Kommunikationsinhalte

Es wurde in Abschnitt 3.3.2 bereits festgestellt, dass das Value-Reporting-Konzept ein geeignetes, wertorientiertes Kommunikationskonzept für Wachstumsunternehmen darstellt. Die Eignung wurde anhand folgender Aspekte begründet. Das Value-Reporting-Konzept ist zukunftsorientiert und stellt schwerpunktmäßig auf nicht-finanzielle Informationen ab. Jene sind in der Lage, die immateriellen Aktiva und Optionen eines Wachstumsunternehmen zu fassen, die mehrheitlich den „*Strategic Advantage*" dieser Unternehmen begründen. Dabei sollte die Kommunikation möglichst nicht nur aggregiert, sondern segmentbezogen stattfinden. Dieses letzte Kriterium ist jedoch für Wachstumsunternehmen aufgrund meist einfacher Unternehmensstrukturen nicht von primärer Bedeutung und kann daher vernachlässigt werden.

Die zwei Tabellen von Labhart und Müller werden im Folgenden zu einer Gesamtmatrix vereint, da sie sich inhaltlich sowohl überschneiden als auch ergänzen. Während Labhart (1999) die Trennung in finanzielle und nicht-finanzielle Informationen benutzt, orientiert sich Müller (1998) am Zeitbezug der Informationen. Der Unterteilung der nicht-finanziellen Angaben wird zunächst bewusst offengelassen. Die Gesamtmatrix wird in Abbildung 31 gezeigt und liegt als Framework für die Kommunikationsinhalte von Wachstumsunternehmen zugrunde.

Abbildung 31: Value Reporting als Framework für die Kommunikationsinhalte

| Informationen | Vergangenheit (Total Return) | Gegenwart (Value Added) | Zukunft (Strategic Advantage) |
|---|---|---|---|
| Finanziell | | | |
| | | | |
| | | | |
| | | | |
| | | | |
| Nicht-finanziell | | **Besonders relevante Kommunikationsinhalte für Wachstumsunternehmen** | |
| | | | |
| | | | |
| | | | |
| | | | |

Quelle: Eigene Darstellung in Anlehnung an Labhart (1999) und Müller (1998).

Von Relevanz sind insbesondere gegenwärtige und zukünftige Informationen sowohl finanzieller als auch nicht-finanzieller Natur. Es kann zumindest eine äquivalente Bedeutung von Financials und Non-Financials angenommen werden, wobei letztere letztendlich in den Financials des Unternehmens abzulesen sind. Bei den nicht-finanziellen Angaben haben die in der Unternehmenspublizität bislang vernachlässigten Intangibles einen besonderen Stellenwert einzunehmen.

Vergangenheitsorientierte Informationen sind bei Wachstumsunternehmen entweder nicht vorhanden oder nur von eingeschränkter Aussagekraft. Wettbewerbsvergleiche auf Basis ergebnisbezogener oder finanzieller Kennzahlen können daher meist nicht genutzt werden, um die Attraktivität der eigenen Aktie herauszustellen.[456] Auch gegenwärtige finanzielle Kennzahlen sind nicht unbedingt ausschlaggebend, wenn davon ausgegangen wird, dass aktuelle Gewinn- oder Cashflowschwächen zu den charakteristischen Merkmalen vieler Wachstumsunternehmen gehören.

---

[456] Vgl. Verboom (1992), S. 339.

Im Weiteren gilt es nun, dass Value-Reporting-Framework bzw. die für Wachstums-unternehmen besonders relevanten Bereiche mit Inhalten zu füllen. Hierzu wird sowohl auf die empirisch ermittelten Informationspräferenzen der Finanzanalysten zurückge-griffen als auch die Erkenntnisse aus der Analyse der Unternehmensbewertungsmetho-den integriert. Unter Berücksichtigung des praktischen Einsatzes der Methoden werden lediglich die DCF-Methode und die Multiplikatorenbewertung einbezogen. Eine klare Trennung in finanzielle und nicht-finanzielle Kommunikationsinhalte soll der Übersicht halber vollzogen werden, obgleich in Praxis eine derartige Trennung nicht sinnvoll möglich ist. Eine Differenzierung zwischen Buy- und Sell-Side ist auf Basis der Ergeb-nisse von Wichels (2001) nicht zielführend und wird daher unterlassen.

*Finanzielle Informationen (Financials)*

Da die Equity-Story von Wachstumsunternehmen bis in die jüngste Vergangenheit oft-mals auf reinen Zukunftserwartungen beruhte und die Börseneinführung zur Finanzie-rung des Wachstums dient, wird der Fokus der Finanzanalysten in den zwei bis drei Jah-ren nach dem IPO primär darin liegen, den Einsatz der Emissionserlöse zu überwachen und zu bewerten. Erst dann wird erwartet, dass das Unternehmen eine neue Finanzie-rung (über den Kapitalmarkt) anstrebt[457] und auf Basis der bereits investierten Mittel einen positiven, wenn auch kurzen *Track Record* aufweisen kann. Die finanziellen In-formationen sind prinzipiell aus GuV und Bilanz ablesbar, sollten jedoch zusätzlich verbal kommentiert werden.

Die Abhängigkeit von Zukunftsangaben auch für die Unternehmensbewertung im Rah-men des DCF-Verfahrens lässt Prognosen wichtiger Schlüsselgrößen wie z.B. Umsatz, Ergebnis oder Cashflow über mindestens zwei bis drei Jahre sinnvoll erscheinen. Zwar würde für die Unternehmensbewertung auf Basis eines dreistufigen Lebenszyklusses eine weitaus längere Cashflow-Entwicklung für die Grobplanung benötigt, aber es be-steht auch nicht die Notwendigkeit, den Finanzanalysten eine vollständige Bewertung zu liefern. Verdeutlicht werden muss im Hinblick auf das Erwartungsmanagement in jedem Fall, ob die Prognosegröße einen realistischen Charakter hat oder aber die Form eines Maximalziels darstellt.

Gerade weil umsatzbezogene Multiplikatoren bei Wachstumsunternehmen häufig am sinnvollsten einsetzbar sind, sollten Umsatz und Umsatzwachstum nicht vernachlässigt werden. Hierbei sollten die wichtigsten Umsatz- aber auch Kostentreiber im Rahmen der Non-Financials angegeben werden.

Bei den Ergebnisgrößen sollte vor allem der EBIT (*Earnings before interest and tax*) und der EBITDA (*Earnings before interest, amortization and depreciation*) angegeben werden, da diese Größen auch Basis für häufig verwandte Multiplikatoren sind. Gerade für ausländische Analysten sind sie zudem aussagekräftiger als ein Jahresüberschuss oder auch ein bereinigter Jahresüberschuss nach DVFA-Richtlinien. Hierbei wird die Angabe „pro Aktie" (*Earnings per share*) von den Finanzanalysten präferiert, in den meisten Fällen jedoch noch einmal hinterfragt und erneut berechnet. Daher sollte der Ermittlungsweg der angegebenen Größe unmittelbar erkenntlich gemacht werden, um eine etwaige Abweichung auf die Rechenmethodik zurückführen zu können.

Die Cashflow-Angaben sollten primär in Form des Free Cashflow und des Operating Cashflow gemacht werden. Der Freie Cashflow ist der Cashflow, der den Eigentümern (Eigenkapitalgebern) des Unternehmens zufließt, und daher der relevante Ausgangspunkt für den Flow-to-Equity-Ansatz[458] im Rahmen der DCF-Bewertung ist.

Aufgrund der bestehenden Umweltdynamik ist eine Punktprognose der Erfolgsgrößen u.U. nicht möglich. Sie ist auch nicht besonders glaubhaft, da im Laufe des Prognosezeitraumes vermutlich viele Erwartungsrevisionen nötig wären und auch sind. Es gilt daher, zwischen Prognosezeitraum und Prognosegenauigkeit abzuwägen. Da eine Prognosegenauigkeit generell schwierig und speziell für Wachstumsunternehmen nicht erreichbar ist, ist aus Unternehmenssicht eventuell die Angabe von erwarteten Wachstumsraten oder von Bandbreiten praktikabler, zumal letztere auch von den Finanzanalysten mehrheitlich im Rahmen der Earnings Guidance erwartet werden.

Zur Plausibilisierung von Wachstumsraten kann auch im Hinblick auf die Multiplikatorenbewertung auf Vergleichsunternehmen (Peer Group) verwiesen oder aber ein erkennbarer Trend aus der Vergangenheit fortgeschrieben werden. Im Rahmen der Kommunikationskontrolle[459] können natürlich auch die Konsensschätzungen der Analysten für die eigenen Angaben eventuell verarbeitet werden.

Ferner sollten Prämissen über die Markt- und Branchenentwicklung die Prognose begleiten, da sich dann eine Abweichungserklärung[460] unter Umständen einfacher gestaltet

---

[457] Vgl. Abschnitt 5.4.3.3.

[458] Oftmals wird mit dem Free Cashflow to Equity (FCFE) gerechnet, der sich indirekt aus dem (Net) Operating Cashflow abzüglich Investitionen (Anlagevermögen und Net Working Capital) und Fremdkapitalveränderungen ergibt. Vgl. Schwetzler (2001), S. 65.

[459] Vgl. Abschnitt 6.3.1.

[460] Hirst/Jackson/Koonce (2001) zeigen im Rahmen eines Experiments, dass es für Investoren durch die Offenlegung von Abweichungen leichter wird, Unternehmen zu identifizieren, die bspw. ihre

und Analysten ihre Schätzungen prinzipiell auch über Annahmen absichern müssen. Unter Umständen kann der Einsatz von einfachen Szenarien und Eintrittswahrscheinlichkeiten einen Eindruck über die Sensitivität der Ergebnisse auf Markt-, Branchen- und sonstige Entwicklungen geben, wobei hier sicherlich die Grenzen der Offenlegung im Hinblick auf potenzielle Wettbewerbskosten und somit auf die Wirtschaftlichkeit der Kommunikation erreicht sind.

Aufgrund der Quartalspublizität, die von Seiten der Finanzanalysten mit der im Vergleich zu anderen Pflichtinstrumenten größten Aufmerksamkeit bedacht wird, sollten die Unternehmen ohnehin gezwungen sein, die Markterwartungen in regelmäßigen Abständen zu überprüfen und ggf. zu korrigieren. Um die Notwendigkeit eines Pre-Announcements zu eruieren, ist die Abweichung vom publizierten Prognose- bzw. Zielwert zu ermitteln. Offensichtlich existiert branchenspezifisch ein bestimmter Schwellenwert, bei dessen Überschreitung eine Gewinnwarnung ausgesprochen werden sollte. Diesen gilt es mit zunehmender Erfahrung am Kapitalmarkt und Interaktion mit den für das Unternehmen relevanten Analysten herauszufinden.

Neben der reinen Angabe von Erfolgskennzahlen spielen auch Rentabilitäten aus Sicht der Finanzanalysten eine Rolle. Zu trennen ist hierbei die Angabe „traditioneller" Renditekennzahlen (ROE, ROS) und Shareholder-Value-orientierter Kennzahlen. Die Demonstration eine Shareholder-Value-Orientierung erfordert geeignete Maßstäbe, um die (zukünftige) Wertschaffung extern zu beurteilen. Insbesondere die Kennzahl EVA (*Economic Value Added*) ist in der Bedeutung signifikant angestiegen.

Für die praktische Umsetzung wird meist eine unternehmensindividuelle Kombination vom DCF-Verfahren für die Planung und Übergewinnverfahren als Kontrollinstrument empfohlen[461], es kann jedoch bei Wachstumsunternehmen nicht davon ausgegangen werden, dass eine so ausgereifte Shareholder-Value-Orientierung besteht.[462] Jedoch ist auch nur für den Fall, dass ein solches System geplant wird oder teilweise umgesetzt wird, die Erläuterung des individuell angewandten Wertsteuerungskonzeptes notwendig. Sinnvoll ist in jedem Fall die Angabe einer (Ziel-)Kapitalverzinsung, z.B. in Form des ROCE (*Return on Capital Employed*). Professionelle Adressaten sind darüber hinaus an der Berechnung der verwandten Kennzahl interessiert.[463]

---

Gewinnprognosen aus opportunistischen Gründen aufblähen. Unternehmen, deren Offenlegungsverhalten ehrlich und genauer ist, werden vom Markt belohnt. Vgl. Hirst/Jackson/Koonce (2001), S. 3.

[461] Vgl. Lorson (1999), S. 133.

[462] Dies bestätigt die Untersuchung von Fischer/Wenzel/Kühn (2001).

[463] Die Transparenz der Berechnung und Herleitung betont auch Labhart (1999), S. 266.

Die Umsetzung könnte z.B. in Form eines „Wertberichtes" erfolgen, in welchem eine Unternehmenswertveränderungsrechnung bspw. die Entwicklung der Größen NOPAT, investiertes Kapital und Kapitalkostensatz transparent darstellt.[464] Eine solche Darstellung kann jedoch aufgrund des Publizitätsverhaltens aller börsennotierter Unternehmen und dem derzeitigen Entwicklungsstand des Wertmanagements bei Wachstumsunternehmen nicht erwartet werden.[465]

Die verfolgte *Investitionspolitik* liefert Anhaltspunkte für das geplante und realisierte Wachstum. In jedem Fall sollten die Investitionszwecke und Volumina detailliert angegeben und erläutert werden, um für den Finanzanalysten eine Verbindung zwischen Mittelverwendung und Erfolgswirkung herzustellen.

Bei den Investitionszwecken ist prinzipiell in materielle (*Tangibles*) und immaterielle Investitionsobjekte (*Intangibles*) zu unterscheiden. Die Investitionen in Tangibles sind teilweise indirekt mit der Schaffung von Intangibles verbunden, deren Erläuterung auch im Rahmen der nicht-finanziellen Informationen erfolgt und deren Bedeutung in Wachstumsbranchen besonders hoch ist. Aufgrund ihrer Bewertungsrelevanz sollten direkte oder indirekte Investitionen in *Intangibles* verstärkt kommuniziert werden. Jene können genauer untergliedert werden in:

- Brand Equity (Markenwert),
- Intellectual Capital (Know-how-Potenzial),
- Structural Capital (Organisation und Führung),
- Customer Equity (Kundenbeziehungen) und
- Supplier Relations (Lieferantenbeziehungen).[466]

Alle Aufwendungen, die genannte Intangibles betreffen, sollten detailliert kommuniziert werden, auch wenn geltende Rechnungslegungsvorschriften diese nicht als Investitionen anerkennen. Bei Investitionen in ein elektronisches Bestellsystem werden z.B. die Lieferantenbeziehungen verbessert, welche in der gegebenen Branche einen wichtigen immateriellen Wert darstellen. Bei Marketing- und F&E-Aufwendungen ist bspw. zu diskutieren, welche Wirkungsketten in Gang gesetzt werden sollen, um zukünftig Wert zu

---

[464] Vgl. Black/Wright/Bachman (1998), S. 335f.

[465] Shareholder-Value-Verfahren werden in den meisten Wachstumsunternehmen noch nicht regelmäßig eingesetzt. Vgl. Bassen (2002).

[466] Vgl. Intangibles Research Center (1999), o.S.

schaffen. Für die Argumentation werden meist weiche Faktoren, wie z.B. die Steigerung der Kundenzufriedenheit, oder unsichere Prozesse, wie z.B. das Überschreiten einer klinischen Testphase bei Biotech-Unternehmen, zur Hilfe gezogen. Soweit möglich sollten die in der GuV dokumentierten Investitionen in ihrer voraussichtlichen bzw. geplanten Wirkung beschrieben werden, auch wenn das Endergebnis, wie z.B. höhere Kundenzufriedenheit, keinen direkten Niederschlag in der Bilanz des Unternehmens findet.

*Akquisitionen bzw. Beteiligungen und Kooperationen* und die bei Wachstumsunternehmen vermutlich seltener auftretenden *Desinvestitionen* sollten unter Angabe der jeweiligen Ziele strategisch gerechtfertigt und erwartete Synergiepotenziale, bzw. freigesetzte Ressourcen möglichst quantifiziert werden.[467] Hierbei wird aufgrund der Prädisposition der institutionellen Investoren die Sinnhaftigkeit des externen Unternehmenswachstums vor allem am Kriterium der *Geschäftsnähe* und der potenziellen *Liquiditätsbelastung* beurteilt.[468] Akquisitionen schlagen sich meist in einer immateriellen Goodwill-Position in der Bilanz nieder, deren Wert nicht objektiv nachvollziehbar ist und von Finanzanalysten oftmals kritisch beurteilt wird.[469]

Die *Markt- und Wettbewerbssituation* des Unternehmens ist, soweit möglich, quantitativ mit Marktanteilen zu untermauern. Dies zeigt auch ein Bewusstsein der Wettbewerbssituation. Wichtig ist auch die Angabe des voraussichtlichen Marktwachstum, da hieraus wiederum Rückschlüsse für das Unternehmenswachstum gezogen werden können. Für realistische Annahmen ist der Beitrag des Marktes zum Unternehmenswachstums zu isolieren.

Zusammenfassend ist festzuhalten, dass sich prinzipiell vier Kernbereiche der finanziellen Kapitalmarktkommunikation bei Wachstumsunternehmen herauskristallisieren: die Prognose von Umsatz, Ergebnis und Cashflow, die Angabe von Renditen, die Erläuterung der Investitionsvolumina und -zwecke und die Quantifizierung der Marktposition. Grundsatz ist hierbei für alle Angaben, dass sie intern einer kontinuierlichen Soll/Ist-Kontrolle unterliegen müssen, in die auch die Finanzanalysten unterjährig regelmäßig, so z.B. im Rahmen von Conference Calls zu Quartalsergebnissen, einbezogen werden. Damit kann die Glaubwürdigkeit des Managements und die Wesentlichkeit der

---

[467] Synergien können sich in Kostensenkungen oder zusätzlichem Wachstum ausdrücken. Zum Zwecke ihrer Bewertung sollte zunächst die Art der Synergie spezifiziert werden: güter- oder finanzwirtschaftlich, Management- oder Machtsynergien. Es ist dann zu bestimmen, in welchem Umfang und wann die erwarteten Synergien Cashflow-wirksam werden. Vgl. Kerler (1999), S. 215f.

[468] Vgl. Abschnitt 5.4.

[469] Vgl. o.V. (2001b), S. 3.

Kapitalmarktkommunikation unterstützt werden. Dieser Soll/Ist-Vergleich ist für finanzielle im Vergleich zu nicht-finanziellen Angaben deutlich besser operationalisierbar, da z.B. die Erhöhung der Kundenzufriedenheit nicht extern überprüft werden kann.

*Nicht-finanzielle Informationen (Non-Financials)*

Bei Non-Financials handelt es sich grundsätzlich um Informationen, die nicht primär aus dem betrieblichen Rechnungswesen, sondern stärker aus dem strategischen Management des Unternehmens bezogen werden.[470] Im Gegensatz zu den finanziellen Angaben sind Non-Financials stark branchenspezifisch geprägt. Die Non-Financials bei Wachstumsunternehmen des Neuen Marktes werden sich, wie die Branchenverteilung in Abbildung 32 vermuten lässt, demnach sehr heterogen gestalten und erlauben nur bedingt standardisierte Kriterien. Allerdings wird angesichts der vertretenen Branchen deutlich, wie hoch die Relevanz von Intangibles gerade für den Neuen Markt ist.

Im Grunde genommen stellen Non-Financials Erfolgspotenziale[471] dar, deren Auswirkungen auf die künftige Performance und die künftige Liquidität des Unternehmens schwer quantifizierbar sind.[472] Für die Quantifizierung von nicht-finanziellen Größen wird im Rahmen des *Performance Measurements* versucht, entsprechende Leistungsindikatoren zu formulieren.[473] Die Ursache-Wirkungsketten, über die aus Non-Financials wie z.B. der Kundenzufriedenheit quantifizierbare Umsätze werden, sind äußert bewertungsrelevant, jedoch gerade in Wachstumsbranchen unzureichend durchleuchtet. In der Internetbranche bspw. ist die Dynamik zu verstehen, im Rahmen derer aus einmaligen Besuchern einer Web-Site Stammkunden des Unternehmens werden. Diese Wirkungsketten bzw. die aus Unternehmenssicht wichtigen Indikatoren sind ansatzweise in die Kapitalmarktkommunikation zu übernehmen, um den Analysten Anhaltspunkte zu geben. Aufgrund der Komplexität und der Interdependenz externer und interner Erfolgspotenziale, wie z.B. technologischen Entwicklungen und F&E-Aktivitäten, gilt es eine Auswahl zu treffen, um dem Kapitalmarkt die Prioritäten des Unternehmens zu signalisieren.[474]

---

[470]  Vgl. Abschnitt 3.3.3.

[471]  Vgl. Drobeck (1998), S. 122. *Erfolgspotenziale* sind definiert als „das gesamte Gefüge aller jeweils produkt- und marktspezifischen erfolgsrelevanten Voraussetzungen, die spätestens bestehen müssen, wenn es um die Realisierung geht." Gälweiler (1987), S. 6 [zitiert nach: Loehnert (1996), S. 97].

[472]  Vgl. Drobeck (1998), S. 132.

[473]  Unter *Performance Measurement* wird „das Messen unternehmungszielbezogener Aktionen und der Ergebnisse unternehmenszielbezogener Aktionen" verstanden. Idealtypisch sollte unternehmensintern ein formeller Prozess bestehen, der dazu dient, die Performance eines Unternehmens und seiner Subsysteme zu quantifizieren. Hierbei werden auch nicht-finanzwirtschaftliche Faktoren betrachtet. Vgl. Riedl (2000), S. 18f.

[474]  Vgl. Drobeck (1998), S. 135.

168

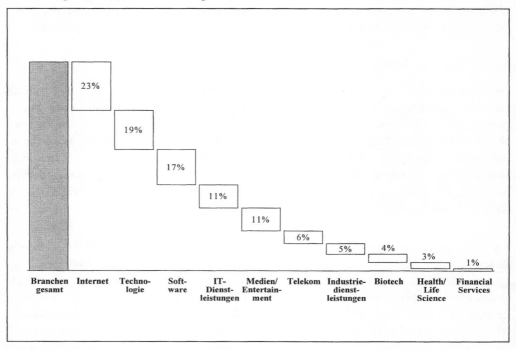

Quelle: Eigene Darstellung. Daten: Deutsche Börse AG (2001)

Für eine strukturierte Darstellung werden die nicht-finanziellen Informationen in der Balanced Scorecard als internem Steuerungsinstrument in die Bereiche Management, Kunden, Prozesse und Entwicklung eingeteilt.[476] Eine überschneidungsfreie Abgrenzung der Non-Financials scheint kaum möglich. Aus Gründen der Übersichtlichkeit werden in einem ersten Schritt Themencluster gebildet, die in einem zweiten Schritt in Einzelangaben aufgefächert werden. So wird gewährleistet, dass für die externe Darstellung der Non-Financials strukturiert vorgegangen wird und je nach Fülle der Einzelangaben auch Prioritäten gesetzt werden können. Auf Basis der empirischen Ergebnisse in Tabelle 12 sowie Abbildung 18 ergeben sich die in Abbildung 36 aufgezeigten Themencluster. Diese Themencluster werden nun in der ungefähren Reihenfolge ihrer Wertschätzung durch Finanzanalysten beleuchtet und die Operationalisierung diskutiert.

---

[475]    Stand Ende des Jahres 2000.

[476]    Vgl. Abschnitt 3.3.3.

Abbildung 33: Themencluster für die nicht-finanziellen Informationen

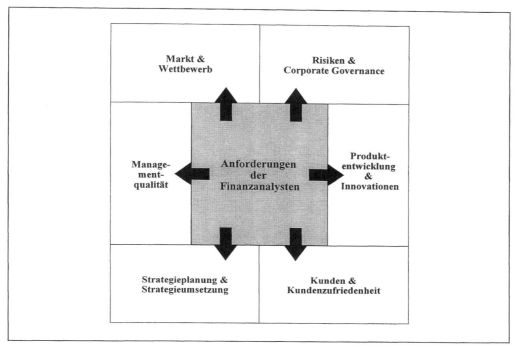

Quelle: Eigene Darstellung.

An erster Stelle der Befragungsergebnisse wird die *Managementqualität* aufgeführt.[477] Da nur eine derivative Messbarkeit und Kommunizierbarkeit gegeben ist, stellt die Managementqualität per se keinen Kommunikationsinhalt dar. Der Informationsgehalt der Kapitalmarktkommunikation ist neben dem Erfolg der eingeschlagenen Strategie ein Einflussfaktor. Auch das kompetente Auftreten in persönlichen Gesprächen und Analystenmeetings ist eine geeignete Plattform für ein Signalling der Managementqualität, die somit als nicht direkt steuerbares Ergebnis der erfolgreich kommunizierten und realisierten Unternehmensentwicklung gelten kann und direkt mit der Glaubwürdigkeit des Managements in Verbindung steht.

Die *Qualität der Unternehmensstrategie* muss vor einem individuellen Unternehmenskontext begutachtet werden. Hierbei können den Wachstumsunternehmen

---

[477] Vgl. Abschnitte 3.2.1. und 3.2.2. Deutlich wird der Sachverhalt in diesem Zitat: „A stock analyst who bets on a company because he thinks the chairman is a genius may do better than the one looking for a positive CFROI." o.V. (1997), o.S. [zitiert nach: Ampuero/Goranson/Scott (1998), S. 47].

grundsätzlich die vier Teilaufgaben des strategischen Managements als Raster dienen, um die verfolgte Strategie logisch und glaubhaft zu begründen.

Grundsätzlich ist eine prägnant formulierte *strategische Vision* von Vorteil, in der die *langfristigen Unternehmensabsichten* deutlich gemacht werden. Es ist davon auszugehen, dass die Verankerung des Shareholder-Value-Gedankens aus Sicht von Finanzanalysten positiv aufgenommen wird. Eng verbunden mit den Absichten ist die *Formulierung von qualitativen und quantitativen Unternehmenszielen*, die möglichst konkret angegeben werden sollten und die Verbindung zu den finanziellen Angaben herstellen. Hierbei können auch zeitlich differenzierte Angaben von kurz- bis langfristig gemacht werden, wobei aufgrund der Prognoseunsicherheit langfristige Ziele in qualitativer Form akzeptiert werden. Zu beachten ist, dass auch die kommunizierten nicht-finanziellen Ziele für Finanzanalysten eine „Kontrollfunktion" haben, obgleich es hier nicht möglich ist, den Zielerreichungsgrad genau festzustellen.[478] Realistische Zielsetzungen können positive Rückwirkungen auf die wahrgenommene Managementqualität haben.

Die Unternehmensstrategie fußt auf dem unternehmensspezifischen *Geschäftsmodell*, welches die Art und Weise der Wertschöpfung umschreibt und möglichst einmaligen Charakter haben sollte. Obgleich börsennotierte Wachstumsunternehmen ihren Businessplan bereits erfolgreich platziert haben, sollte sich die grundlegende Perspektive für die Kapitalmarktkommunikation nicht ändern: das Funktionieren und das erfolgreiche Fortschreiben des Geschäftsmodells im Rahmen der eingeschlagenen Strategie, ohnehin Kern der Equity-Story, muss gegenüber den Analysten und (potenziellen) Kapitalgebern immer wieder unter Beweis gestellt werden und darf somit nicht mit der Börseneinführung beendet sein.

Da die *strategische Analyse* (SWOT-Analyse) überwiegend vertrauliche Informationen generiert, sollte lediglich ihr Grundgedanke auf die externe Kommunikation angewandt werden, indem eine klare Bewertung in „Chance" und „Risiko" für unternehmensexterne (Markt, Wettbewerb, Kunden) und -interne, strategierelevante Aspekte (Produkte, Kompetenzen) vorgenommen wird.

Kern des Themenclusters ‚Strategie' ist als Ergebnis der vorangegangenen Analyse die prägnante *Beschreibung der eingeschlagenen Wachstumsstrategie*. Hierbei stehen üblicherweise die Hebel Produktpalette, Märkte und kritische Größe/Partner im Mittelpunkt des Interesses. Bei der Diversifikation der Produktpalette ist der

---

[478] Vgl. Abschnitt 4.4.1.2.

Zusammenhang zum bestehenden Geschäftsmodell und die zu erschließenden Umsatzpotenziale darzulegen. Die Attraktivität neu penetrierter Märkte muss dargestellt und die Form des Markteintritts insbesondere unter dem Aspekt Kapitalbindung und Humanressourcen betrachtet werden. Analysten werden zum einen die erforderlichen Investitionen mit dem zur Verfügung stehenden Kapital abgleichen, aber auch die potenziell negative Wirkung der Marktausdehnung auf die meist noch geringen Humanressourcen beachten. Um eine kritische Masse im Heimatmarkt oder in ausländischen Märkten aufzubauen, kann es für das Unternehmen notwendig sein, extern zu wachsen. Diese Notwendigkeit sollte erläutert, die Vorteilhaftigkeit des Vorgehens finanziell untermauert und die wesentlichen Rahmenbedingungen einer Kooperation, Allianz oder Akquisition bekannt gegeben werden. Die Wahl der Wachstumsstrategie steht somit in Wechselwirkung mit den Kunden, Märkten, Produkten und Risiken des Unternehmens und muss als übergeordneter Themencluster gelten.

Auch die *Finanzierungsstrategie* ist für die Finanzanalysten wichtig, aber bislang in ihrem Stellenwert im Rahmen der Kapitalmarktkommunikation unterschätzt. Zum einen ergeben sich durch Kapitalstruktureffekte Änderungen bei den Diskontierungsraten im Rahmen der DCF-Bewertung. Zum anderen impliziert eine erneute Eigenkapitalaufnahme Änderungen der Aktionärsstruktur, welche im Rahmen der Corporate Governance relevant erscheinen. Die aufgenommene Kapitalart hat zudem Signalcharakter, da z.B. die Aufnahme von Fremdkapital als positives Zeichen gewertet wird, da das Unternehmen offensichtlich den Zinszahlungen nachkommen kann und die Rückzahlungsverbindlichkeiten das Management disziplinieren. Junge Unternehmen sollten also erkennen, dass die finanziellen Maßnahmen eine indirekte Kommunikation an den Kapitalmarkt darstellen.[479]

Als letzte Teilaufgabe ist es die Funktion der *strategischen Kontrolle*, die Absichten und Erfolgsziele des Unternehmens kontinuierlich auf ihre Erfüllung und Erfüllbarkeit zu prüfen. Die Erfüllung wird dabei jeweils an den formulierten Erfolgszielen festgemacht. Wesentliche Strategieänderungen sollten dem Kapitalmarkt früh genug bekannt gegeben werden, damit im Falle von Abweichungen eine Nachvollziehbarkeit entsteht, die wiederum die Glaubwürdigkeit des Managements und somit die wahrgenommene Qualität stärkt.

Die *Produkte* des Unternehmens sind dem Finanzanalysten zum einen zu erklären und je nach Komplexität auch im Rahmen einer Betriebsbesichtigung vorzuführen. Zum

---

[479] Vgl. Mohanram (1999), S. 1f.

anderen ist der unternehmensspezifische *Produktentwicklungsprozess* darzulegen, der je nach Zeitdauer und Komplexität auch für die Investitionspolitik eine wichtige Rolle spielt. Bei Biotech-Unternehmen ist bspw. mit sehr langen Produktentwicklungs- prozessen und demnach ebenso ausgedehnten und großvolumigen Investitionszyklen zu rechnen.

Eine hohe *Innovationsfähigkeit* als Voraussetzung für die Generierung zusätzlichen Umsatzes kann in den Branchen des Neuen Marktes in sehr unterschiedlicher Weise zum Ausdruck kommen. Für forschungsintensive Unternehmen ist z.B. die Anzahl an Neuprodukten/Technologien, die Anzahl an Produkten in einer klinischen Testphase oder die Anzahl selbstentwickelter Patente relevant. Diese Unternehmen werden korrespondierend dazu auch hohe F&E-Aufwendungen aufweisen. Für Unternehmen, die keine „klassische" F&E betreiben, sind Prozessinnovationen, wie z.B. der Einsatz innovativer Technologien für die Abwicklung von Internetkäufen, vermutlich wichtiger.

Die *Markt- und Wettbewerbsposition* des Unternehmens ist neben quantitativen Angaben auch qualitativ zu kommentieren, jedoch kann der Finanzanalyst bereits anhand der Zahlenangaben relativ gut abschätzen, wie sich das Unternehmen relativ zu seiner Peer Group darstellt. Ferner erhält er Markt- und Branchendaten auch aus anderen zuverlässigen Informationsquellen, sodass das Unternehmen nicht unbedingt einen komparativen Vorteil in der Informationsvermittlung hat.

Umfangreiche Angaben über *Kunden und deren Zufriedenheit* sind von deren Stellenwert für die Wertschöpfung abhängig. Der Stellenwert der Kunden wird zwar für alle Branchen prinzipiell hoch sein, jedoch gerade für forschungsintensive Unternehmen nicht der Schlüsselfaktor zur Wertschöpfung sein. Gerade in Internet-basierten Geschäftsmodellen ist im Vergleich hierzu z.B. die Kundenbasis und die Kundenzufriedenheit ein wichtiger Werttreiber.[480] Davon ausgehend können hohe Marketingaufwendungen auch plausibilisiert und erreichte Ergebnisse wie z.B. die Markenbekanntheit kommuniziert werden. Auch für den Einsatz innovativer Multiplikatoren kann z.B. die Angabe eines durchschnittlichen Kundenwerts bzw. die Angabe der zur approximativen Berechnung benötigten Größen, wie z.B. Durchschnittsumsatz pro Kunde, die durchschnittliche Einkaufshäufigkeit pro Kunde sehr wünschenswert sein. Ebenfalls von Relevanz sind vollkommen neue Maßzahlen, wie z.B. die Reichweite (*Reach*), die Anzahl der „*Unique Visitors*" und die „*Retention*

---

[480] Die Kunden würden dann in Abgrenzung zu finanzwirtschaftlichen und prozessabgeleiteten Werttreibern zu den strategieabgeleiteten Werttreibern gehören. Vgl. Riedl (2000), S. 321.

*Rate*" eines Internetanbieters.[481] Gerade solche alternativen „Measures" sind dem Kapitalmarkt zu erläutern.

Wesentliche, bestandsgefährdende *Risiken*[482] sollten dem Kapitalmarkt kommuniziert werden. Für Wachstumsunternehmen sind insbesondere technologische Risiken und Marktrisiken, wie z.B. die Akzeptanz eines neuen Produktes oder die Entwicklung der Internetnutzung, relevant, können jedoch meist nicht quantifiziert werden. Die Risikokommunikation sollte möglichst offensiv erfolgen, um auch dem Kriterium der Transparenz zu entsprechen. Es gilt zu unterscheiden zwischen grundsätzlich bestehenden Risiken und akut eingetretenen Risiken. Für erstgenannte besteht im Rahmen des Emissionsprospektes und des Geschäftsberichts eine gesetzliche Offenlegungspflicht (§ 248 HGB), die wohl auch in Zukunft auf den Zwischenbericht ausgedehnt wird (E-DRS 6). Akut eintretende und daher kursrelevante Risiken sind über die Ad-hoc-Publizität (§ 15 WpHG) in den Markt zu bringen. Nicht-finanzielle Informationen über Unternehmensrisiken sind im Gegensatz zu allen anderen „Non-Financials" stärker gesetzlich reguliert. Der Mehrwert freiwilliger Risikoinformationen kann trotzdem als hoch gelten, allerdings ist es gerade für diesen Aspekt wichtig, eine vergleichbare und somit von Inhalt, Umfang und Begrifflichkeiten standardisierte Kommunikation anzuwenden.

Das Signalisieren einer effektiven *Corporate Governance* kann einen erheblichen Mehrwert schaffen, zumal die Bedeutung dieses Aspektes in der Wahrnehmung der Finanzanalysten in der letzten Zeit gestiegen ist. Hierbei könnten Informationen über ein Risikomanagementsystem, ein erfolgsorientiertes Entlohnungssystem, die Aktionärsstruktur und etwaige Veränderungen von Beteiligungsverhältnissen einen Transparenzbonus herbeiführen. Auch ein Bonitätsrating könnte einen ähnlichen Effekt auslösen.

Nach Diskussion der einzelnen Themencluster ist deren Bedeutung für die Kapitalmarktkommunikation zusammenfassend zu bewerten. Die Managementqualität ist Ergebnis, aber nicht Inhalt einer effizienten Kapitalmarktkommunikation und Strategieumsetzung. Wichtigster Themencluster ist die Strategie, deren Begründung, Inhalt und Kontrolle ein Kernthema in der Kommunikation zwischen Wachstumsunternehmen und Finanzanalysten sein sollte. Da die Strategiewahl sich

---

[481] Unter Unique Visitor wird ein Kunde verstanden, der die Webseite des Unternehmens wiederholt besucht. Die Retention Rate ist der Anteil an Unique Vistors, welche tatsächlich zu Stammkunden des Unternehmens werden. Demers/Lev (2000) weisen nach, dass diese Faktoren tatsächlich als Werttreiber fungieren und somit direkte Auswirkung auf die Aktienkursperformance der Unternehmen haben.

[482] Vgl. Baetge/Schulze (1998), S. 942f.

direkt auf Produkte, Märkte, Kunden und Risiken auswirkt, ist sie als übergeordneter Themencluster zu verstehen. Informationen zum Markt und Wettbewerb spielen im Rahmen der nicht-finanziellen Informationen insofern eine weniger wichtige Rolle, da finanzielle Angaben bereits eine sehr hohe Aussagekraft besitzen und zudem zuverlässige unternehmensexterne Informationsquellen für den Finanzanalysten zur Verfügung stehen. Produkte und Kunden sind von gleich hoher Bedeutung und können durch die Angabe zahlreicher Kennzahlen und Durchschnittswerte illustriert werden. Dabei sollten insbesondere zukunftsgerichtete und wachstumsorientierte Maßnahmen, z.B. für die Gewinnung von Neukunden oder die Herstellung eines Neuproduktes, im Vordergrund stehen. Nicht-finanzielle Angaben zu Unternehmensrisiken sind gesetzlich stark reguliert. Eine zusätzliche Kommunikation über die gesetzlichen Regelungen hinaus ist zwar informativ, kann aufgrund mangelnder Standardisierung aber auch kontraproduktiv wirken und muss daher mit Bedacht empfohlen werden. Allerdings kann die Demonstration einer effektiven Corporate Governance über transparente Angaben z.B. zum Risikomanagement- und Entlohnungssystem sowie zu Beteiligungsverhältnissen erfolgen.

Insgesamt ergibt sich die in Tabelle 14 aufgezeigte, mit finanziellen und nicht-finanziellen Inhalten versehene Matrix.

Für eine erfolgreiche Gestaltung der Kommunikationsinhalte scheint es notwendig, das Value-Reporting-Konzept nicht nur bei den IR-Mitarbeitern, sondern gleichwohl bei denjenigen des Rechnungswesens und des Controllings zu verankern. Eine optimale unternehmensinterne Einbindung der Investor Relations, d.h. ein aktiver Informations-austausch mit den Abteilungen des Rechnungswesens und des Controllings sowie den operativen Einheiten[483], kann absichern, dass intern die Informationen generiert werden, die in der externen Kapitalmarktkommunikation angeführt werden sollten.

Alle hier aufgestellten Anforderungen werden zum Zeitpunkt des Börsengangs kaum erfüllbar sein, jedoch sollte das Unternehmen die notwendigen Rahmenbedingungen schaffen, um im Zuge der Unternehmensentwicklung in das Konzept „hinein-zuwachsen". Dafür spricht, dass Finanzanalysten dem Unternehmen offensichtlich ein gewisses Entwicklungspotenzial zubilligen und nicht alle Informationen zum Zeitpunkt der Börsennotierung erwarten.[484] Diese Einstellung können sich Wachstums-unternehmen zunutze machen, indem sie ihre Transparenz schrittweise verbessern, ohne jedoch zwischenzeitlich die Kontinuität und Wesentlichkeit leiden zu lassen.

---

[483]  Vgl. Abbildung 4.

[484]  Vgl. Bassen (2002).

Tabelle 14: Kommunikationsinhalte für Wachstumsunternehmen

| | | Gegenwart (Value Added) | Zukunft (Strategic Advantage) |
|---|---|---|---|
| **Finanzielle Informationen** | | • Umsatz, Gewinn, Cashflow<br>• Rentabilitäten<br>• Marktanteil<br>• Soll/Ist-Kontrolle/ Abweichungsanalyse | • Umsatz-, Gewinn-, Cashflow-Prognose für zwei bis drei Jahre<br>• Zielrentabilitäten<br>• Investitionsplanung (ein bis zwei Jahre) für: Tangibles, Intangibles (Marketing-, F&E-Aufwendungen) und externes Unternehmenswachstum (Kooperationen, strategische Allianzen, Akquisitionen)<br>• Erwartetes Marktwachstum über zwei Jahre |
| Nicht-finanzielle Informationen | **Strategie** | • Vision und Absichten<br>• Zielerreichung | • Vision und Absichten<br>• Kurz-, mittel und langfristige Ziele<br>• Beschreibung der Wachstumsstrategie (internes und externes Unternehmenswachstum)<br>• Finanzierungsstrategie (Dividenden, Kapitalaufnahme, etc.)<br>• Strategieänderungen und -kontrolle |
| | **Produkt-entwicklung & Inno-vationen** | • Anzahl Produkte/Neuprodukte und deren Umsatzanteil<br>• Produkt- und Prozessinnovationen | • Änderungen Produktpalette<br>• Produkt- und Prozessinnovationen |
| | **Markt & Wettbewerb** | • Peer Group | • Neue Märkte (geografisch, Kunden) |
| | **Kunden & Kundenzu-friedenheit** | • Anzahl und Art der Kunden | • Kundenzufriedenheit<br>• Kundenwachstum<br>• Markenbekanntheit<br>• Innovative Kennzahlen (Reichweite, Click Rate, etc.) |
| | **Risiken & Corporate Governance** | • Aktuelle Risiken: Markt, Technologie, Recht, etc. | • Zukünftige Risiken<br>• Entlohnungssystem<br>• Risikomanagementsystem<br>• Aktionärsstruktur<br>• Beteiligungsverhältnisse |

Quelle: Eigene Darstellung.

## 6.3.2.2 Kommunikationsmittel

Auch für die Kommunikationsmittel muss gelten, dass diese möglichst zukunftsorientiert sind und wertorientierte, auch nicht-finanzielle Informationen vermitteln können. Beispielsweise ist eine Hauptversammlung als vergangenheits-orientierter einzuschätzen als ein aktueller Conference Call. Die Erklärung von Non-Financials wird im persönlichen Gespräch leichter fallen als in einem gedruckten Kommunikationsmittel.[485]

Für eine modifizierte Value-Reporting-Matrix werden in Abbildung 34 die Kommunikationsmittel anhand ihres Zeitbezugs und ihrer Eignung für Non-Financials eingeordnet. Hierbei können nur Tendenzen berücksichtigt werden, da z.B. die

---

[485] Bezüglich der Vermittlung von Soft Facts heben Unternehmen am Neuen Markt auch die besondere Eignung von persönlichen Instrumenten hervor. Vgl. Seisreiner (2001), S. 34.

Gestaltung des Geschäftsberichts unternehmensindividuell stark differiert.[486] Es zeigt sich insgesamt, dass die freiwilligen Kommunikationsinstrumente aus Value-Reporting-Sicht geeigneter erscheinen. Analystenmeetings, Conference Calls oder Web-Casts, Internettools sowie persönliche Einzel- und Gruppengespräche bieten somit den größten Entscheidungs- und Gestaltungsspielraum im Sinne des Value Reporting.

Abbildung 34: Value Reporting als strategisches Framework für die Kommunikationsmittel

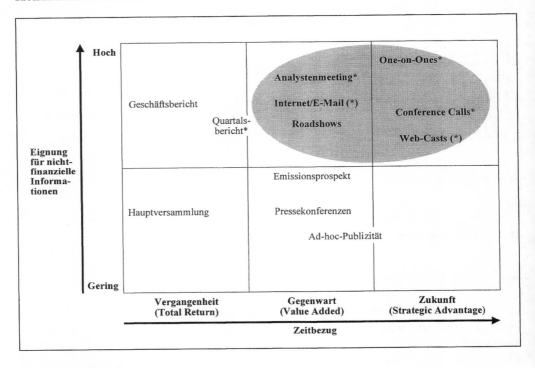

Quelle: Eigene Darstellung.

Werden die bevorzugten Informationsquellen der Finanzanalysten (*) zu den theoretischen Überlegungen hinzugezogen, so ergibt sich ein leicht verändertes Bild. Der Quartalsbericht erfreut sich größerer Beliebtheit, während das Internet nur eine durchschnittliche Akzeptanz aufweist. Auch Roadshows sind aus Sicht von

---

[486] Dies wird z.B. in den jährlichen Geschäftsberichtsrankings aus verschiedenen Wirtschaftmagazinen immer wieder deutlich.

einer anstehenden Emission durchgeführt werden und sich primär an institutionelle Investoren richten. Über Web-Casts liegen bislang keine empirischen Ergebnisse vor, allerdings könnte davon ausgegangen werden, dass die Einschätzung der Finanzanalysten ähnlich zu der von Conference Calls ausfällt.

Prinzipiell ist trotz kleiner Modifikationen festzustellen, dass die von Finanzanalysten bevorzugten Instrumente einen hohen Gegenwarts- und Zukunftsbezug aufweisen und genügend Potenzial bieten, Non-Financials zu kommunizieren. Es ist davon auszugehen, dass diese Instrumente für Finanzanalysten in einem adäquaten Kosten-Nutzen-Verhältnis stehen, d.h. den Finanzanalysten in seiner Informationsverarbeitung unterstützen.

Den markierten fünf Kommunikationsinstrumenten sollten Wachstumsunternehmen daher eine besondere Aufmerksamkeit zukommen lassen, wobei die Reihenfolge für Finanzanalysten zusätzlich beachtet werden sollte: Analystenmeetings, Conference Calls und One-on-Ones stehen in der Präferenzliste vor dem Quartalsbericht und dem Internet. Lediglich die drei Erstgenannten erfüllen sowohl die theoretischen Anforderungen des Value Reporting als auch die praktischen Anforderungen der Finanzanalysten und werden daher einer näheren Analyse anhand folgender Kriterien[487] unterzogen:

- Ausgestaltungsmöglichkeiten
- Kosten auf Unternehmensseite
- Eignung für die Earnings Guidance
- Wesentliche Vorteile aus Unternehmenssicht
- Differenzierungspotenzial

Bei der Analyse sind teilweise lediglich Tendenzaussagen möglich, da es in der Praxis oft zu stark situationsabhängigen Ausprägungen der genannten Kriterien kommt.

---

[487] Die Ausgestaltungsmöglichkeiten sind hinsichtlich des verfolgten Kommunikationsziels relevant. Die Kosten sind aus Wirtschaftlichkeitsgründen, die bei Wachstumsunternehmen eine verstärkte Rolle spielen, zu beachten. Da die Earnings Guidance auch bei Wachstumsunternehmen besonders wichtig ist, soll die Eignung der Instrumente geprüft werden. Vgl. Abschnitte 5.4.3.4 und 6.3.1.

Die Ausgestaltungsmöglichkeiten beziehen sich vor allem auf die *Größe* des *Teilnehmerkreises*[488] sowie die potenzielle Möglichkeit des *Outsourcings*.[489]

*Analystenmeetings* sind Präsentationen für einen Kreis geladener Analysten und Journalisten (ca. 20-150), die vom CEO, u.U. dem CFO und den IR-Mitarbeitern abgehalten werden und der Kommentierung neuester Ergebnisse, der Strategiedarstellung und der Klärung von Fragen dienen. Der breite Teilnehmerkreis der Veranstaltung bedingt, dass eine Vielzahl von Analysten unterschiedlichste Fragen stellt, die nur zum Teil antizipiert werden können. Zusätzlich ist zu beachten, dass gerade kritischen Fragen mehr Nachdruck verliehen werden kann, wenn es mehrere, an dem gleichen Aspekt interessierte Analysten im Raum gibt. Die Durchführung von Analystenmeetings im Ausland ist mit einer erhöhten Logistik verbunden und lohnt sich je nach Anzahl ausländischer Analysten des Unternehmens nur bedingt. Unternehmen können bei der Organisation und Planung neben IR-Agenturen die Standesorganisation der Finanzanalysten (DVFA) hinzuziehen, eine Möglichkeit, die insbesondere für Wachstumsunternehmen relevant ist, um die Analystenbasis zu erweitern.

*Conference Calls* sind telefonische Konferenzschaltungen, die teilweise durch Videoübertragungen unterstützt werden. Prinzipiell ist die Anzahl der Teilnehmer an der Konferenzschaltung unbegrenzt, sodass auch ausländische Analysten bei entsprechendem Timing problemlos teilnehmen können. Allerdings wird die Anzahl der teilnehmenden im Normalfall zwischen 10 und 200 Analysten betragen. Der Teilnehmerkreis kann sehr individuell reguliert werden, sodass es im Gegensatz zu Analystenmeetings auch möglich ist, häufigere Conference Calls mit einer ausgewählten Gruppe von Analysten durchzuführen. Es entsteht dann der Charakter eines Kleingruppengespräches. Der fehlende visuelle Kontakt kann sowohl von Vorteil als auch von Nachteil sein. Der Unternehmensvertreter kann zahlreiche Informationsunterlagen verwenden und Argumentationsunterstützung von Kollegen erhalten. Tendenziell kann die ausgetauschte Informationsmenge jedoch nicht beliebig ausgeweitet werden, da gerade finanzielle Entwicklungen sowie komplexere strategische Überlegungen einer visuellen Unterstützung bedürfen und die Dauer des Conference Calls 60 Minuten nicht überschreiten sollte. Die Organisation von Conference Calls erfordert primär technische Unterstützung, welche durch verschiedene Telefondienstleister erhalten werden kann.

---

[488] Zu den Teilnehmern von Analystenmeetings und Conference Calls sind auch institutionelle (und für letztgenanntes Instrument teilweise auch private) Investoren zu rechnen, auf die jedoch an dieser Stelle nicht eingegangen wird.

[489] Zur Beschreibung dieser Instrumente vgl. auch Janssen (2001), S. 569-572.

*One-on-Ones* bieten die exklusivste Möglichkeit, mit Finanzanalysten in Kontakt zu treten. So sind Einzel- als auch Kleingruppengespräche möglich, die eine ausführliche Diskussion (ca. 1-3 Stunden) der Unternehmensentwicklung und der von dem Finanzanalysten verwandten Bewertungsmodelle ermöglichen. Auch die Verbindung mit einer Betriebsbesichtigung oder einer Produktvorführung ist bei Bedarf möglich. Sie bietet sich vor allem bei technisch komplexen oder innovativen Produkten an. One-on-Ones sind eher nicht externalisierbar, da sie im Regelfall inhouse durchgeführt werden und meist schon Kontakt zu den eingeladenen Analysten besteht. Allerdings werden gerade One-on-Ones im Rahmen von Raodshows, z.B. beim Going Public, häufig von den Konsortialbanken arrangiert.

Die Instrumente werfen unterschiedliche Kosten auf, die u.a. von der *Einsatzfrequenz*, von der *Dauer für Vorbereitung und Durchführung* und der *Insidergefahr* abhängen und für die Wirtschaftlichkeit der Kommunikation von Bedeutung sind.

Für Analystenmeetings ist die Frequenz laut Regelwerk des Neuen Marktes auf mindestens einmal jährlich festgelegt. Aufgrund des hohen Zeitbedarfs für die Vorbereitung scheint dies für Wachstumsunternehmen angemessen. Allerdings können Analystenmeetings bei Bedarf (z.B. im Rahmen einer Ad-hoc-Meldung) auch entsprechend kurzfristig angesetzt werden. Auf Analystenmeetings dürfen nur kursrelevante Informationen weitergegeben werden, wenn diese gleichzeitig an die Öffentlichkeit gebracht werden. Dies zieht somit Folgekosten nach sich. Daher wird häufig auch eine Kombination aus Analysten und Journalisten geladen. Die Kosten dürften aber aufgrund der tendenziell längeren Vorbereitung im Vergleich zu den anderen Instrumenten am höchsten sein.

Gerade nach der Veröffentlichung von Quartalsberichten, Halbjahreszahlen oder Jahresabschlüssen besteht Erklärungs- und Diskussionsbedarf innerhalb der Financial Community, sodass der ergänzende Einsatz von Conference Calls unbedingt notwendig ist. Jene sind nicht im Regelwerk vorgeschrieben, können aber aufgrund ihrer schnellen und einfachen Einberufung mehrmals im Jahr durchgeführt werden. Die Conference Calls sollten auf jeden Fall zum Zeitpunkt von Ergebnisveröffentlichungen, können aber zusätzlich auch vorbereitend durchgeführt werden. Ziel ist es, die Erwartungen der Financial Community kurzfristig zu steuern bzw. zu beeinflussen. Hierbei ist die Insidergefahr, wie auch bei Einzelgesprächen, verstärkt gegeben. Die minimale Anzahl sollte anhand der oben genannten Anlässe bei sechs liegen, wobei bei schneller Entwicklung und hoher Veränderungsrate auch eine höhere Anzahl an Telefonkonferenzen sinnvoll scheint. Die Kosten dürften sich auch bei hoher Frequenz unter denen der anderen Instrumente bewegen; kritischer Faktor ist eher die zeitliche Verfügbarkeit des Managements.

Aufgrund des hohen Zeitbedarfs von One-on-Ones ist es wahrscheinlich, dass deren Frequenz unterhalb von Conference Calls, jedoch oberhalb von Analystenmeetings liegt. Die Kosten werden überwiegend in indirekter Form von Zeitverlusten des Managements anfallen. Für ein detailliertes Gespräch muss nicht unbedingt ein konkreter Anlass gegeben sein, so ist z.B. denkbar, dass halbjährlich ein Strategie-Gespräch zwischen Top-Management und Analysten stattfindet, bei dem selbstverständlich auch auf die aktuell vorliegenden Ergebniszahlen eingegangen wird, aber vor allem mittelfristige Erwartungen gemanagt werden. Dabei ist es für Wachstumsunternehmen mit Hinblick auf die Analystenpräferenzen effizient, eher weniger Gespräche mit dem Top-Management statt mehrere Gespräche mit dem IR-Manager oder einem Bereichsmanager anzubieten. Ideal ist die gleichzeitige Teilnahme aller Parteien an den Gesprächen. Bei aller Ausführlichkeit muss jedoch immer die Gefahr bedacht werden, den Finanzanalysten zum Insider zu machen. In einem solchen Fall darf der Finanzanalyst die Information solange nicht für Empfehlungen verwenden, bis sie dem Markt zugänglich gemacht wurde.

Die Eignung der Instrumente für die *Earnings Guidance* als bislang vernachlässigte aber vor allem für Wachstumsunternehmen wichtige Kommunikationsaufgabe, wird aus deren Zielsetzung abgeleitet. Es geht darum, die Erwartungen der Analysten und die intern erzielten oder erzielbaren Ergebnisse in eine Übereinstimmung zu bringen. Die Abstimmung muss kontinuierlich erfolgen und bedarf daher eines Instruments, dessen Einsatzfrequenz eine flexible Steuerung der Erwartungen ermöglicht. Dies scheint bei Analystenmeetings aufgrund der geringeren Frequenz nur in mittlerem Ausmaß möglich. Da es beim Erwartungsmanagement primär um die Ergebniszahlen, also finanzielle Schätzungen geht, ist es zielführend, diese Informationen gleichzeitig an viele Analysten herauszugeben, damit sich die Streuung der Analystenprognosen reduziert. Dies kann durch Conference Calls erfüllt werden. Geht es jedoch um die Abstimmung eines vom Finanzanalysten benutzten Bewertungsmodells, so stellt ein One-on-One vermutlich die bessere Diskussionsplattform dar. Je nach Situation sind demnach beide Instrumente ähnlich geeignet.

Als *wesentliche Vorteile* sind für die Analystenmeetings deren Zielgruppenbezug, für Conference Calls deren schnelle und kostengünstige Durchführung und die Reichweite und für One-on-Ones deren Exklusivität herauszustellen.

Tabelle 15 zeigt die zusammenfassende Bewertung der drei Instrumente auf. Je nach den Ausprägungen bieten die Instrumente tendenziell mehr oder weniger *Differenzierungspotenzial* gegenüber den Vergleichsunternehmen. Da davon ausgegangen werden kann, dass Analystenmeetings als Regelwerkanforderungen von allen Unternehmen des Neuen Marktes durchgeführt werden, kommt es hierbei für eine Differenzierung vor allem auf die inhaltliche Ausgestaltung an. Die Frequenz der übrigen Instrumente muss unternehmensindividuell je nach Aktivität der Wettbewerber und Analysteninteresse gesteuert werden und kann demnach bei entsprechend geschicktem Einsatz einen Wahrnehmungsvorteil bei den Analysten herbeiführen. Die abgeleitete Minimalfrequenz kann dabei als Ausgangspunkt gelten.

Tabelle 15: Tendenzielles Differenzierungspotenzial der Kommunikationsinstrumente

| Kriterien | | Analystenmeetings | Conference Call (Web-Cast) | One-on-One |
|---|---|---|---|---|
| Größe | • Teilnehmerkreis<br>• Outsourcing | • 20 bis 150 Analysten<br>• Möglich | • 10 bis 200 Analysten<br>• Möglich | • 1 bis 5 Analysten<br>• Eher nicht möglich |
| Dauer | • Vorbereitung<br>• Durchführung | • Eher langfristig<br>• 1 bis 2 Stunden | • Eher kurzfristig<br>• 30 bis 60 Minuten | • Eher kurzfristig<br>• 1 bis 3 Stunden |
| Kosten | | • Hoch | • Mittel | • Mittel |
| Mindestfrequenz | | • Min. einmal jährlich | • Min. sechsmal jährlich | • Min. zweimal jährlich |
| Insidergefahr | | • Mittel | • Mittel bis hoch | • Hoch |
| Eignung für Earnings Guidance | | • Mittel | • Mittel | • Hoch |
| Wesentliche Vorteile | | • Zielgruppenbezug | • Kosten<br>• Schnelligkeit<br>• Reichweite | • Exklusivität |
| Σ Differenzierungspotenzial | | **Mittel** | **Hoch** | **Hoch** |

Quelle: Eigene Darstellung.

Insgesamt lässt sich demnach feststellen, dass freiwillige Kommunikationsinstrumente dem Value-Reporting-Gedanken am ehesten entsprechen und gleichzeitig auch aus Analystensicht bevorzugt werden. Entsprechend der hier vorgestellten Priorisierung der Kommunikationsinstrumente ergeben sich Implikationen für das Outsourcing.

Wachstumsunternehmen sollten darüber nachdenken, ob nicht vor allem gesetzliche und zeitintensive Maßnahmen wie z.B. die Durchführung der Hauptversammlung und die Erstellung des Geschäftsberichts outgesourct werden sollten, um mehr Zeit für telefonische und persönliche Gespräche zu gewinnen. Für einmalige Veröffentlichungen, z.B. den Emissionsprospekt, erübrigt sich dieses Problem. Auch die Ad-hoc-Publizität ist aufgrund ihrer Situationsgebundenheit und Brisanz direkt vom Unternehmen zu steuern.[490] Hierbei ist insbesondere zu beachten, dass nicht gegen den Grundsatz der Finanzorientierung verstoßen wird, indem die Ad-hoc-Meldungen als Werbeinstrument missbraucht werden.

### 6.3.2.3 Zielgruppen

Finanzanalysten und institutionelle Investoren stehen als präferierte Zielgruppe für Wachstumsunternehmen fest. Nichtsdestotrotz sollten Überlegungen zu einem Idealprofil von Analysten für Wachstumsunternehmen (*„Value Analysts"*) angestellt werden. Gegen eine solche Segmentierung sprechen eigentlich die zu geringe Coverage-Quote und die hieraus resultierende geringe Verhandlungsmacht: Wachstumsunternehmen sind de facto nicht in der Lage, sich ihre Analysten „auszusuchen". Beachtet werden sollte auch das Ergebnis des Abschnitts 5.2.3: es gibt offensichtlich zum einen unterschiedliche Typen von Analysten und zum anderen zeigt gerade der am häufigsten vorkommende Typ kein besonders markantes Profil. Die Ableitung eines Idealprofils muss demnach immer in Abgleich mit der Realität überprüft werden.

Dennoch scheinen strategische Überlegungen angebracht, um nicht nur eine quantitativ, sondern auch eine qualitativ hohe Coverage zu erreichen. Janssen (2001) macht dies bspw. am Betreuungsumfang der Analysten fest und unterteilt diese in drei Kategorien, welche in Abbildung 35 aufgeführt werden. Der Betreuungsumfang, der in US-amerikanischen Studien als *Effort*[491] erhoben wird, hängt dabei von der durchschnittlichen Zahl der Unternehmen ab, die ein Analyst betreut. Bei einer höheren Zahl wird davon ausgegangen, dass anteilig weniger Zeit für das einzelne Unternehmen zur Verfügung steht. Bei weniger Zeitaufwand pro Unternehmen ist es eine realistische

---

[490] Neue-Markt-Unternehmen bestätigen in einer Umfrage, dass sie die Ad-hoc-Publizität als nicht geeignet für das Outsourcing empfinden. Vgl. Seisreiner (2001), S.

[491] *Effort* wird definiert als die durchschnittliche Zahl von Unternehmen, die ein Analyst, welcher unser Unternehmen covert, betreut. Zur Berechnung benötigt man die Zahl der Analysten des untersuchten Unternehmens und die Zahl der gecoverten Unternehmen jedes einzelnen Analysten. Ein Effort von ‚sechs' bedeutet demnach, dass ein Analyst unseres Unternehmens durchschnittlich sechs Unternehmen insgesamt covert. Es ist davon auszugehen, dass ein komplexes Unternehmen auch Analysten hat, die insgesamt wenig Unternehmen covern. Vgl. Barth/Koznik/McNichols (2000), S. 14 f.

Annahme, dass eher allgemeine Branchen- als spezifische Unternehmensstudien verfasst werden.

Abbildung 35: Segmentierung von Analysten anhand des Betreuungsumfangs

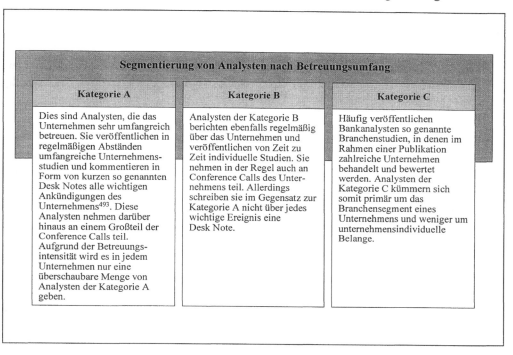

Quelle: Janssen (2001), S. 569.

Der Betreuungsumfang ist für alle Unternehmen, ob etablierte oder Wachstumsunternehmen, wichtig. Die Logik hinter Abbildung 39 ist, ähnlich wie bei einer ABC-Analyse, dass es für das jeweilige Unternehmen eine geringe Zahl an Kernanalysten gibt, die jedoch einen hohen Mehrwert für das Unternehmen liefern, während es wiederum eine große Anzahl Analysten gibt, mit denen das Unternehmen noch nicht einmal persönlichen Kontakt hat. Diese Situation ist jedoch für Wachstumsunternehmen nicht sehr wahrscheinlich, da die Zahl der Analysten meist so übersichtlich ist, dass persönlicher Kontakt prinzipiell zu allen möglich ist. Daher sollen zusätzlich zum Betreuungsumfang noch weitere Kriterien herausgearbeitet werden, um ein Idealprofil für Wachstumsunternehmen abzuleiten. Hierbei scheint mit Hinblick auf die Einsichten in Kapitel 4 die Reputation, das Branchen-Know-how, die Erfahrung, die

Bankbeziehung sowie das Informations- und Monitoring-Verhalten des Analysten von Interesse.[492]

Die *Reputation* lässt sich derivativ aus dem Ranking der Research-Abteilung der jeweiligen Bank ermitteln. Korrelierend wird hier das Merkmal der Bankherkunft sein, da große, internationale Investmentbanken durchschnittlich (noch) besser positioniert sind als deutsche Universalbanken oder regionale Banken.[493] Für Wachstumsunternehmen ist eine *Bulge-Bracket-Bank*[494] nicht unbedingt notwendig, allerdings kann aufgrund der Zertifizierungsfunktion auf einen Reputationsträger nicht vollständig verzichtet werden. Ebenso vorteilhaft kann jedoch auch die Einbindung unabhängiger Analysten wirken.[495]

Wie bereits in Abschnitt 4.2.1 dargestellt, sind Wachstumsunternehmen darauf angewiesen, dass der Analyst das Geschäftsmodell nachvollziehen kann. Dies ist dann erfüllt, wenn der Analyst möglichst umfangreiches *branchenspezifisches Know-how* mitbringt. Dies kann zwar ex-ante nicht immer eingeschätzt werden, allerdings kann das Unternehmen als Orientierungshilfe wiederum die Rankingplätze der Banken zur Hilfe ziehen.

Die *Erfahrung* des Analysten ist zwar nicht zwingend mit dem Know-how gekoppelt, jedoch steht die Seniorität des Analysten empirisch mit der Prognosegenauigkeit in Zusammenhang. Da die Prognosegenauigkeit bei Wachstumsunternehmen aufgrund vielfältiger Störfaktoren eine nicht so gewichtige Rolle einnimmt[496], sind die Anforderungen an die Erfahrung geringer einzuordnen.

Die *Beziehung zur Bank* des (Sell-Side-)Analysten ist hingegen ein wichtiges Kriterium. Von einer engen Beziehung und dementsprechend guter Informationslage ist auszugehen, wenn die Bank Emissionsführer oder Mitglied des Emissionskonsortiums

---

[492] Weitere verhaltenstheoretische Einflussfaktoren wie z.B. der soziale Druck des Analysten werden nicht berücksichtigt. Faitz (2001) zählt den Kontakt zu internationalen Kunden als ein Qualitätskriterium für Analysten. Vgl. Faitz (2001), S. 176.

[493] Aktuellste Rankingergebnisse zeigen allerdings, dass beim deutschlandspezifischen Research auch nationale und kleinere Investmenthäuser, wie z.B. die Baden-Württembergische Bank oder ABN Amro, sehr erfolgreich abschneiden. Vgl. Moerschen (2001b), S. 37.

[494] Unter Bulge-Bracket werden die Investmentbanken, die über eine globale Präsenz und ein breites Leistungsspektrum verfügen, verstanden. Vgl. Achleitner (2001b), S. 15.

[495] Unabhängige Analysten, wie z.B. Independent Research, bieten ihre Studien teils kostenlos, teils kostenpflichtig im Internet an.

[496] Vgl. Abschnitt 4.5.

ist. Eventuell hat sie für die Folgezeit die Aufgabe des Designated Sponsors übernommen und ist somit zum Research angehalten.[497] Eine vertragliche Regelung mit dem Underwriter gibt dem Unternehmen zwar Sicherheit, kann jedoch nicht das Glaubwürdigkeitsproblem[498] lösen, welches mit den Empfehlungen des Underwriters einhergeht. Somit besteht ein Trade-off zwischen zugesichertem Betreuungsumfang und Glaubwürdigkeit.

Das *Verhalten* des Analysten bezieht sich auf seine *Informationsaktivität* und auf seine *Einflussnahme*. Ein informationsaktiver Analyst wird auch sein Know-how über die Branche oder das Unternehmen entsprechend schnell ausbilden und stellt einen wertvollen Adressaten für IR-Veranstaltungen des Unternehmens dar. Die Informationsaktivität kann, muss aber nicht mit einer erhöhten Monitoring-Aktivität einhergehen, die für Wachstumsunternehmen, wie bereits festgestellt, einen besonderen Mehrwert schafft. Deswegen sollte die Ansprache aktiver Analysten im Vordergrund stehen, wobei sich an dieser Stelle wiederum die Differenzierung zwischen Sell- und Buy-Side heranziehen lässt. Es ist anzunehmen, dass die Informationsaktivität der Sell-Side-Analysten zwar nicht pauschal höher, jedoch detaillierter ausgeprägt ist als die der Buy-Side-Analysten. Das Sell-Side-Profil lag auch primär den Überlegungen zu den ökonomischen Wirkungen der Coverage zugrunde, da ihre Tätigkeit mit erheblich größerer Öffentlichkeitswirkung einhergeht. Gleichwohl haben auch Buy-Side-Analysten Anreize, die Unternehmen in ihrer Entwicklung zu beeinflussen, um bestehende Beteiligungen des Portfoliomanagers zu optimieren. Gerade vor dem Hintergrund eines verstärkten Aufbaus von Inhouse-Research der Buy-Side[499] sollten Wachstumsunternehmen auch zukünftig beide Arten von Analysten berücksichtigen.

Abbildung 36 zeigt nun anhand der genannten sechs Kriterien ein Idealprofil für eine „*Value Analyst*" auf. Hierbei ist anzumerken, dass die einzelnen Kriterien nicht unabhängig voneinander sind. So wird das Know-how und die Bankbeziehung auf das Verhalten des Analysten wirken. Trotzdem scheint diese mehrdimensionale Betrachtungsweise im Vergleich zur Reduktion auf das Kriterium „Betreuungsumfang" umfassender, da z.B. aufgrund der hohen Multiplikationswirkung eines Star-Analysten davon ausgegangen werden kann, dass auch bei geringerer Betreuung eine hohe Kapitalmarktwirkung zu erzielen ist. Dem dargestellten Profil liegt denn auch die Annahme zugrunde, dass die in der Öffentlichkeit kontrovers diskutierte Objektivität

---

[497] Eine vertragliche Verpflichtung zur Research-Tätigkeit besteht nicht; die Deutsche Börse AG empfiehlt lediglich, das Unternehmen zu unterstützen. Vgl. Deutsche Börse (2001c), S. 6.

[498] Vgl. Abschnitt 4.1.2.

[499] Vgl. Targett (2001), S. 22.

der Analysten aus Sicht des einzelnen Unternehmens keine ausschlaggebende Rolle spielt, solange mit einer positiven Coverage gerechnet werden kann.

Abbildung 36: Ableitung eines Idealprofils für Value Analysts

| Kriterien | Ausprägung | -5 | -4 | -3 | -2 | -1 | +1 | +2 | +3 | +4 | +5 | Ausprägung |
|---|---|---|---|---|---|---|---|---|---|---|---|---|
| Reputation | Gering | | | | | | N | N | Ü | B | | Hoch |
| Betreuung | Gering | | | | | | | N | Ü | B | | Hoch |
| Know-how | Unspezifisch | | | | | | | N | N | Ü | B | Spezifisch |
| Erfahrung | Gering | | | N | Ü | B | | | | | | Hoch |
| Bankbeziehung | Nein | | | | N | N | Ü | B | | | | Ja |
| Verhalten | Passiv | | | | N | N | Ü | B | | | | Aktiv |

**Legende**

| N | = Normal | | Ü | Überdurchschnittlich | | B | = Bevorzugt |

Quelle: Eigene Darstellung.

Die Selektion von „Value Analysts" wird zwar in Praxis Schwierigkeiten bereiten, dennoch sollten Wachstumsunternehmen sich diesen Überlegungen nicht verschließen. Nach einer Einführungsphase am Kapitalmarkt, in der es zunächst Ziel sein sollte, eine kritische Anzahl an Analysten für das Unternehmen zu interessieren, ist es für sich anschließende Phasen nicht ausgeschlossen, dass das Unternehmen die Analystenbetreuung selektiver vornimmt und somit Effizienzvorteile generiert sowie die Marktwirkung verbessert. Eine deutliche Vorstellung davon, was von einzelnen Analysten erwartet wird, kann auch die Gewinnung neuer Analysten unterstützen.

Abbildung 37 zeigt die mögliche Vorgehensweise zur Erreichung einer quantitativ und qualitativ optimalen Coverage. Die Segmentierung der Analysten anhand des Anforderungsprofils bedarf einer ausreichenden Analystenbasis und kann zu einer Fokussierung der Kommunikationsmaßnahmen beitragen.

Abbildung 37: Erreichung einer optimalen Coverage

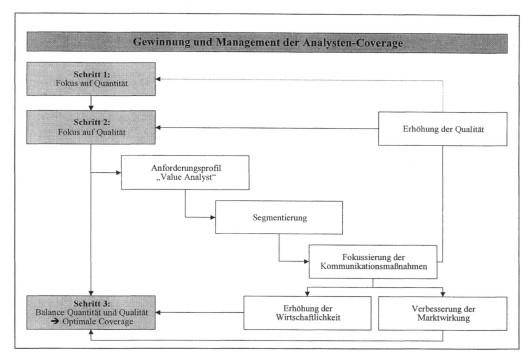

Quelle: Eigene Darstellung.

Eine kategorische Vorgehensweise, im Sinne einer Nicht-Ansprache von bestimmten Analystengruppen bzw. einer gesetzeswidrigen Bevorzugung mittels Insider-informationen, darf jedoch nicht erfolgen. Wachstumsunternehmen sollten daher die Bevorzugung eher auf zeitlicher und persönlicher Ebene verstehen und z.B. die Frequenz von Analystengesprächen für bestimmte Analysten erhöhen. Hierfür ist im Einzelfall zu prüfen, ob solche Einzelmaßnahmen dem strategischen Rahmenkriterium der Wirtschaftlichkeit unterliegen sollen bzw. können.

Insgesamt stellen die operativen Umsetzungskriterien normative Vorgaben für die Bereiche Kommunikationsinhalte, Kommunikationsinstrumente und Zielgruppen auf. Die Vorgaben erfüllen durch ihre empirische Fundierung das Kriterium der Zielgruppenorientierung und sind mit Hinblick auf das Value-Reporting-Konzept der Wesentlichkeit und Transparenz verschrieben. Es besteht somit die erwünschte Verzahnung mit den strategischen Rahmenkriterien.

Um die operativen Umsetzungskriterien auch wirtschaftlich zu realisieren, muss unternehmensindividuell entschieden werden, wie detailliert die Implementierung erfolgen soll. Dabei muss beachtet werden, dass eine optimale Wirkung am Kapitalmarkt vermutlich dann erzielt wird, wenn Inhalte, Instrumente und Zielgruppe gleichzeitig bearbeitet werden.

Bei den Kommunikationsinhalten ist es zwar kaum möglich, die finanziellen Angaben zu reduzieren, eine Ausweitung erscheint vor dem Hintergrund von Wettbewerbskosten nicht immer ratsam. Bei den nicht-finanziellen Angaben besteht allerdings ein breiter Spielraum. Ihre Ausgestaltung bestimmt den Grad der Branchenspezifität der Kommunikation und kann somit je nach Feedback der Financial Community auch Verbesserungspotenzial bieten. Die Empfehlungen bezüglich der Kommunikationsinstrumente unterstützen primär die Wesentlichkeit und Wirtschaftlichkeit der Kommunikation und sollten daher in jedem Wachstumsunternehmen problemlos umsetzbar sein. Die Vorschläge der Zielgruppensegmentierung sind im Vergleich für Wachstumsunternehmen am problematischsten. Auf der Dringlichkeitsskala sind sie denn auch gegenüber den Kriterien für Inhalte und Instrumente in der Umsetzung nachrangig zu behandeln.

### 6.3.3 Evaluierende Kontrollkriterien

Ziel der evaluierenden Kontrollkriterien ist es, den Kommunikationserfolg mit Finanzanalysten daran abzulesen, wie viele Analysten sich wie ausführlich mit dem Unternehmen regelmäßig beschäftigen und zu welchem Ergebnis sie kommen. Die Analysten-Coverage kann dem Unternehmen Feedback geben, inwieweit Informations- oder Erwartungslücken am Markt bestehen, welche durch entsprechend gestaltete Kapitalmarktkommunikation zu beheben sind. Als evaluierende Kontrollkriterien für die Kommunikation mit Analysten bieten sich die *Quantität* und die *Qualität* der Coverage an.

Unter Quantität ist die *Anzahl an Analysten*, die *Anzahl* und der jeweilige *Seitenumfang der Reports* in einer bestimmten Zeitspanne zu fassen. Die absolute Anzahl der Analysten und Reports ist dabei unter Umständen weniger wichtig als die relative. Der Seitenumfang wird hingegen stark von der Art des Reports abhängen. So kann es sich um eine Branchenstudie, eine ausführliche Einzelstudie oder einen Research-Update handeln. Hierbei ist davon auszugehen, dass die Coverage zum Zeitpunkt des IPO besonders ausführlich ist, da die involvierten Parteien mit einem entsprechenden Research-Umfang das Gelingen des Börsengangs sicherstellen wollen. Erst nach erfolgtem Börsengang kann abgeschätzt werden, wie sich das Interesse der Analysten am Unternehmen entwickelt, d.h. ob regelmäßig Updates an den Markt gegeben werden. Hierzu sollten auch Analystenveranstaltungen und deren Teilnehmerstruktur überwacht und ausgewertet werden[500], da u.a. die Teilnahmequote Indikator für die Informationsaufnahme der Analysten sein kann. Letztendlich ist die alleinige Quantität jedoch kein Garant dafür, dass erwünschte Marktwirkungen erzielt werden.[501]

Insbesondere den Veränderungen der *Coverage* sollte Aufmerksamkeit entgegen gebracht werden. Eine massive Coverage-Abnahme könnte nämlich ein *Frühwarnindikator* dafür sein, dass die Analysten das Unternehmen für nicht überlebensfähig halten bzw. das Kosten-Nutzen-Verhältnis der Coverage sich aus Sicht des Analysten unattraktiv gestaltet. Im besten Fall könnte dies auch auf eine kommunikativ zu behebende Wahrnehmungslücke hinweisen.[502]

Die Qualität der Coverage kann zum einen an den *Inhalten des Research-Reports* und zum anderen an den *Eigenschaften des Analysten* festgemacht werden.

Bezüglich des Inhalts wird es das Unternehmen vor allem interessieren, ob ein auf das Unternehmen angepasstes *Bewertungsmodell* verwandt oder lediglich Zahlen des Unternehmens übernommen wurden. Hier könnten bei genauerer Analyse auch Rückschlüsse auf die vom Finanzanalysten verwandten Informationsquellen gezogen werden. Auch das Offenlegen der *Prämissen* des Bewertungsmodells, bspw. das zugrunde gelegte Wachstum und die als relevant angenommene Peer Group, scheint von großem Interesse. Die Annahmen bzw. deren Spannbreite können dem Unternehmen auch einen Eindruck geben, wie hoch die Bewertungsunsicherheit am Markt ist. Insgesamt ist wichtig, anhand welcher Aspekte die jeweilige Empfehlung begründet wird.

Vorgelagert zu einer Reduktion der Coverage ist die Verschlechterung der *Empfehlungstendenz*, die immer relativ zur Indexentwicklung gesehen werden muss. Aufgrund der in Abschnitt 4.2 vorgestellten Zielgrößen des Analysten sollte es für das Unternehmen deutlich sein, dass ein Analyst eine Verkaufsempfehlung nur als „*Ultima Ratio*" einsetzt. Allerdings sind Vorstufen einer Verkaufsempfehlung bei der heute zu beobachtenden „*Grade Inflation*"[503] ebenfalls denkbar. Zudem ist nicht nur die absolute

---

[500]   Vgl. Lange (2001), S. 277.

[501]   Vgl. Abschnitt 6.3.2.

[502]   Vgl. Abbildung 10.

[503]   Darunter wird die Tendenz verstanden, die Rating-Skalen übermäßig stark auszudifferenzieren und positive Umschreibungen für Verkaufsurteile zu finden.

Empfehlung ein Ausdruck der Zukunftserwartungen, sondern auch die relative Veränderung, d.h. eine Herauf- oder Herabstufung der Aktie. Je größer dabei die relative Änderung, die sich anhand der für die Bank des Analysten gültigen Rating-Skala[504] ergibt, desto größer ist aus Sicht des Unternehmens der Begründungsbedarf und die Notwendigkeit einer Plausibilitätsprüfung.

Notwendig ist auch ex-post ein aktiver Abgleich zwischen Kapitalmarktkommunikation und Analystenerwartungen. Hier müsste insbesondere kontrolliert werden, ob der sich bildende *Marktkonsens*, d.h. die durchschnittlichen Erwartungen ausgedrückt in der Einheit Gewinn je Aktie[505], sich mit den vom Unternehmen vermittelten Informationen und mit Blick auf die Marktsituation des Unternehmens bzw. der Branche deckt. Zur Ermittlung des Marktkonsens werden sämtliche Analysten herbeigezogen, die ein Unternehmen regelmäßig beurteilen. Anhand der in den Reports vorzufindenden Bandbreiten der Schätzungen können Rückschlüsse sowohl für die praktizierte Earnings Guidance als auch für eine bestehende Bewertungsunsicherheit gezogen werden.

Die Analystenreports sind für das Unternehmen Steuerungs- und Evaluierungs-instrumente, um die externen Erwartungen einzuschätzen und rechtzeitig falschen Markterwartungen entgegen zu wirken.[506] Das Bestehen lassen von nicht erreichbaren Markterwartungen kann Gewinnwarnungen notwendig machen, die deutlich negative Auswirkungen auf den Aktienkurs haben.[507] Obgleich aus Unternehmenssicht ein Bias der Analystenprognose auch Vorteile, im Sinne einer positiven Kurswirkung, hervorrufen kann, sollten die Angaben nicht zu stark von internen Plangrößen abweichen, da sonst eine Korrektur der Markterwartungen unumgänglich wird.

Die idealen Eigenschaften des Analysten wurden bereits in Abbildung 38 vorgestellt. Allerdings muss das Erfüllen bestimmter Eigenschaften auch in Zusammenhang mit der persönlichen Beziehung zum einzelnen Analysten gesehen werden. Auszuschließen ist hierbei nicht, dass sich ein Analyst aufgrund einer guten Beziehung zum Management mehr engagiert. Wichtig ist für das Unternehmen vor allem, wer die meinungsführenden Analysten sind bzw. wie sich die Urteile auf die verschiedenen Analysten verteilen.

---

[504] Die meisten Banken benutzen *relative* Rating-Skalen, welche das Kurspotenzial der Aktie relativ zum Markt bewerten. Allerdings ist die Anzahl der möglichen Urteile und deren Aussage von Bank zu Bank verschieden. Vgl. Alich (2001), S. 46.

[505] Vgl. Brammer (2001), S. 614 sowie Schmitt (2001), S. 7. Qualitative Kriterien, wie das Image und der Bekanntheitsgrad bei Finanzanalysten, werden im Folgenden vernachlässigt.

[506] Vgl. Diehl/Loistl/Rehkugler (1998), S. 22.

[507] Vgl. Wichels (2001).

Eventuell gilt es dann, die im Rahmen der Planungs- und Durchführungsphase festgelegten Prioritäten zu modifizieren.

Abbildung 38 zeigt die evaluierenden Kontrollkriterien nochmals auf. Unter die beiden Oberkriterien Quantität und Qualität sind eine Vielzahl von Einzelaspekten zu fassen, die systematisch beleuchtet und bewertet werden sollten. Ihre tatsächliche Bedeutung kann jedoch nur unternehmensindividuell bestimmt werden.

Abbildung 38: Evaluierende Kontrollkriterien

| Analysten-Coverage | |
|---|---|
| **Quantität** | **Qualität** |
| • Durchschnittliche Anzahl Analysten | • Inhalt des Reports |
| | − Prämissen |
| • Coverage-Aufnahme | − Bewertungsmodell |
| | − Begründung der Empfehlung |
| • Coverage-Abnahme | − Empfehlungstendenz |
| | − EPS-Schätzungen |
| • Durchschnittliche Anzahl Reports p.a. | - Bandbreite |
| − IPO-Jahr | - Entwicklung |
| − Post-IPO-Jahr | |
| − Art der Reports | • Eigenschaften Analyst |
| | − Abgleich Idealprofil |
| • Durchschnittlicher Umfang Reports | − Marktentwicklung |

Quelle: Eigene Darstellung.

Als Ergebnis der Coverage-Kontrolle, die gleichsam als Maßnahme der IR-Erfolgsmessung gelten kann, ist es möglich, dass eine unzureichende Quantität und/oder Qualität festgestellt wird. Unter der Annahme, dass keine fundamentalen Schwächen in der Unternehmensentwicklung aufgetreten sind, und unter der Berücksichtigung der allgemeinen Marktgegebenheiten, sind hieraus u.a. Konsequenzen für die Kapitalmarktkommunikation zu ziehen.

Eine unzureichende Quantität kann durch eine verbesserte Kommunikationspolitik unter der Annahme gesteigert werden, dass das Kosten-Nutzen-Verhältnis der Coverage attraktiver gestaltet wird. Hierzu ist es neben einer inhaltlichen Revision eventuell auch notwendig, die Frequenz von Analystenmeetings und Conference Calls zu erhöhen, um somit auch den Grundsatz der Kontinuität zu stärken. Vielleicht ist es auch im Rahmen des Designated Sponsoring möglich, den Betreuer zum Research zu verpflichten.[508] Eine drastische Abnahme der Coverage wird kaum durch mangelnde Kommunikationsqualität zu erklären sein, sodass Maßnahmen außerhalb des Verantwortungsbereiches der Investor Relations notwendig sind.

Eine unzureichende Qualität könnte auf zwei Dinge hinweisen. Es könnte bspw. der Fall sein, dass die vermittelten Kommunikationsinhalte keine ausreichende Basis für die Ableitung von Prognosen darstellen. In diesem Fall wäre es notwendig, die zentralen Kommunikationswege mit den Analysten auf Basis der operativen Umsetzungskriterien zu überprüfen und die Branchenspezifität der Kommunikationsinhalte zu erhöhen. Noch weitreichendere Änderungen wären notwendig, wenn das Rahmenkriterium der Zielgruppenorientierung und somit der Wesentlichkeit der Informationen verletzt wäre.

Im Folgenden werden die aufgestellten Kriterien im Rahmen eines ganzheitlichen Modells zusammengefasst.

## 6.4 Ableitung eines ganzheitlichen Analyst Communication Models

Die Zielsetzung des Analyst Communication Models ist die Darstellung der phasenspezifischen Kriterien und das Abbilden der Zusammenhänge zwischen den drei gewählten Ebenen. Aufgrund der Vielzahl an Kriterienkatalogen ergibt sich, wie Abbildung 39 zeigt, eine Modulstruktur.

Die *Funktionsweise* des Analyst Communication Models ist wie folgt zu verstehen. Ausgehend von der ersten Ebene der strategischen Rahmenkriterien sollten sieben Grundsätze für die IR-Arbeit von Wachstumsunternehmen gelten. Eine wirtschaftliche, aber dennoch zielgruppenorientierte Kapitalmarktkommunikation sollte kontinuierlich,

---

[508] Für die Betreuung zahlen die Unternehmen durchschnittlich 50.000 EURO jährlich. Allerdings wird es im Rahmen der aktuellen Entwicklung am Neuen Markt und der teilweise sehr angespannten Liquiditäts- oder auch Bonitätssituation der dort gelisteten Unternehmen schwieriger werden, aktive Betreuer zu finden und über mehrere Jahre zu binden. Vgl. Neubacher (2001), S. 5.

offen, transparent, finanzorientiert und einstimmig erfolgen. Die korrespondierende interne Organisationsform und Budgetierung spiegeln die Grundsätze wider und deuten bereits an, dass diese langfristig gelten und im Unternehmen fest verankert werden sollten.

Anhand der Grundsätze werden auf der operativen Ebene die Kommunikationsinhalte, -instrumente und die Analystenansprache optimiert. Es ist zu betonen, dass die drei Kriterienkataloge nicht abhängig voneinander sind, sich jedoch gegenseitig sinnvoll ergänzen. Auch eine schrittweise Abarbeitung unter Berücksichtigung der empfohlenen Dringlichkeit ist denkbar.

Abbildung 39: Analyst Communication Model

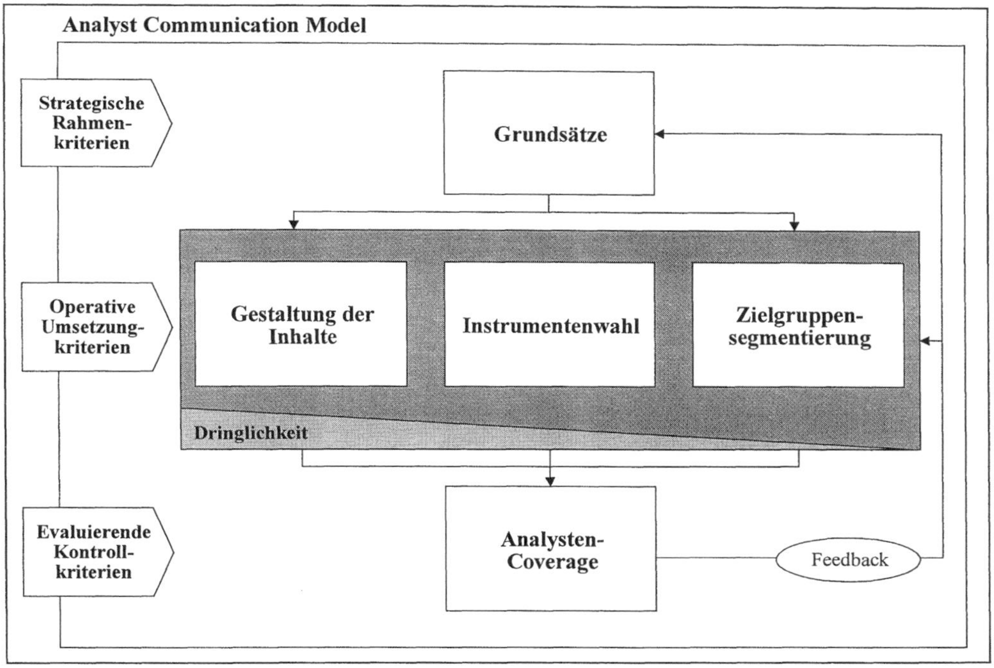

Quelle: Eigene Darstellung

Die Kontrollebene soll eine Ergebnisorientierung in der Umsetzung sicherstellen, welche bei vielen Wachstumsunternehmen vermutlich bislang nur oberflächlich verankert ist. Von Bedeutung ist hier vor allem die Feedback-Schleife, die fortlaufend über die evaluierenden Kontrollkriterien initiiert werden sollte. Änderungen sowohl bei den strategischen Rahmenkriterien als auch bei den operativen Umsetzungskriterien sind vorstellbar, um das gesamte Kommunikationsmodell in seiner Funktionsweise zu stärken.

Im Folgenden soll der Kriterienkatalog auf die Erfüllung der formulierten Grundanforderungen Praktikabilität, Flexibilität und Spezifität hin überprüft werde.

Hinsichtlich der Praktikabilität war zwischen Vollständigkeit und Übersichtlichkeit abzuwägen. Das Modell beinhaltet drei aufeinander aufbauende Ebenen mit fünf Kriterienkatalogen. Die Ebenen spiegelt das auch in der Praxis übliche Ineinandergreifen von Planung, Umsetzung und Kontrolle wider und sollte so der Denkweise eines professionellen IR-Managements entsprechen bzw. das IR-Management zu dieser Denkweise anhalten. Die strategischen Rahmenkriterien haben Grundsatzcharakter und sind in Form eines ‚Mission Statements' lediglich Handlungsrahmen, der sich allerdings in den internen Informationsströmen, der Budgetierung und der Organisation der IR-Arbeit niederschlagen sollte.

Die höchste Komplexität ist mit drei sich ergänzenden Kriterienkatalogen realistischerweise auf der Umsetzungsebene gegeben. Durch den Einsatz von tabellarischen Übersichten und einem Ablaufschema zur Segmentierung der Analysten wurde eine für die Praxis handhabbare Darstellungsform gewählt, die es erlaubt, die wesentlichen Kriterien mit einem Blick zu erfassen. Zudem besteht die Möglichkeit, die jeweiligen Kriterienkataloge getrennt voneinander zu benutzen. Für die Umsetzung wurde eine klare Reihenfolge empfohlen.

Die Kontrollebene gibt konkrete Maßzahlen für die Kommunikation mit Analysten vor, deren Erhebungsaufwand bei einem funktionierenden IR-Management vertretbar ist. Auch im Vergleich zu anderen möglichen Erfolgsmaßstäben der Kapitalmarktkommunikation, wie bspw. die Volatilität, die Kapitalkosten scheint die Coverage-Kontrolle greifbarer und somit aussagekräftiger. Insgesamt ist die Praktikabilität des Modells auf Basis der Anforderungen als hoch zu bezeichnen.

Die Flexibilität sollte es ermöglichen, den Kriterienkatalog vielfältig und in unterschiedlichem Umfang einzusetzen und auf die individuellen Unternehmens-gegebenheiten einzugehen. Diese Anforderung ist dadurch erfüllt, dass ein Unternehmen anhand des Modells nicht gezwungen wird, alle Kriterien zu beachten und aufgrund der Differenzierung auch nur den Teil adressieren kann, der verbesserungs-bedürftig ist. Die Kriterien sind ausgehend von den inhaltlichen Anforderungen über die Instrumente und die Zielgruppensegmentierung so formuliert, dass letztendlich immer die tatsächliche Unternehmenssituation den Ausschlag gibt, ob und wie Kriterien angewandt werden. Ein Beispiel ist die Erfüllung der nicht-finanziellen Informationen: aufgrund des Vorschlagscharakters ist es den Unternehmen möglich, sowohl maximale als auch reduzierte Angaben zu machen. Auch die Segmentierung der Analysten ist nur dann relevant, wenn eine ausreichende Quantität vorliegt. Die Flexibilität des Modells ist demnach in ausreichendem Umfang gegeben.

Die Spezifität des Modells beschreibt dessen spezifischen Zuschnitt auf Wachstumsunternehmen und Finanzanalysten. Während die strategischen Rahmenkriterien prinzipiell allgemeiner Natur sind, wurden sie dennoch für Wachstumsunternehmen modifiziert. Inhalte und Instrumente sind deutlich an den Präferenzen der Analysten angelehnt, aber für etablierte und Wachstumsunternehmen gleichsam gültig. Lediglich der deutliche Einbezug des Outsourcings und der verstärkte Fokus auf ein wirtschaftliches Handeln aufgrund von Ressourcenknappheit ist Indiz für eine Ausrichtung an Wachstumsunternehmen. Die Segmentierung von Analysten ist für etablierte Unternehmen vielleicht eher realisierbar als für Wachstumsunternehmen.

Einen klaren Analystenfokus haben auch die Kontrollkriterien, die nur einen kleinen Ausschnitt aus der Gesamtheit der möglichen Kontrollindikatoren für den Kommunikationserfolgs darstellen. Hierbei wird eine ausführliche Kontrolle um so leichter durchführbar sein, je mehr Humanressourcen sich dieser Aufgabe widmen können. Daher gelten die Kontrollkriterien auch für etablierte Unternehmen, die wahrscheinlich auch einen komparativen Vorteil für die Umsetzung inne haben. Die Spezifität des Modells ist somit differenziert zu bewerten: die Orientierung an Finanzanalysten ist als sehr hoch zu bezeichnen, der Zuschnitt auf Wachstumsunternehmen ist im Vergleich in geringerem Maße erfüllt. Die gleichzeitige Gültigkeit der Vorgaben für etablierte Unternehmen wurde jedoch bereits vorab akzeptiert und erwartet.[509]

Trotz der weitgehenden Erfüllung der Grundanforderungen sind hinsichtlich der praktischen Anwendungsmöglichkeiten des Analyst Communication Models auch *Grenzen* zu beachten. Das Modell ist außer der Feedback-Verbindung überwiegend statisch. Auch können anhand des Modells nicht alle anfallenden Situationen der täglichen IR-Arbeit bewältigt werden. Wachstumsunternehmen müssen sich zunächst mit der Funktionsweise des Kapitalmarktes und den Reaktionen der Kapitalmarkt-

---

[509] Vgl. Abschnitt 6.2.

[509] Vgl. zur Kapitalmarktkommunikation von Unternehmen des Neuen Marktes auch den Herausgeberband Achleitner/Bassen (2001). Ebenfalls zur Kommunikation von Wachstumsunternehmen finden sich ausführliche Ergebnisse in Seisreiner (2001) und Deutsche Bank Research (1999).

adressaten vertraut machen – dies ist ein Lernprozess, welcher durch einen Kriterienkatalog nicht abgekürzt werden kann.

Das Modell per se macht nur ansatzweise Aussagen zur Umsetzung, deshalb ist es notwendig, unternehmensindividuelle Implementierungswege zu finden bzw. die Umsetzbarkeit zunächst zu prüfen. Gewarnt werden muss ebenfalls davor, das Modell als „Allheilmittel" zu verstehen, da es nach wie vor idealtypischen Charakter hat. Auch der Wertbeitrag der Kapitalmarktkommunikation kann durch das Befolgen der Modellvorgaben nur begrenzt gesteigert werden. Die Coverage kann zwar wie gezeigt erhebliche Auswirkungen auf die Unternehmensperformance haben, ist jedoch nur ein Einflussfaktor neben der Strategie, der Aktionärs- und Kapitalstruktur.

Insgesamt kann die *Zielsetzung*, die praktische Gestaltung eines wertorientierten IR-Managements in Wachstumsunternehmen zu unterstützen, jedoch als erreicht gelten. Der Orientierungsrahmen kann jungen Wachstumsunternehmen mehr Sicherheit bei der Gestaltung der Investor Relations geben. Auch sollte es eine derart strukturierte und systematische Herangehensweise ermöglichen, tatsächlich einen Wahrnehmungs- und Wettbewerbsvorteil innerhalb der Financial Community zu erzielen.

# 7 Zusammenfassende Beurteilung und Ausblick

## 7.1 Wesentliche Ergebnisse der Studie

In der vorliegenden Studie wurden erstmalig die Kapitalmarktkommunikation von Wachstumsunternehmen mit Finanzanalysten untersucht.[510] Übergeordnetes Ziel war es, einen Kriterienkatalog zu entwickeln, der die Gestaltung der Kapitalmarktkommunikation hinsichtlich der Teilaspekte Qualität, Medien, Quantität und Frequenz unterstützt.

Für die Erarbeitung wurden sowohl theoretische als auch empirische Erkenntnisse zusammen getragen, auf deren Basis ein Analyst Communication Model entwickelt wurde. Auf theoretischer Ebene wurden zunächst folgende Aspekte bearbeitet:

- die Notwendigkeit der Kapitalmarktkommunikation in einem unvollkommenen Kapitalmarkt wurde begründet,
- die neue Rolle der Kapitalmarktkommunikation als Werttreiber im Rahmen der wertorientierten Unternehmensführung wurde beleuchtet,
- die grundsätzlichen Phasen des IR-Managements und die zur Verfügung stehenden Instrumente wurden erläutert.

Vor diesem Hintergrund wurde der Bezug zu den Wachstumsunternehmen des Neuen Marktes hergestellt. Hierzu wurde zunächst auf deren Charakteristika eingegangen, welche Folgeprobleme für die Investor Relations hervorrufen. Wachstumsunternehmen haben keinerlei Erfahrung mit der Kapitalmarktkommunikation und unterschätzen daher häufig die Kosten für Investor Relations, sodass ihre Kommunikationsaktivitäten nach erfolgtem Börsengang oftmals unzureichend sind. Mangelhafte Investor Relations erhöhen jedoch die Informations- und Schätzrisiken der Kapitalmarktadressaten und infolge auch die Kapitalkosten der stark wachsenden Unternehmen, sodass deren Entwicklung negativ beeinträchtigt wird. Aufgrund ihres geringen Bekanntheitsgrades und der inhärenten Bewertungsproblematik ist die Coverage durch Finanzanalysten unterdurchschnittlich und die Nachfrage von Fondsmanagern verbesserungsbedürftig. Für Wachstumsunternehmen kann eine effiziente und wertorientierte Kapitalmarkt-

---

[510] Vgl. zur Kapitalmarktkommunikation von Unternehmen des Neuen Marktes auch den Herausgeberband Achleitner/Bassen (2001). Ebenfalls zur Kommunikation von Wachstumsunternehmen finden sich ausführliche Ergebnisse in Seisreiner (2001) und Deutsche Bank Research (1999).

kommunikation also besonders großen Mehrwert leisten, da sie die Fehlbewertung am Markt reduziert und die Beziehungen zu den wichtigsten Multiplikatoren stärkt.

Aufgrund ihres speziellen Risiko-Rendite-Profils sind Wachstumsunternehmen laut dem Regelwerk des Neuen Marktes zu einer im Vergleich zu anderen Handelssegmenten erweiterten Publizität verpflichtet, deren primäres Ziel es ist, vor allem die Transparenz und die Liquidität des Handelssegmentes zu unterstützen. Um jedoch den Charakteristika vollständig gerecht zu werden, wird eine erweiterte, freiwillige Publizität im Rahmen des Value Reporting vorgeschlagen. Dieses wertorientierte Konzept betont zukunftorientierte und nicht-finanzielle Informationen und kann als zielführendes Framework für Wachstumsunternehmen gelten. Mit diesem Konzept wurde damit der erste Schritt für die Erarbeitung eines Kriterienkatalogs gemacht.

Nachdem die Unternehmensseite ausführlich beleuchtet wurde, war es im Anschluss daran folgerichtig, die Zielgruppe der Finanzanalysten einer näheren Analyse zu unterziehen. Unter Einbezug der primär US-amerikanischen Literatur wurde die Funktionsweise von Finanzanalysten auf Kapitalmärkten untersucht und festgestellt, dass ihre Funktion sowohl die Informationsintermediation als auch das Monitoring der Unternehmen und das Marketing von Wertpapieren umfasst. Aus den wahrgenommenen Funktionen resultieren zahlreiche Vorteile für Unternehmen, Investoren und Finanz-intermediäre.

Hinsichtlich ihrer Tätigkeit wurde nicht nur auf den dreistufigen Informations-verarbeitungsprozess und dessen interne und externe Einflussfaktoren eingegangen, sondern auch auf die vorgelagerte Kosten-Nutzen-Entscheidung des Finanzanalysten, ein Unternehmen in seine Coverage aufzunehmen. Hierbei wurde ersichtlich, dass Finanzanalysten entsprechend ihres Zielsystems deutliche Präferenzen besitzen, welche den Charakteristika von Wachstumsunternehmen zum Teil widersprechen. So konnten der Reputationsaufbau und die Generierung zusätzlicher Umsätze in anderen flankierenden Geschäftsfeldern der Bank als primäre Zielgrößen des Sell-Side-Analysten identifiziert werden. Diese Zielgrößen wurden vor dem Hintergrund der aktuellen Unabhängigkeitsdebatte besonders kritisch durchleuchtet.

Auf der Suche nach Beeinflussungsmöglichkeiten ergab sich, dass die Investor Relations unter Einhaltung der rechtlichen Vorgaben des Wertpapierhandelsgesetzes die Coverage-Entscheidung als auch die Informationsverarbeitung des Sell-Side-Analysten positiv beeinflussen können. Dieses Potenzial sollte im Hinblick auf die zu erwartenden Vorteile seiner Einschaltung, z.B. eine höhere Liquidität, Visibilität und verminderte Informationsasymmetrien, ausgenutzt werden.

Um sich den Informationsanforderungen der Finanzanalysten auf theoretischer Ebene zu nähern, wurden ausgehend von ihrer Kerntätigkeit verschiedene Unternehmensbewertungsmethoden daraufhin untersucht, welche Informationen der Analyst für ihre Anwendung benötigt. Untersucht wurden die DCF-Methode, das EVA-Konzept, die Multiplikatorenbewertung und die Realoptionsbewertung. Die Informationsbedürfnisse sind umfangreich und betreffen zum einen die Prognose von finanziellen Daten, das Unternehmensrisiko und zum anderen aber auch die so genannten Non-Financials, die gerade für innovative Multiplikatoren und das Auffinden von Realoptionen ausschlaggebend sind. Auf Basis empirischer Ergebnisse konnte zudem festgestellt werden, dass insbesondere die DCF-Methode und die Multiplikatorenbewertung zum Einsatz kommen und somit ausschlaggebend für die von Finanzanalysten gewünschten Informationen sind. Ausgehend von den Anforderungen des Value-Reporting-Konzeptes wurde somit eine weitere Konkretisierung für die Ableitung von Bewertungskriterien erreicht.

Das empirische Kapitel der Studie gliederte sich primär in zwei Teile. Zunächst wurde eine Analyse aller für Deutschland existierenden Untersuchungen zu Investor Relations durchgeführt. Auf Basis des abgeleiteten Forschungsbedarfs wurden die eigenen Befragungsergebnisse dargestellt.

Die umfangreiche Auswertung der IR-spezifischen und rechnungslegungsorientierten Studien reflektiert, dass die Kapitalmarktkommunikation ein sehr aktuelles Untersuchungsobjekt in Deutschland ist. Insbesondere Ereignisstudien bieten aufschlussreiche Erkenntnisse über die ökonomischen Wirkungen der Kapitalmarkt-kommunikation. Während die Grundlagen der Kapitalmarktkommunikation bereits erforscht sind, sind Forschungslücken nach wie vor bei den Informationsbedürfnissen der IR-Adressaten, der IR-Erfolgsmessung und der Standardisierung der Kommunikationsinhalte vorhanden. Auch Wachstumsunternehmen und Finanzanalysten wurden erst in geringerem Maße befragt. Das Design und die Zielsetzung der vorliegenden Studie wurden somit als zielführend bestätigt: die Forschungslücken im Bereich der Wachstumsunternehmen, Finanzanalysten sowie die mangelnde Standardisierung der Kommunikationsinhalte werden gemeinsam adressiert.

Die eigenen Befragungsergebnisse liefern Erkenntnisse insbesondere zum Stellenwert der Kapitalmarktkommunikation im Rahmen der sich in Deutschland verstärkenden Corporate-Governance-Diskussion, zu den Informationspräferenzen der Finanzanalysten und zur Ausgestaltung der Earnings Guidance.

Die kritische Bedeutung der Kapitalmarktkommunikation äußert sich darin, dass von Wachstumsunternehmen bereits zum Zeitpunkt des IPO eine effizient gestaltete Kapitalmarktkommunikation erwartet wird, zu deren Haupterfolgsfaktoren die Glaubwürdigkeit und Zugänglichkeit des Managements, die Effizienz des internen Informationssystems sowie die Qualität der veröffentlichten Informationen zu zählen sind. Die Ergebnisse weisen zudem auf die aktive Einflussnahme, u.a. der Finanzanalysten, auf die Unternehmen hin: es werden Verbesserungsvorschläge gemacht, welche auf Unternehmensseite zu nachweisbaren Anpassungen im Bereich der Kapitalmarktkommunikation führen.

Die Informationspräferenzen der Finanzanalysten konzentrieren sich vor allem auf die freiwilligen Kommunikationsinstrumente und den Quartalsbericht. Inhaltlich werden finanzielle und nicht-finanzielle Informationen gefordert, die vorherige empirische Untersuchungen größtenteils bestätigen und die Relevanz eines Value Reportings unterstreichen. EBIT-Größen, der Gewinn pro Aktie und (wertorientierte) Rentabilitäten werden gefordert. Qualitativ wird insbesondere die Managementqualität und die Umsetzung der Strategie als bedeutsam empfunden. Der Fokus liegt erwartungsgemäß auf der Wachstums-, aber auch auf der Finanzierungsstrategie.

Besondere Vorteile aus Analystensicht sind durch eine effektive Earnings Guidance zu generieren. Der aktive Abgleich von Markterwartungen und internen Ergebnissen stärkt die Glaubwürdigkeit des Managements, reduziert Fehlbewertungen und senkt die geforderte Risikoprämie. Sowohl signifikante negative als auch positive Gewinn-überraschungen werden vom Markt sanktioniert und müssen daher proaktiv von den Unternehmen gemanagt werden.

Auf Basis eines wesentlich erweiterten Abbilds der Informationspräferenzen der Finanzanalysten konnte schließlich sowohl ein praktikables und flexibles als auch spezifisches Analyst Communication Model entworfen werden. Es unterscheidet strategische Rahmenkriterien, operative Umsetzungskriterien und evaluierende Kontrollkriterien und greift damit explizit die Phasen des IR-Managements auf. Auf der strategischen Ebene werden sechs wesentliche Grundsätze der IR-Tätigkeit von Wachstumsunternehmen formuliert. Auf der operativen Ebene werden drei sich ergänzende Kriterienkataloge für die Kommunikationsinhalte, Kommunikations-instrumente und die Zielgruppenselektion vorgestellt, welche explizit am Value-Reporting-Konzept ausgerichtet sind. Wachstumsunternehmen werden somit angeleitet, die Branchenspezifität ihrer Kommunikation durch die Einbindung von Non-Financials zu erhöhen, das Differenzierungspotenzial von One-on-Ones und Conference Calls zu nutzen und die Qualität der Analysten-Coverage anhand eines Anforderungsprofil für

„Value Analyst" zu optimieren. Die letzte Ebene des Modells ermöglicht eine Kontrolle des Kommunikationserfolgs mit Finanzanalysten an überwiegend leicht nachprüfbaren, objektiven Kontrollgrößen. Eine eindeutige Ergebnisorientierung und die kontinuierliche Aufnahme von Feedback durch den Markt wird Wachstums-unternehmen somit verständlich dargelegt.

Insgesamt wurde ein Orientierungsrahmen für die Kapitalmarktkommunikation mit Finanzanalysten geschaffen, der zugleich gehaltvoll und umsetzbar ist. Der Kriterienkatalog müsste kontinuierlich hinterfragt und ergänzt werden, um tatsächlich zu „Generally Accepted Principles of Value Reporting" zu gelangen und die aufgezeigte Forschungslücke vollständig zu schließen. Hierfür wäre es in einem nächsten Schritt notwendig, die Unternehmen hinsichtlich der Ausbildung solcher Kommunikations-standards zu befragen. Nur dadurch kann die Praktikabilität des Modells, welche hier nur theoretisch überprüft wurde, sichergestellt werden.

## 7.2 Zukünftige Trends

Für die Entwicklung und den weiteren Forschungsbedarf im Themenbereich Kapitalmarktkommunikation werden im Folgenden neun Thesen aufgestellt, welche die derzeit identifizierbaren Trends widerspiegeln. Sie beziehen sich auf die Bedeutung und die inhaltliche Entwicklung der Kapitalmarktkommunikation vor dem Hintergrund der Situation am Neuen Markt, die Rolle der Finanzanalysten und der Coverage sowie das Zusammenspiel zwischen Theorie und Praxis der Investor Relations.

*1)  Die Bedeutung der Kapitalmarktkommunikation wird weiter ansteigen.*

Ist den Budgetprognosen für das kommende Jahr zu glauben, so wird das Niveau der Kommunikationsaktivitäten in allen Handelssegmenten nochmals steigen. Eine besonders starke Budgetausdehnung bei Unternehmen des Neuen Marktes ist erfreulich, da der hohe Stellenwert und der bestehende Nachholbedarf offensichtlich erkannt wurden. Zudem sind auf Basis der vorliegenden Ergebnisse Investitionen in die Qualität der Kapitalmarktkommunikation als wertorientierte Handlungsweise einzustufen, die somit gleichzeitig als Indikator einer verstärkten Shareholder-Value-Orientierung fungieren. Dies lässt gleichzeitig hoffen, dass eine verstärkte Ausrichtung an der fundamentalen Wertschaffung die Unternehmensentwicklung positiv beeinflusst.

*2) Für die Qualität der Kapitalmarktkommunikation bei Wachstumsunternehmen werden in Zukunft strengere Maßstäbe gelten.*

Angesichts des massiven Zusammenbruchs am Neuen Markt werden für die verbliebenen Unternehmen und die Neuemissionen strengere Maßstäbe an die Kapitalmarktkommunikation angelegt. Dies kann als logische Entwicklung der anhaltenden Markt-Baisse und dem fundamentalen Vertrauensverlust interpretiert werden. Eine mangelhafte Kapitalmarktkommunikation wird somit noch eher und noch nachhaltiger als zuvor zu Bewertungsabschlägen am Markt führen. Zudem wird die Forderung nach Sanktionen für intransparente Kommunikation und Missachtung gesetzlicher Mechanismen, wie bspw. der Ad-hoc-Publizität, verstärkt erhoben werden. Dies wird auch die Börsenorganisationen zur Überarbeitung ihrer Zulassungspflichten und zu einem aktiven Eingreifen bei Regelverstößen zwingen. Ein effizientes und systematisches IR-Management wird somit nicht nur aus Sicht junger, wachstumsstarker Unternehmen unabdingbar, um sich unter schwierigen Rahmenbedingungen einen Wahrnehmungsvorteil innerhalb der Financial Community zu sichern.

*3) Die Anforderungen des Value Reporting werden sich zunehmend in Rechnungslegungsstandards und Regelwerken niederschlagen.*

Vor dem in These 2) geschilderten Hintergrund kann davon ausgegangen werden, dass nicht nur strengere, sondern auch inhaltlich weiter gehende Publizitätsstandards benötigt werden. Auch das Herausbilden neuer gesetzlicher Publizitätspflichten ist hier nicht auszuschließen bzw. wünschenswert. Hierbei wird ein besonders interessanter Bereich vor allem das Reporting von Intangibles darstellen. Zusätzliche Offenlegungsvorschriften könnten die mangelnde Bewertungsrelevanz der Pflichtpublizität bei Wachstumsunternehmen wesentlich beheben. Die Bedeutung weicher, nicht-finanzieller Informationen wird noch stärker in das Bewusstsein der Kapitalmarktadressaten drängen und auch Konsequenzen für unternehmensinterne Informationssysteme haben. Um ihre Kommunikation marktübergreifend zu fördern, sollte die Standardisierung der nicht-finanziellen Inhalte eine Priorität für Standardsetzer oder meinungsbildende Institutionen am Kapitalmarkt sein.

*4) Die Earnings Guidance wird sich als kritische Aufgabe im Rahmen der Kapitalmarktkommunikation herausbilden.*

Die in Deutschland noch relativ neue Praxis der Earnings Guidance wird sich am Kapitalmarkt zunehmend etablieren. Hierfür gilt es, für alle börsennotierten

Unternehmen in Deutschland einen gangbaren Weg zwischen den rechtlichen Regelungen des Wertpapierhandelsgesetzes und der vorteilhaften, antizipativen Information des Marktes zu finden. Insbesondere Wachstumsunternehmen müssen die Bedeutung eines effizienten Erwartungsmanagements realisieren, welches auch dazu dienen kann, den Umgang mit Krisensituationen zu verbessern. Die Earnings Guidance wird somit im Rahmen eines Lernprozesses zunehmend professionalisiert und wird auch das Beziehungsmanagement zwischen Unternehmen und Finanzanalysten verändern.

5) *Für Finanzanalysten bleiben Wachstumsunternehmen auch in Zukunft eine Herausforderung.*

Die geschilderten Bewertungsprobleme bei Wachstumsunternehmen sind auch im Hinblick auf die zukünftigen Entwicklungen im Rahmen der unterschiedlichen Bewertungsmethoden in absehbarer Zeit nicht eindeutig lösbar. Das Problem der Bewertungsunsicherheit wird somit weiterhin bestehen bleiben. Finanzanalysten werden daher die Coverage von Wachstumsunternehmen auch zukünftig mit anderen Maßstäben betrachten als die etablierter Unternehmen: der Anreiz, Fehlbewertungen aufzudecken und die potenziell größere Einflussnahme auf die einfacher strukturierten und geringer gecoverten Werte wird bestehen bleiben. Eine sich verändernde Funktionserfüllung der Finanzanalysten in Richtung eines ausgeprägteren Monitorings der Unternehmen scheint begrüßenswert und kann dazu beitragen, das Vertrauen und den Realismus anderer Marktteilnehmer zu stärken.

6) *Möglichkeiten der Trennung von Coverage und Investment-Banking-Mandaten werden verstärkt diskutiert werden.*

Die theoretisch nachvollziehbaren und momentan in der Öffentlichkeit diskutierten Zielkonflikte der Finanzanalysten werden dazu führen, dass die Tätigkeit der Finanzanalysten stärker reguliert wird, aber auch Überlegungen zu Alternativlösungen des „Coverage-Problems" auslösen. Zum einen wird durch den bereits vorgeschlagenen Verhaltenskodex unabhängig von seiner gesetzlichen Aufhängung bereits die öffentliche Wahrnehmung der Finanzanalysten geschärft. Hierbei werden gerade Investmentbanken aus Reputationsgründen unter Druck geraten, entsprechende Richtlinien einzuhalten sowie das Geschäftsfeld ‚Research' neu zu definieren. Um eine eventuell bereits existierende Zweiteilung in „Coverage-Selbstläufer" und „Coverage-Problemfälle" unter den Wachstumsunternehmen zu verhindern bzw. aufzulösen, wird zum anderen die Rolle unabhängiger Research-Agenturen oder alternativer Anbieter dieser Dienstleistung aus einer neuen Perspektive diskutiert werden.

*7)  Die Ansprache der Buy-Side-Analysten wird zunehmend von Relevanz sein.*

Die Zweifel an der Objektivität der Sell-Side-Analysten sowie die bereits eingetretene Reaktion des verstärkten Aufbaus von Inhouse-Research auf der Buy-Side lässt Buy-Side-Analysten als Zielgruppe auch für Wachstumsunternehmen zunehmend attraktiver werden. Zwar weisen Buy-Side-Analysten überwiegend dieselben Informations-bedürfnisse auf wie Sell-Side-Analysten, dennoch dürfte sich das Zielsystem der Buy-Side-Analysten wesentlich von dem der Sell-Side-Analysten unterscheiden.[511] Die Co-verage-Entscheidung könnte aus Sicht der Wachstumsunternehmen u.U. vorteilhafter ausfallen.

*8)  Trotz einer zunehmenden Professionalisierung der IR-Arbeit in Deutschland bleibt ein erheblicher Beratungsbedarf insbesondere für junge, stark wachsende und klei-ne Unternehmen bestehen.*

Obwohl sich mit der Dauer der Börsennotierung bei den reiferen Unternehmen des Neuen Marktes eine sichtbare Professionalisierung der Kapitalmarktkommunikation zeigt, werden die Unternehmen im Umgang mit der Marktdynamik und den vielfältigen Entwicklungen auf Zielgruppenseite Unterstützung benötigen. Viele der hier genannten Trends haben hohes Potenzial, sowohl gesetzliche als auch freiwillige Änderungen im Kommunikationsverhalten hervorzurufen. Die Unternehmen werden daher sowohl prak-tische Expertise vor allem hinsichtlich der zu wählenden Strategie als auch der operati-ven Durchführung benötigen. Externe IR-Beratung kann als Bindeglied zwischen Theo-rie und Praxis auch ein Vehikel dafür sein, Ergebnisse aus der Forschung, wie das hier vorgestellte Modell, in praktikable Formen und konkrete Maßnahmen herunter zu bre-chen. Daher wird auch das Interesse an empirischen Ergebnissen als Basis für effizienz-steigernde Kommunikationskonzepte im Bereich der Kapitalmarktkommunikation nicht abreißen, sondern sich im Gegenteil verstärken.

*9)  Das Verständnis der Investor Relations als Forschungsgebiet wird sich wandeln.*

Wurde die Kapitalmarktkommunikation bislang „nur" als interdisziplinäres Zusammen-spiel aus Rechnungslegung, Marketing, Finanzierung und Verhaltenswissenschaft beg-riffen, so zeichnet sich ein neues Verständnis der Investor Relations als ernsthaftem Forschungsgebiet ab. Dass die theoretische Basis der Kapitalmarktkommunikation fragmentiert und nicht unbedingt komplex ist, sollte an der Substanz der Forschung nicht zweifeln lassen. Investor Relations werden zwar auch in Zukunft ein eher praxis-

---

[511]  Vgl. Rentsch (2001), S. 182.

als theoriegeprägtes Gefüge unterschiedlicher Funktionen innerhalb und außerhalb der BWL darstellen. Nichtsdestotrotz wurde erkannt, dass die Investor Relations ein lohendendes Forschungsgebiet ist, welches realen Mehrwert für die praktische Unternehmensführung schaffen kann.

# Literaturverzeichnis

Achleitner, Ann-Kristin (2001a): Start-up-Unternehmen: Bewertung mit der Venture-Capital-Methode, in: Betriebs-Berater, 56. Jg. 2001, S. 927-933.

Achleitner, Ann-Kristin (2001b): Handbuch Investment Banking, 2. Auflage, durchgesehener Nachdruck, Wiesbaden 2001.

Achleitner, Ann-Kristin (2001c): Replik zu Jörg Eberhart, Bewertung von Start-up-Unternehmen: Erwiderung zum Beitrag von Professor Dr. Dr. Ann-Kristin Achleitner, Betriebs-Berater 2001, 927, in: Betriebs-Berater, 56. Jg. 2001, S. 1841-1842.

Achleitner, Ann-Kristin (2002): Wie legen Risikokapitalgeber beim Einstieg in neu gegründete Unternehmen den Preis fest?, in: Siegwart, Hans (Hrsg.): Jahrbuch zum Finanz- und Rechnungswesen 2002, Zürich 2002 (in Druck).

Achleitner, Ann-Kristin/Bassen, Alexander (2000a): Investor Relations von etablierten Unternehmen und Wachstumsunternehmen im Vergleich, in: Knüppel, Hartmut/Lindner, Christian (Hrsg.): Die Aktie als Marke – Wie Unternehmen mit Investoren kommunizieren sollten, Frankfurt am Main 2000, S. 25-47.

Achleitner, Ann-Kristin/Bassen, Alexander (2000b): Wachstumsunternehmen setzen neue Maßstäbe, in: Handelsblatt vom 5.4.2000, Sonderbeilage Investor Relations, S. B1.

Achleitner, Ann-Kristin/Bassen, Alexander (2000c): Entwicklungsstand des Shareholder Value in Deutschland – Empirische Befunde, Working Paper, European Business School, Oestrich-Winkel 2000.

Achleitner, Ann-Kristin/Bassen, Alexander (2001): Stock-Option-Programme als Gegenstand der Investor Relations, in: Achleitner, Ann-Kristin/Bassen, Alexander (Hrsg.): Investor Relations am Neuen Markt, Stuttgart 2001, S. 677-691.

Achleitner, Ann-Kristin/Bassen, Alexander/Funke, Florian (2001): Analyse kritischer Erfolgsfaktoren von Börsengängen – Eine empirische Studie, in: Die Bank, 12. Jg. 2001, S. 34-39.

Achleitner, Ann-Kristin/Bassen, Alexander/Pietzsch, Luisa (2001): Empirische Studien zu Investor Relations in Deutschland. Eine kritische Analyse und Auswertung des Forschungsstandes, in: Achleitner, Ann-Kristin/Bassen, Alexander (Hrsg.): Investor Relations am Neuen Markt, Stuttgart 2001, S. 23-59.

Achleitner, Ann-Kristin/Charifzadeh, Michel (2001): Corporate Restructuring, in: Achleitner, Ann-Kristin/Bassen, Alexander (Hrsg.): Investor Relations am Neuen Markt, Stuttgart 2001, S. 753-768.

Achleitner, Ann-Kristin/Wichels, Daniel (1999): Analyse der IAS-Abschlüsse von Unternehmen am Neuen Markt, in: Controller Magazin 24. Jg. 1999, S. 477-484.

Aders, Christian/Galli, Albert/Wiedemann, Florian (2000): Unternehmenswerte auf Basis der Multiplikatormethode?, in: Finanz Betrieb, 2. Jg. 2000, S. 197-204.

Ahmed, Anwer S./Lobo, Gerald J./Zhang, Xiao-Hu (2000): Do Analyst Under-react to Bad news and Over-react to Good News?, Working Paper, Syracuse University 2000.

Alich, Holger (2001): Was Analysten meinen, wenn sie „Kaufen" sagen, in: Börsenzeitung vom 8.5.2001, S. 46.

Allendorf, Georg (1996): Investor Relations deutscher Publikumsgesellschaften - eine empirische Wirkungsanalyse, Diss., Oestrich-Winkel 1996.

Alvarez, Manuel/Wotschofsky, Stefan (2000a): Investor Relations, in: Finanz Betrieb, 2. Jg. 2000, S. 651-657.

Alvarez, Manuel/Wotschofsky, Stefan (2000b): Zwischenberichterstattung in der Praxis - Eine empirische Analyse der DAX100-Unternehmen, in: Die Wirtschaftsprüfung, 53. Jg. 2000, S. 310 -318.

American Institute of Certified Public Accountants (AICPA) (1994): Improving Business Reporting - A Customer Focus, <http://www.aicpa.org/members/div/-acctstd/ibr/chap1.htm> (Chapter 1-6), Abrufdatum: 14.12.1999.

Amihud, Yakov/Mendelson, Haim (2000): The liquidity route to a lower cost of capital, in: Journal of Applied Corporate Finance, Winter 2000, S. 8-25.

Ampuero, Marcos/Goranson, Jesse/Scott, Jason (1998): Solving the measurement puzzle – How EVA and the Balanced Scorecard fit together, in: Ernst & Young (Hrsg.): Perspectives on Business Innovation – Measuring Business Performance, 2. Auflage, Ernst & Young Center for Business Innovation, Cambridge 1998, S. 45-52.

Arbel, Avner/Strebel, Paul (1982): The Neglected and Small Firm Effects, in: Financial Review, Vol.17 1982, S. 201-218.

Armeloh, Karl-Heinz (1998): Die Berichterstattung im Anhang: eine theoretische und empirische Untersuchung der Qualität der Berichterstattung im Anhang börsennotierter Kapitalgesellschaften, Diss., Düsseldorf 1998.

Baetge, Jörg/Armeloh, Karl-Heinz/Schulze, Dennis (1997): Empirische Befunde über die Qualität der Geschäftsberichterstattung börsennotierter deutscher Kapitalgesellschaften, in: Deutsches Steuerrecht, 35. Jg. 1997, S. 212-219.

Baetge, Jörg/Dossmann, Christiane/Rolvering, Andrea (1999): Viele Geschäftsberichte sind noch zu wenig aussagekräftig, in: Handelsblatt vom 27.9.1999, S. 56.

Baetge, Jörg/Noelle, Jennifer (2001): Shareholder-Value-Reporting sowie Prognose- und Performancepublizität, in: Zeitschrift für kapitalmarktorientierte Rechnungslegung, 1. Jg. 2001, S. 174-180.

Baetge, Jörg/Schulze, Dennis (1998): Möglichkeiten der Objektivierung der Lageberichterstattung über Risiken der zukünftigen Entwicklung, in: Der Betrieb, 51 Jg. 1998, S. 937-948.

Ballwieser, Wolfgang (2000): Wertorientierte Unternehmensführung: Grundlagen, in: Zeitschrift für betriebswirtschaftliche Forschung, 52. Jg. 2000, S. 160-166.

Barber, Toni (2000): Investor will swap shindigs for more data, in: Financial Times, 30.6.2000, Financial Times Survey Shareholder Communications, S. IV.

Barth, Mary E./Kasznik, Ron/McNichols, Maureen F. (2000): Analyst Coverage and Intangible Assets, Working Paper, Stanford University, Palo Alto 2000.

Bassen, Alexander (2000): Der Informationsgehalt von IAS-Abschlüssen am Neuen Markt aus der Perspektive von Finanzanalysten, in: Controller-Magazin, 25. Jg. 2000, S. 447-450.

Bassen, Alexander (2002): Einflussnahme institutioneller Investoren auf Corporate Governance und Unternehmensführung unter besonderer Berücksichtigung börsennotierten Wachstumsunternehmen, unveröffentlichte Habilitationsschrift, Oestrich-Winkel (erscheint 2002).

Bassen, Alexander/Böcking, Hans-Joachim/Loistl, Otto/Strenger, Christian (2000): Die Analyse von Unternehmen mit der "Scorecard for German Corporate Governance", in: Finanz Betrieb, 2. Jg. 2000, S. 693-698.

Bassen, Alexander/Hauck, Michael (2000): Institutionelle Investoren, in: Achleitner, Ann-Kristin/Thoma, Georg (Hrsg.): Handbuch Corporate Finance: Konzepte, Strategien und Praxiswissen für das moderne Finanzmanagement, Köln 2000, Kapitel 2.3.1, S. 1-22.

Behnam, Michael (1998): Strategische Unternehmensplanung und ethische Reflexion, Diss., Sternenfels 1998.

Behrenwaldt, Horst (2001): Wertschöpfung auf dem Prüfstand: Der Anspruch der Investoren an die Investor-Relations-Arbeit, in: Achleitner, Ann-Kristin/Bassen, Alexander (Hrsg.): Investor Relations am Neuen Markt, Stuttgart 2001, S. 422-434.

Bessler, Wolfgang (2001): Dividendenpolitik bei Wachstumsunternehmen, in: Achleitner, Ann-Kristin/Bassen, Alexander (Hrsg.): Investor Relations am Neuen Markt, Stuttgart 2001, S. 291-317.

Bessler, Wolfgang/Kurth, Andreas/Thies, Stefan (2001): Gestaltung der Kapital- und Aktionärsstruktur am Neuen Markt, in: Achleitner, Ann-Kristin/Bassen, Alexander (Hrsg.): Investor Relations am Neuen Markt, Stuttgart 2001, S. 225-263.

210

Beyer, A. (1996): Ganz oben steht die Qualität der Information, in: Handelsblatt vom 14.1.1996, S. 16.

Bhushan, Ravi (1989): Firm Characteristics and Analyst Following, in: Journal of Accounting and Economics, Vol. 121 1989, S. 255-274.

Bhushan, Ravi/O'Brien, Patricia (1990): Analyst Following and Institutional Ownership, in: Journal of Accounting Research, Vol. 28 1990, S. 55-82.

Bittner, Thomas (1996): Die Wirkung von Investor Relations-Maßnahmen auf Finanzanalysten, Diss., Köln 1996.

Black, Andrew/Wright, Philip/Bachman, John E.(1998): In Search of Shareholder Value - Managing the drivers of performance, London 1998.

Böcking, Hans-Joachim/Benecke, Birka (1998): Neue Vorschriften zur Segmentberichterstattung nach IAS und US-GAAP unter dem Aspekt des Business Reporting, in: Die Wirtschaftprüfung, 51. Jg.1998, S. 92-107.

Böcking, Hans-Joachim/Nowak, Karsten (1999): Das Konzept des Economic Value Added, in: Finanz Betrieb, 1. Jg. 1999, S. 281-295.

Böcking, Hans-Joachim/Orth, Christian (2001): Risikokommunikation am Neuen Markt, in: Achleitner, Ann-Kristin/Bassen, Alexander (Hrsg.): Investor Relations am Neuen Markt, Stuttgart 2001, S. 653-676.

Bortz, Jürgen/Döring Nicola (1995): Forschungsmethoden und Evaluation für Sozialwissenschaftler, 2. Aufl., Berlin u.a.O. 1995.

Botosan, Christine A. (1997): Disclosure Level and the Cost of Equity Capital, in: Accounting Review, Vol. 72 1997, S. 323-349.

Botosan, Christine A. (2000): Evidence that greater disclosure lowers the cost of equity capital, in: Journal of Applied Corporate Finance, Vol. 12 2000, S. 60-69.

Bowen, Robert M./Davis, Angela K./Matsumoto, Dawn A. (2000): Do Conference Calls Affect Analysts Forecasts?, Working Paper, University of Washington, Washington 2000.

Brammer, Ralf (2001): Management von Kapitalmarkterwartungen, in: Achleitner, Ann-Kristin/Bassen, Alexander (Hrsg.): Investor Relations am Neuen Markt, Stuttgart 2001, S. 613-623.

Branson, Bruce C./Guffey, Daryl M./Pagach, Donald P. (1997): Information conveyed in Announcements of Analyst Coverage, Working Paper, North Carolina State University, Greenville 1997.

Brennan, Michael J./Hughes, Philip J. (1991): Stock Prices and the Supply of Information, in: Journal of Finance, Vol. 46, S. 1665-1691.

Brennan, Michael J./Tamarowski, Claudia (2000): Investor Relations, Liquidity and Stock Prices, in: Journal of Applied Corporate Finance, Vol. 12 2000, S. 26-37.

Brotte, Jörg (1997): US-amerikanische und deutsche Geschäftsberichte - Notwendigkeit, Regulierung und Praxis jahresabschlussergänzender Informationen, Diss., Wiesbaden 1997.

Brown, Ken (2001): Tech firms find they can't keep analysts attention – Loss of coverage expected to get only worse, in: The Wall Street Journal Europe, 15.5.2001, o.S.

Bundesaufsichtsamt für den Wertpapierhandel (BAWe) (2000): Statistik 2000, abrufbar unter: http://www.bawe.de/down/stat_00.doc, Abrufdatum: 7.7. 2001.

Bushee, Brian J. /Noe, Christopher F. (1999): Disclosure Quality, Institutional Investors and Stock Return Volatility, Working Paper, 1999.

Bushee, Brian J./Matsumoto, Dawn A./Miller, Gregory S. (2001): Open vs. closed conference calls: the determinants and effects of Broadening Access to Disclosure, Working Paper, The Wharton School, 2001.

Byrd, John/Goulet, Waldemar/Johnson, Marilyn/Johnson, Mark (1993): Finance Theory and the New Investor Relations, in: Journal of Applied Corporate Finance, Vol. 6 1993, S. 48-53.

Charles Barker GmbH (Hrsg.) (1999): SMAX – Das neue Qualitätssegment der Deutschen Börse. Perspektiven für die Performance am Kapitalmarkt aus Sicht von Unternehmen, Analysten und Investoren, Frankfurt am Main 1999.

Chung, Kee H. (2000): Marketing of Stocks by Brokerage Firms: The Role of the Financial Analysts, Working Paper, Buffalo School of Management, New York 2000.

Chung, Kee H. /Jo, Hoje (1996): The Impact of Security Analyst Monitoring and Marketing Functions on the Market Value of Firms, in: Journal of Financial and Quantitative Analysis, Vol. 31 1996, S. 493-512.

Coenenberg, Adolf G./Federspieler, Christian (1999): Zwischenberichterstattung in Europa - Der Informationsgehalt der Zwischenberichterstattung deutscher, britischer und französischer Unternehmen, in: Gebhardt, Günther/Pellens, Bernhard (Hrsg.): Rechnungswesen und Kapitalmarkt, Beiträge anlässlich des Symposiums zum 70. Geburtstag von Prof. Dr. Dr. h.c. mult. Walther Busse von Colbe, Zfbf-Sonderheft Nr. 41, Düsseldorf 1999, S. 167-198.

Copeland, Tom/Koller, Tim/Murrin, Jack (1993): Unternehmenswert - Methoden und Strategien für eine wertorientierte Unternehmensführung, Frankfurt/New York 1993.

Copeland, Tom/Koller, Tim/Murrin, Jack (1995): Measuring and Managing the Value of Companies, 2. Auflage, New York 1995.

Cote, Jane (2000): Analyst Credibility: The investor's perspective, in: Journal of Managerial Issues, Vol. 12 2000, S. 352-362.

Cottle, Sidney/Murrax, Roger F./Block, Frank E. (1992): Graham and Dodd's Wertpapieranalyse, New York/Frankfurt 1992.

D'Arcy, Anne/Leuz, Christian (2000): Rechnungslegung am Neuen Markt – eine Bestandsaufnahme, in: Der Betrieb, 53. Jg. 2000, S. 385-391.

Damodaran, Aswath (1996): Investment Valuation, University Edition, 1996.

Damodaran, Aswath (2000): The Dark Side of Valuation: Firms with no Earnings, no History and no Comparables: Can Amazon.com be valued?, Working Paper, Stern School of Business, New York 2000.

De Bondt, Werner F.M./Thaler, Richard H. (1990): Do security analyst overreact?, in: American Economic Review, Vol. 80 1990, S. 52-57.

DeGraw, Irv (2001): A Structural View of Value, in: On Wall Street, Vol. 11 2001, S. 101.

Deller, Dominic/Stubenrath, Michael/Weber, Christoph (1997): Die Internetpräsenz als Instrument der Investor Relations, in: Der Betrieb, 50. Jg. 1997, S. 1577-1583.

Deller, Dominic/Stubenrath, Michael/Weber, Christoph (1998): Investor Relations and the Internet – Background, Potential Application and Evidence from the USA, UK and Germany, Johann Wolfgang Goethe-Universität, Frankfurt am Main im April 1998.

Demers, Elizabeth/Lev, Baruch (2000): A Rude Awakening: Internet Value Drivers in 2000, Working Paper, Simon School of Business, Rochester 2000.

Desai, Hemang/Laing, Bing/Singh, Ajayi K. (2000): Do All-Stars shine? Evaluation of Analyst Recommendation, in: Financial Analyst Journal, Vol. 56 2000, S. 20-29.

Deter, Henryk (2000): Investor-Relations-Maßnahmen für institutionelle Anleger am Beispiel von Unternehmen des Neuen Marktes, unveröffentlichte Diplomarbeit, Fachhochschule Wiesbaden, Wiesbaden 2000.

Deutsche Bank Research (Hrsg.) (1998): IPhOria – Rocketing into a new age, Frankfurt a. M. 1998.

Deutsche Bank Research (Hrsg.) (1999): IPhOria - the Millenium Fitness Programme, Frankfurt a. M. 1999.

Deutsche Börse AG (Hrsg.) (2001a): Neuer Markt, abrufbar unter: http://deutsche-boerse.com/nm/, Abrufdatum: 7.7.2001.

Deutsche Börse AG (Hrsg.) (2001b): Regelwerk Neuer Markt (gültig ab dem 9. April 2001), abrufbar unter: http://deutsche-boerse.com/nm/, Abrufdatum: 7.7.2001.

Deutsche Börse AG (Hrsg.) (2001c): Primärmarktstatistik: Neuemissionen, abrufbar unter: http://deutsche-boerse.com/nm/, Abrufdatum: 7.7.2001.

Deutsche Börse AG (Hrsg.) (2001d): Designated Sponsor Guide, abrufbar unter: http://deutsche-boerse.com, Abrufdatum: 7.7.2001.

Deutsche Vereinigung für Finanzanalyse und Asset Management (DVFA) (2000): Jahresbericht 2000, Dreieich 2000.

Diehl, Ulrike/Loistl, Otto/Rehkugler, Heinz (1998): Effiziente Kapitalmarkt-kommunikation, Stuttgart 1998.

Döhle, Patricia/Seeger, Christoph (1999): Die neue Info-Elite, in: Manager Magazin, 10/98, S. 149-181.

Döhle, Patricia/Seeger, Christoph (2000): Im Visier der Investoren, in: Manager Magazin, 10/00, S. 169-195.

Doukas, John A./Kim, Chansong/Pantzalis, Christos (2001): Security Analysis, Agency Costs and Company Characteristics, in: Financial Analyst Journal, Nr. 1, 2001, S. 54-62.

Drill, Michael (1995): Investor Relations: Funktion, Instrumentarium und Management der Beziehungspflege zwischen schweizerischen Publikumsaktiengesellschaften und ihren Investoren, Diss., Bern/Stuttgart/Wien 1995.

Drobeck, Jörg (1998): Prognosepublizität, Diss., Frankfurt a. M. u.a.O. 1998.

Düsterlho, Eric von (2000): Der Umgang mit den Analysten, in: Deutscher Investor Relations Kreis e.V. (Hrsg.): Investor Relations – Professionelle Kapitalmarkt-kommunikation, Wiesbaden 2000, S. 73-79.

Eberhart, Jörg (2001): Bewertung von Start-up-Unternehmen: Erwiderung zum Beitrag von Professor Dr. Dr. Ann-Kristin Achleitner, Betriebs-Berater 2001, 927, in: Betriebs-Berater, 56. Jg. 2001, S. 1840-1841.

Eccles, Robert G./Herz, Robert H./Keegan, Mary E./Phillips, David M. (2001): The Value Reporting Revolution, PriceWaterhouseCoopers, New York 2001.

Eccles, Robert G./Mavrinac, Sarah C. (1995): Improving the corporate disclosure process, in: Strategic Management Review, Vol. 36 1995, S. 11-25.

Ehrbar, Al (1999): EVA – der Schlüssel zur wertsteigernden Unternehmensführung, Wiesbaden 1999.

Eickhoff, Mathias/Wortmann, André (1998): Investor Relations bei Small Caps, in: Börsenzeitung vom 25.2.1998, o.S.

Ernst & Young (1997): Measures that matter, New York 1997.

214

Faitz, Christian (2001): Wer sind Analysten, und wie arbeiten sie?, in: Rolke, Lothar/Wolff, Volker (Hrsg.) (2000): Finanzkommunikation. Kurspflege durch Meinungspflege, Frankfurt a. M. 2000, S. 171-179.

Faltz, Florian (1999): Shareholder Value und Investor Relations: die Kommunikation zwischen Unternehmen und Investoren, Wiesbaden 1999.

Fama, Eugene F. (1970): Efficient Capital Markets: A Review of Theory and Empirical Work, in: Journal of Finance, Vol. 25 1970, S. 383-417.

Farragher, Edward J./Kleinman, Robert/Bazaz, Mohammed S. (1994): Do Investor Relations make a difference?, in: Quarterly Review of Economics and Finance, Vol. 34 1994, S. 403-412.

Feinendegen, Stefan/Nowak, Eric (2001): Publizitätspflichten börsennotierter Aktiengesellschaften im Spannungsfeld zwischen Regelberichterstattung und Ad-hoc-Publizität, in: Die Betriebswirtschaft, 61. Jg. 2001, S. 371-389.

Fischer, Thomas M./Wenzel, Julia/Kühn, Christian (2001): Value Reporting – Wertorientierte Berichterstattung in den Nemax 50-Unternehmen, in: Der Betrieb, 54. Jg. 2001, S. 1209-1216.

Francis, Jennifer/Hanna, Douglas J./Philbrick, Donna R. (1997): Management Communications with Securities Analysts, in: Journal of Accounting and Economics, Vol. 24 1997, S. 363-394.

Frei, Norbert (1998): Investor Relations - Wie hege und pflege ich meinen Aktionär von heute und morgen?, in: Frei, Norbert/Schlienkamp, Christoph (Hrsg.): Aktie im Aufwind: von der Kursprognose zum Shareholder Value, Wiesbaden 1998, S. 163-183.

Freidank, Carl-Christian (2000): Internationale Rechnungslegungspolitik und Unternehmenswertsteigerung, in: Lachnit, Laurenz /Freidank, Carl-Christian (Hrsg.): Investororientierte Unternehmenspublizität: Neue Entwicklungen von Rechnungslegung, Prüfung und Jahresabschlussanalyse, Wiesbaden 2000, S. 3-29.

Freter, Hermann/Sänger, Henrike (2000): Internet-Investor Relations: Die informationsökonomische Perspektive, in: Finanz Betrieb, 2. Jg. 2000, S. 779-786.

Gassen, Joachim/Heil, Jan (2001): Internetpublizität deutscher Unternehmen, in: Kapitalmarktorientierte Rechnungslegung, Beilage zum Finanz Betrieb, 3. Jg. 2001, S. 38-44.

Gehrke, Stefanie (2000): Share Branding. Neue Ansätze und Instrumente der Investor Relations, München 2000.

Geiger, Albert (2000): Konsolidierung der europäischen Börsenlandschaft am Beispiel der Eurex, Diss., Oestrich-Winkel 2000.

Gerke, Wolfgang/Bosch, Robert (1999): Die Betreuer am Neuen Markt – eine empirische Analyse, CFS Working Paper Nr. 1999/12, Frankfurt a. M. 1999.

Gerke, Wolfgang/Oerke, Marc (1998): Marktbeeinflussung durch Analysten-empfehlungen, in: ZfB-Ergänzungsheft, 68. Jg.1998, S.1-14.

Gilson, Stuart C./Healy, Paul M./Noe, Christopher F./Palepu, Krishna G. (1998): Corporate Focus and the Benefits from more specialized Analyst Coverage, Working Paper Harvard University, Boston 1998.

Glaum, Martin (1998): Kapitalmarktorientierung deutscher Unternehmen - Ergebnisse einer empirischen Untersuchung, C&L Deutsche Revision, Frankfurt a. M. 1998

Günther, Thomas (1998): Investor Relations - Kommunikationspolitik als Beitrag zur Unternehmenswertsteigerung, in: Marktforschung & Management, 42. Jg. 1998, S. 85-91.

Günther, Thomas (1999): State-of-the-Art des Wertsteigerungsmanagement, in: Controlling, 11. Jg.1999, S. 361-370.

Günther, Thomas/Nürnberger, Anja (1997): Shareholder Value - Informationen in den Geschäftsberichten deutscher Aktiengesellschaften, Working Paper, Lehrstuhl für Betriebliches Rechnungswesen/Controlling an der Fakultät Wirtschaftswissenschaften, Technische Universität Dresden, Dresden 1997.

Günther, Thomas/Otterbein, Simone (1996): Gestaltung der Investor Relations am Beispiel führender deutscher AGs, in: Zeitschrift für Betriebswirtschaft, 66. Jg. 1996, S. 389-417.

Hacker, Bernd/Dobler, Michael (2000): Empirische Untersuchung der Segmentpublizität in Deutschland, in: Die Wirtschaftsprüfung, 53. Jg. 2000, S. 811-819.

Häcker, Joachim (2000): New Economy – Quo vadis, in: Finanz Betrieb, 2. Jg. 2000, S. 527-532.

Hahn, Dietger (1998): Konzepte strategischer Führung: Entwicklungstendenzen in Theorie und Praxis unter besonderer Berücksichtigung der Globalisierung, in: Zeitschrift für Betriebswirtschaft, 68. Jg.1998, S. 563-579.

Hail, Luzi (1999): Creative Accounting, Finanzpublizität und die Informations-versorgung der Kapitalmärkte - eine Analyse am Beispiel des Schweizer Bankvereins, in: Die Unternehmung, 53. Jg. 1999, S. 39-60.

Haller, Axel (1998): Immaterielle Vermögenswerte - Wesentliche Vorraussetzungen für die Zukunft der Unternehmensrechnung, in: Möller, Hans Peter/Schmidt, Franz (Hrsg.): Rechnungswesen als Instrument für Führungsentscheidungen, Festschrift für Prof. Dr. Dr. h.c. Adolf G. Coenenberg, Stuttgart 1998, S. 561-595.

Hank, Benno (1999): Informationsbedürfnisse von Kleinaktionären: zur Gestaltung von Investor Relations, Diss., Frankfurt a. M. u.a.O. 1999.

Harrer, Herbert/Mölling, Astrid (2001): Namensaktien zur Verbesserung der Investor Relations, in: Achleitner, Ann-Kristin/Bassen, Alexander (Hrsg.): Investor Relations am Neuen Markt, Stuttgart 2001, S. 381-393.

Hartmann, Hanno K. (1968): Die große Publikumsgesellschaft und ihre Investor Relations, Diss., Berlin 1968.

Hartmann-Wendels, Thomas (1991): Rechnungslegung der Unternehmen und Kapitalmarkt aus informationsökonomischer Sicht, Diss., Heidelberg 1991.

Hax, Georg (1998): Informationsintermediation durch Finanzanalysten: eine ökonomische Analyse, Diss., Frankfurt a. M. u.a.O.1998.

Hayn, Marc (1998): Bewertung junger Unternehmen, Diss., Berlin 1998.

Helfert, Erich A. (1998): Investor Relations and Value-Based Management, in: Investor Relations Quarterly, Vol. 1 1998, S. 4-14.

Hirst, Eric D./Jackson, Kevin E./Koonce, Lisa (2001): Improving Financial reports by revealing the Accuracy of Prior Estimates, Working Paper, University of Texas at Austin, Austin 2001.

Hirst, Roger (1998): Rechenschaftspflicht gegenüber den Aktionären als Faktor im Standortwettbewerb, in: Coenenberg, Adolf/Börsig, Clemens (Hrsg.): Controlling und Rechnungswesen im internationalen Vergleich, Stuttgart 1998, S. 87-101.

Hommel, Ulrich (1999): Der Realoptionsansatz: Das neue Standardverfahren der Investitionsrechnung, in: M&A Review, Nr. 1, 1999, S. 22-29.

Hommel, Ulrich (2001): Sachgerechte Bewertung von Wachstumsunternehmen mit dem Realoptionsansatz, in: Kleeberg, Jochen M./Rehkugler, Heinz (Hrsg.): Handbuch Portfoliomanagement – Systematische Ansätze und ihre praktische Anwendung im Wertpapiermanagement, 2. Auflage, Bad Soden 2001 (in Druck).

Hommel, Ulrich/Lehmann, Hanna (2001): Die Bewertung von Investitionsprojekten mit dem Realoptionsansatz – Ein Methodenüberblick, in: Hommel, Ulrich/Scholich, Martin/Vollrath, Robert (Hrsg.): Realoptionen in der Unternehmenspraxis – Wert schaffen durch Flexibilität, Berlin u.a.O. 2001, S. 113-129.

Hommel, Ulrich/Vollrath, Robert (2001): Equity-Story, in: Achleitner, Ann-Kristin/Bassen, Alexander (Hrsg.): Investor Relations am Neuen Markt, Stuttgart 2001, S. 597-612.

Hommel, Ulrich/Vollrath, Robert/Wieland, Aglaia (2000): Die Bedeutung des Realoptionenansatzes aus Sicht des Finanzintermediärs, in: Zeitschrift für das gesamte Kreditwesen, 53. Jg. 2000, S. 423-429.

Hong, Harrison/Kubik, Jeffrey D. (2000): Measuring the Career Concerns of Security Analysts: Job Separations, Stock Coverage Assigments and Brokerage House Status, Working Paper, Stanford University, Palo Alto 2000.

Horvath, Peter (1998): Controlling, 7. vollst. überarbeitete Aufl., München 1998.

Hostettler, Stephan (1997): Economic Value Added (EVA) - Darstellung und Anwendung auf Schweizer Aktiengesellschaften, 2. unverändert. Aufl., Bern 1997.

Illhardt, Jörg (2001): Die Investorenbasis am Neuen Markt hat sich verbreitert, in: Börsenzeitung vom 10.3.2001, Sonderbeilage Going Public - Der Neue-Markt, S. B3.

Intangibles Research Center (Hrsg.) (o.J.): Intangibles Research Center an der Stern School of Business, New York University, <http:\\www.stern.nyu.edu/ross/-ProjectInt/i/intangibles.htm>, Abrufdatum: 31.1.2000.

IRES (1998): Investor Relations von Aktiengesellschaften – Bewertungen und Erfahrungen (1991 vs. 1998) – Ergebnisse einer qualitativen Studie, Düsseldorf 1998.

IRES (1999): Das Leistungsprofil von IR-/PR-Agenturen aus der Sicht von Aktiengesellschaften und Going Public Kandidaten – Ergebnisse einer qualitativen Studie, Düsseldorf 1999.

IRES (2000): Investor Relations-Monitor, Düsseldorf 2000.

IRES (2001): Investor-Relations-Monitor, Düsseldorf 2001.

Irvine, Paul J.A. (2000): The incremental impact of analyst initiation of coverage, Working Paper, Emory University, Atlanta 2000.

Irvine, Paul J.A. (2001): Do analysts generate trade for their firms? Evidence from the Toronto stock exchange, in: Journal of Accounting & Economics, Vol. 30 2001, S. 209-226.

Jakoby, Stephan/Maier, Jürgen/Schmechel, Thomas (1999): Internationalisierung der Publizitätspraxis bei Kapitalflussrechnungen – Eine empirische Untersuchung der DAX-Unternehmen für den Zeitraum 1988-1997, in: Die Wirtschaftsprüfung, 3. Jg. 1999, S. 225-238.

Janssen, Michael (2001): Bedeutung von persönlichen Kontakten zu Analysten und Investoren für eine erfolgreiche Investor-Relations-Arbeit, in: Achleitner, Ann-Kristin/Bassen, Alexander (Hrsg.): Investor Relations am Neuen Markt, Stuttgart 2001, S. 565-575.

Jenkins, Edmund L. (1994): An information highway in need of capital improvement, in: Journal of Accountancy, Mai 1994, S. 77-82.

Jensen, Michael C./Meckling, William H. (1976): Theory of the firm: Managerial behavior, Agency Costs and Ownership Structure, in: Journal of Financial Economics, Vol.3 1976, S. 305-360.

Kajüter, Peter (2001): Risikoberichterstattung: Empirische Befunde und der Entwurf des DRS 5, in: Der Betrieb, 54. Jg. 2001, S.105-111.

Kames, Christian (1999): Unternehmensbewertung durch Finanzanalysten als Ausgangspunkt eines Value Based Measurement, Diss., Passau 1999.

Kaplan, Robert S./Norton, David P. (1997): Balanced Scorecard - Strategien erfolgreich umsetzen, Stuttgart 1997.

Kellinghusen, Georg/Irrgang, Wolfgang (1987): Der optimale Geschäftsbericht, in: Der Betrieb, 41. Jg. 1978, S. 2277-2284.

Kerler, Patrick (1999): Mergers & Acquisitions und Shareholder Value, Diss., Bern u.a.O. 1999.

Klein, Hans-Dieter/Meyer, Bernd (2001): Performance von Neuemissionen, in: Achleitner, Ann-Kristin/Bassen, Alexander (Hrsg.): Investor Relations am Neuen Markt, Stuttgart 2001, S. 265-290.

Klein, Sebastian (1996): Fremdkapitalmarketing: ein Teil des Finanzmarketing der Unternehmung, Diss., Wiesbaden 1996.

Klingebiel, Norbert (2000): Kapitalmarktorientiertes Performance Reporting, in: IO Management, Heft 9, 2000, S. 24-31.

Klotz, Ulrich (2000): Die neue Ökonomie, in: Frankfurter Allgemeine Zeitung vom 25.4.2000, S. 31.

Kötzle, Alfred/Niggemann, Markus (2001): Value Reporting, in: Achleitner, Ann-Kristin/Bassen, Alexander (Hrsg.): Investor Relations am Neuen Markt, Stuttgart 2001, S. 633-651.

Kreikebaum, Hartmut (1993): Strategische Unternehmensplanung, 5. Aufl., Stuttgart u.a.O. 1993.

Kreikebaum, Hartmut (1997): Strategische Unternehmensplanung, 6. Aufl., Stuttgart u.a.O. 1997.

Krigman, Laurie/Shaw, Wayne H./Womack, Kent L. (2001): Why do firms switch underwriters?, in: Journal of Financial Economics, Vol. 60 2001, S. 245-284.

Kromrey, Helmut (1998): Empirische Sozialforschung, 8. Auflage, Berlin 1998.

Krumbholz, Marcus (1994): Die Qualität publizierter Lageberichte: ein empirischer Befund zur Unternehmenspublizität, Diss., Düsseldorf 1994.

Krystek, Ulrich/Müller, Michael (1993): Investor Relations - Eine neue Disziplin nicht nur für das Finanzmanagement, in: Der Betrieb, 46. Jg. 1993, S. 1785-1789.

Kubin, Konrad W. (1998): Der Aktionär als Aktienkunde - Anmerkungen zum Shareholder Value, zur Wiedervereinigung der internen und externen Rechnungslegung und zur globalen Verbesserung der Berichterstattung, in: Möller, Hans Peter/ Schmidt, Franz (Hrsg.): Rechnungswesen als Instrument für Führungsentscheidungen, Festschrift für Prof. Dr. Dr. h.c. Adolf G. Coenenberg, Stuttgart 1998, S. 525-557.

Kunz, Roger (1999): Das Shareholder-Value-Konzept - Wertsteigerung durch eine aktionärsorientierte Unternehmensstrategie, in: Bruhn, Manfred (Hrsg.): Wertorientierte Unternehmensführung, Wiesbaden 1999, S. 391-411.

Küting, Karlheinz (2000a): Unternehmerische Berichterstattung im Zeichen des Shareholder Value, in: Frankfurter Allgemeine Zeitung vom 13.3.2000, S. 30.

Küting, Karlheinz (2000b): Möglichkeiten und Grenzen der Bilanzanalyse am neuen Markt (Teil I), in: Finanz Betrieb, 2. Jg. 2000, S. 597-605.

Küting, Karlheinz (2000c): Möglichkeiten und Grenzen der Bilanzanalyse am neuen Markt (Teil II), in: Finanz Betrieb, 2. Jg. 2000, S. 674-683.

Küting, Karl-Heinz/Hütten, Christoph/Lorson, Peter (1995a): Shareholder Value: Grundüberlegungen zu Benchmarks der Kommunikationsstrategie in der externen Berichterstattung (Teil I), in: Deutsches Steuerrecht, 33. Jg. 1995, S. 1805-1809.

Küting, Karl-Heinz/Hütten, Christoph/Lorson, Peter (1995b): Shareholder Value: Grundüberlegungen zu Benchmarks der Kommunikationsstrategie in der externen Berichterstattung (Teil II), in: Deutsches Steuerrecht, 33. Jg. 1995, S. 1846-1851.

Küting, Karl-Heinz/Lorson, Peter (1999): Konzernrechnungslegung: ein neues Aufgabengebiet des Controllers? Zukunft der deutschen Rechnungslegung und Auswirkungen auf das Controlling, in: Controlling, 11. Jg. 1999, S. 215-222.

Labhart, Peter A. (1999): Value Reporting - Informationsbedürfnisse des Kapitalmarktes und Wertsteigerung durch Reporting, Diss., Zürich 1999.

Lang, Mark H./Lundholm, Russell J. (1996): Corporate Disclosure Policy and Analyst Behavior, in: Accounting Review, Vol. 71 1996, S. 467-492.

Lange, John (2001): Investor Relations zum Börsengang, in: Kirchhoff, Klaus Rainer/Piwinger, Manfred (Hrsg.): Die Praxis der Investor Relations, 2. überarb., wesentl. erweit. Auflage, Neuwied/Kriftel 2001, S. 260-278.

Lauterbach, Jürgen (1999): Der Total Value Report - ein Controllinginstrument zur Darstellung der Werthaltigkeit eines Unternehmensportfolios, in: Bühner, Rolf/Sulzbach, Klaus (Hrsg.): Wertorientierte Führungs- und Steuerungssysteme - SV in der Praxis, Stuttgart 1999, S. 182-197.

Leedertse, Julia (2000): Verdecktes Blatt, in: Wirtschaftswoche, Heft 45 2000, S. 152-154.

Leitner, Stephan/Liebler, Hans (2001): Die Bedeutung von Realoptionen im M&A-Geschäft, in: Hommel, Ulrich/Scholich, Martin/Vollrath, Robert (Hrsg.): Realoptionen in der Unternehmenspraxis – Wert schaffen durch Flexibilität, Berlin u.a.O. 2001, S. 133-153.

Lev, Baruch (1999): Communicating Knowledge Capabilities, Research Paper der Stern School of Business, New York University, <http:\\www.stern.nyu.edu\blev>, Erscheinungsdatum: Januar 2000, Abrufdatum: 9.2.2000.

Lev, Baruch (2000): Shareholder Value and Knowledge, Research Paper der Stern School of Business, New York University, <http:\\www.stern.nyu.edu\blev>, Erscheinungsdatum: Januar 2000, Abrufdatum: 9.2.2000.

Lev, Baruch (2001): Intangibles – Management, Measurement, and Reporting, Washington D.C., 2001.

Leven, Franz-Josef (1998): Investor Relations und Shareholder Value, in: Müller, Michael (Hrsg.): Shareholder Value Reporting: veränderte Anforderungen an die Berichterstattung börsennotierter Unternehmen, Wien/Frankfurt a. M. 1998, S. 45-62.

Lindner, Holger (1999): Das Management der Investor Relations im Börseneinführungsprozeß: Schweiz, Deutschland und USA im Vergleich, Diss., Zürich 1999.

Link, Rainer (1991): Aktienmarketing in deutschen Publikumsgesellschaften, Diss., Wiesbaden 1991.

Locarek-Junge, Hermann/Riddermann, Friedrich/Sonntag, Cornelia (1999): Die Bedeutung des Internet für Investor Relations: Eine Untersuchung der DAX-Gesellschaften, Dresdner Beiträge zur Betriebswirtschaftslehre, Technische Universität Dresden, Nr.28/99, Dresden 1999.

Loehnert, Peter (1996): Shareholder Value - Reflexion der Adaptationsmöglichkeiten in Deutschland. Eine Untersuchung unter Berücksichtigung strategischer Implikationen, Diss., München 1996.

Löffler, Günther (1998): Der Beitrag von Finanzanalysten zur Informationsverarbeitung: eine empirische Untersuchung für den deutschen Aktienmarkt, Diss., Wiesbaden 1998.

Loistl, Otto (2000): Compliance Verfahren für Research, Vortrag am 29.2. 2000 im Hause der Deutschen Bank, Frankfurt a. M. 2000.

Loistl, Otto/Booth, Geoffrey G./Broussard, John Paul (1997): Earnings and Stock Returns: Evidence from Germany, in: The European Accounting Review, 6. Jg. 1997, S. 589-603.

Lorson, Peter (1999): Shareholder Value Ansätze - Zweck, Konzepte und Entwicklungstendenzen, in: Der Betrieb, 53. Jg. 1999, S. 1329 – 1339

Lundholm, Russel J. (1997): How IR influences Analysts, in: Investor Relations Quarterly, Vol. 1 1997, S. 46-50.

Mahoney, William F. (1991): Investor Relations. The Professionals Guide to Financial Marketing and Communications, New York 1991.

Marcus, Bruce W./Wallace, Sherwood Lee (1997): New Dimensions in Investor Relations - Competing for Capital in the 21rst Century, New York 1997.

Maul, Karl-Heinz (2001): Bewertung immaterieller Vermögenswerte im Rahmen von IR, in: Kirchhoff, Klaus Rainer/Piwinger, Manfred (Hrsg.): Die Praxis der Investor Relations, 2. überarb., wesentl. erweit. Auflage, Neuwied/Kriftel 2001, S. 127-133.

Mavrinac, Sarah C. (1997): Estimating the Value of IR, in: Investor Relations Quarterly, Vol. 1 1997, S. 24-39.

Mavrinac, Sarah/Siesfeld, Anthony G. (1997): Measures that matter - an exploratory investigation of investors` information needs and value priorities, in: Ernst & Young/Organisation for Economic Co-operation and Development (OECD) (Hrsg.): Enterprise Value in the Knowledge Economy, 1. Ausgabe, 12/1997, Cambridge 1997, S. 26-30.

McKinsey (2000): Investor Opinion Survey, o.O. 2000.

McNichols, Maureen (1990): Discussion of Analyst Following and Institutional Ownership, in: Journal of Accounting Research, Vol. 28 1990, Supplement, S. 77-82.

McNichols, Maureen/O'Brien, Patricia (1996): Self-Selection and Analyst Coverage, in: Journal of Accounting Research, Vol. 35 1996, Supplement, S. 167-199.

Michaely, Roni/Womack, Kent L. (1999): Conflict of Interest and the Credibility of Underwriter Analyst Recommendations, in: The Review of Financial Studies, Vol. 12 1999, S. 653-686.

Mikhail, Michael/Walther, Beverly R./Willis, Richard (1998): Do Security Analysts improve their Performance with Experience?, in: Journal of Accounting Research, Vol. 36 1998, S. 131-167.

Moerschen, Tobias (2001a): Trefferquoten der Analysten im Vergleich: David schlägt Goliath, in: Handelsblatt vom 16.2.2001, S. 47.

Moerschen, Tobias (2001b): Salomon-Analysten stürmen nach vorne, in: Handelsblatt vom 9.5.2001, S. 37.

Mohanram, Partha (1999): How do young firms choose among modes of investor communications?, Working Paper New York University, New York 1999.

Morgan Stanley Dean Witter (2000): Themes in Company Valuation: Multiples and Accretion/Dilution, Vortragsunterlagen, Oestrich-Winkel im April 2000.

Moyer, R. Charles/Chatfield, Robert E./Sisneros, Philipp M. (1989): Security Analysts Monitoring Activity: Agency Costs and Information Demands, in: Journal of Financial and Quantitative Analysis, Vol. 24 1989, S. 503-512.

Müller, Michael (1998): Shareholder Value Reporting - ein Konzept wertorientierter Kapitalmarktinformation, in: Müller, Michael (Hrsg.): Shareholder Value Reporting: veränderte Anforderungen an die Berichterstattung börsennotierter Unternehmen, Wien/Frankfurt a. M. 1998, S. 123-144.

Müller-Trimbusch, Jobst (1999): High-Yield-Anleihen. Perspektiven für die Risikofinanzierung deutscher Unternehmen, Diss., Wiesbaden 1999.

Nagos, Phytagoras (1991): Externe Berichterstattung - Information für Stakeholders, Diss., Zürich 1991.

National Investor Relations Institute (NIRI) (2000): An Analysis of Trends in the Practice of Investor Relations, 2nd Measurement, December 2000.

Nelles, Michael/Rojahn, Joachim/Berner, Christian (2001): Unternehmensbewertungsverfahren im Rahmen von Börsengängen am Neuen Markt, in: Finanz Betrieb, 3. Jg. 2001, S. 322-327.

Neubacher, Bernd (2001): Den Betreuern steht eine Marktbereinigung bevor, in: Börsenzeitung vom 11. Juli 2001, S. 5.

Nitzsch, Rüdiger v./Friedrich, Christian/Pulham, Susan (2001): Investor Relations aus der Perspektive des Behavioral Finance, in: Achleitner, Ann-Kristin/Bassen, Alexander (Hrsg.): Investor Relations am Neuen Markt, Stuttgart 2001, S. 143-158.

Nix, Petra (2000): Investor Relations - Die unternehmerische Herausforderung nach dem Börsengang, in: Kirchhoff, Klaus Rainer/Piwinger, Manfred (Hrsg.): Die Praxis der Investor Relations: Effiziente Kommunikation zwischen Unternehmen und Kapitalmarkt, Neuwied/Kriftel 2000, S. 225-243.

Nix, Petra (2001): Investor Relations - Die unternehmerische Herausforderung nach dem Börsengang, in: Kirchhoff, Klaus Rainer/Piwinger, Manfred (Hrsg.): Die Praxis der Investor Relations: Effiziente Kommunikation zwischen Unternehmen und Kapitalmarkt, 2. überarb., wesentl. erweit. Auflage, Neuwied/Kriftel 2001, S. 281-317.

Noack, Ulrich (2001): Namensaktie und Aktienregister: Einsatz für Investor Relations und Produktmarketing, in: Der Betrieb, 54. Jg. 2001, S. 27-31.

Noe, Thomas/Parker, Geoffrey (2000): Winner take All: Competition, Strategy, and the Structure of Return in the Internet Economy, Working Paper Tulane University, New Orleans 2000.

Nölting, Andreas (2000): Werttreiber Mensch, in: Manager Magazin, 4/00, S. 154-165.

o.V. (1999): Global Research revs up, in: Institutional Investor, December 1999, S. 47-56.

o.V. (2000a): Die New Economy braucht neue Bewertungsverfahren, in: Frankfurter Allgemeine Zeitung vom 8.5.2000, S. 21.

o.V. (2000b): Und wer covert Sie?, in: Vision and Money, Januar 2000, S. 23-26.

o.V. (2001a): Analysten wollen die Anleger stärker in die Pflicht nehmen, in: Handelsblatt vom 5. 2. 2001, S. 45.

o.V. (2001b): Übernahmen belasten Neuer-Markt-Titel, in: Börsenzeitung vom 13.6.2001, S. 3

o.V. (2001c): Auf einem Risikomarkt kann man in der Sackgasse landen, in: Frankfurter Allgemeine Zeitung vom 13. Juli 2001, S. 27.

Obermaier, Georg (1993): Shareholder Value - Dreh- und Angelpunkt der Unternehmensinformation?, in: Loistl, Otto (Hrsg.): Effiziente Kommunikation zwischen Unternehmen und der Investment Community, Referate gehalten auf dem gleichnamigen DVFA-Symposium am 21.10.1993, Frankfurt a. M. 1993, S. 81-96.

Oviatt, Benjamin M./McDougall, Patricia Phillips (1997): Challenges for Internationalization Process Theory: The Case of International New Ventures, in: Management International Review, Vol. 37 1997, Special Issue No. 2, S. 85-99.

Paul, Walter (1993): Umfang und Bedeutung der Investor Relations, in: Betriebswirtschaftliche Forschung und Praxis, 45. Jg. 1993, S. 133-162.

Pellens, Bernhard/Crasselt, Nils/Rockholtz, Carsten (1998): Wertorientierte Entlohnungssysteme, in: Pellens, Bernhard (Hrsg.): Unternehmenswertorientierte Entlohnungssysteme, Bochum 1998, S. 1-22.

Pellens, Bernhard/Fülbier, Rolf Uwe/Gassen, Joachim (1998): Unternehmenspublizität unter veränderten Marktbedingungen, in: Coenenberg, Adolf/Börsig, Clemens (Hrsg.): Controlling und Rechnungswesen im internationalen Vergleich, Stuttgart 1998, S. 55-69.

Pellens, Bernhard/Hillebrandt, Franca/Tomaszewski, Claude (2000): Value Reporting – Eine empirische Analyse der DAX-Unternehmen, in: Wagenhofer, Alfred/Hrebicek, Gerhard (Hrsg.): Wertorientiertes Management. Konzepte und Umsetzungen zur Unternehmenswertsteigerung, Stuttgart 2000, S. 177-207.

PriceWaterhouse (Hrsg.) (1998): Shareholder Value und Corporate Governance - Bedeutung im Wettbewerb um institutionelles Kapital, PriceWaterhouse Studienprojekt zum deutschen Kapitalmarkt, Frankfurt a. M. 1998.

PriceWaterhouseCoopers (Hrsg.) (1998): Value Reporting - Making Value Transparent, London 1998.

Psychonomics (Hrsg.) (2000): Investor Relations – State of the Art im Internet. Eine Untersuchung zum Internet-Auftritt deutscher Aktiengesellschaften, Köln 2000.

Rams, Andreas (1999): Realoptionsbasierte Unternehmensbewertung, in: Finanz Betrieb, 1.Jg.1999, S. 349-264.

Rappaport, Alfred (1999): Shareholder Value. Ein Handbuch für Manager und Investoren, 2. Aufl., Stuttgart 1999.

Rehkugler, Heinz (1993): Entspricht die Unternehmenskommunikation der Analystenqualität?, in: Loistl, Otto (Hrsg.): Effiziente Kommunikation zwischen Unternehmen und Investment Community, Referate gehalten auf dem gleichnamigen DVFA-Symposium am 21.10.1993, Frankfurt a. M. 1993, S. 37-47.

Reichardt, Ulf (1999): Wertbeitragsmanagement im Thyssen-Konzern, in: Bühner, Rolf/Sulzbach, Klaus (Hrsg.): Wertorientierte Führungs- und Steuerungssysteme - SV in der Praxis, Stuttgart 1999, S. 122-137.

Rentsch, Dieter (2001): Die zwei Seiten des Research, in: Rolke, Lothar/Wolff, Volker (Hrsg.): Finanzkommunikation. Kurspflege durch Meinungspflege, Frankfurt a. M. 2000, S. 180-188.

Reuter, Eva/Tebroke, Hermann-Josef (2000): Namensaktien und Investor Relations, in: Finanz Betrieb, 2. Jg. 2000, S. 714-721.

Richter, Rudolf/Furubotn, Erik G. (1996): Neue Institutionenökonomie. Eine Einführung und kritische Würdigung, Tübingen 1996.

Riedl, Jens B. (2000): Unternehmungswertorientiertes Performance Measurement, Diss., Wiesbaden 2000.

Röder, Klaus (2000a): Intraday Kurswirkungen bei Ad-hoc-Meldungen, Working Paper, Westfälische Wilhelms-Universität, Münster 2000.

Röder, Klaus (2000b): Informationswirkung von Ad-hoc-Meldungen, in: Zeitschrift für Betriebswirtschaft, 70. Jg. 2000, S. 567-593.

Rolvering, Andrea/Stahl, Anne B. (1999): Aussagefähigkeit von Zwischenberichten ausgewählter DAX- und Neuer Markt-Unternehmen, in: Kostenrechnung Praxis, 43. Jg. 1999, S. 294-300.

Rosen, Rüdiger v. (1997a): Investor Relations - Gesetzliche Vorgaben und Erwartungen der Anleger, Vortrag auf der 1. Handelsblatt-Jahrestagung „Die Aktiengesellschaft in der Öffentlichkeit", Königswinter 1997.

Rosen, Rüdiger v. (1998): Hauptversammlung und neue Medien: Ein Instrument der Investor Relations, in: Betriebs-Berater, 53. Jg. 1998, S.1.

Rosen, Rüdiger v./Gerke, Wolfgang (2001): Kodex für anlegergerechte Kapitalmarktkommunikation, Studie des Deutschen Aktieninstituts e.V. (DAI), Frankfurt/Nürnberg 2001.

Rosen, Rüdiger v./Herdina, Markus (2001): Investor Relations und Analystenveranstaltungen als Folgepflichten für Unternehmen auf dem Neuen Markt, in: Betriebswirtschaftliche Forschung und Praxis, 53.Jg. 2001, S. 45-53.

Ross, Stephen A./Westerfield, Randolph W./Jaffe, Jeffrey (1996): Corporate Finance, 4.Aufl., Chicago u.a.O. 1996.

Schadevitz, Hannu (1999): Financial and Non-Financial Information in Interim Reports, Diss., Helsinki School of Economics 1999.

Schäfer, Henry/Schässburger, Bernd (2001): Bewertung eines Biotech Start-Ups mit dem Realoptionsansatz, in: Hommel, Ulrich/Scholich, Martin/Vollrath, Robert (Hrsg.): Realoptionen in der Unternehmenspraxis – Wert schaffen durch Flexibilität, Berlin u.a.O. 2001, S. 251-278.

Schering AG (Hrsg.) (1978): Die Finanzkommunikation deutscher Aktiengesellschaften, Umfrage der Schering AG, Berlin 1987.

Schieber, Dietmar (1999): Investor Relations im Internet. Internet-Angebote börsennotierter Unternehmen im Vergleich, Studie des Deutschen Aktieninstituts (DAI e.V.), Heft 7, <http:\\www.dai.de/Studien>, Erscheinungsdatum: September 1999.

Schieber, Dietmar (2000): Investor Relations im Internet. Internet-Angebote börsennotierter Unternehmen im Vergleich, Studie des Deutschen Aktieninstituts (DAI e.V.). Heft 7, <http:\\www.dai.de/Studien>, Erscheinungsdatum: September 2000.

Schiller, Bettina/Pelizaeus, Thomas/Werneke, Marc (1999): Das Internet – ein Instrument der Investor Relations?, in: Das Wirtschaftsstudium, 28. Jg. 1999, S. 1099-1105.

Schlienkamp, Christoph (1998): Shareholder Value - Anforderungen aus Analysten-sicht, in: Müller, Michael (Hrsg.): Shareholder Value Reporting: veränderte Anforderungen an die Berichterstattung börsennotierter Unternehmen, Wien/Frankfurt a. M. 1998, S. 213-224.

226

Schmeisser, Wilhelm/Hinz, Clemens (2001): Bedeutung der Financial Public Relations für ein erfolgreiches Initial Public Offering am Neuen Markt, in: Finanz Betrieb, 2. Jg. 2001, S. 124-134.

Schmitt, Wolfram (2001): Management von Kapitalmarkterwartungen, Vortrag auf der 4. Jahreskonferenz des Deutschen Investor Relations Kreis (DIRK) am 7.5.2001, Frankfurt a. M. 2001.

Schoenen, Michael (1994): Analysten und ihre Mittlerrolle, in: Frankfurter Allgemeine Zeitung vom 25.10 1994, Verlagsbeilage Deutsche Börse, S. 11.

Schulte, Karl-Werner/Müller, Stefan (1994): Berichterstattung über die Finanzlage in den Geschäftsberichten deutscher Aktiengesellschaften – eine empirische Untersuchung, in: Die Aktiengesellschaft, 39. Jg. 1994, S. 540-558.

Schulz, Michael (1999): Aktienmarketing: eine empirische Studie zu den Informationsbedürfnissen deutscher institutioneller Investoren und Analysten, Diss., Berlin 1999

Schwaiger, Manfred (1993): Hochrechnungsverfahren im Marketing, München 1993.

Schwetzler, Bernhard (2001): Bewertung von Wachstumsunternehmen, in: Achleitner, Ann-Kristin/Bassen, Alexander (Hrsg.): Investor Relations am Neuen Markt, Stuttgart 2001, S. 61-96.

Scior, Wilhelm/Peters, Jörg (2000): Der "Markt" verzeiht nichts! Gar nichts?, in: Börsenzeitung vom 16.9.2000, S. B8.

Seeberg, Thomas (1998): Entwicklungstendenzen in der nationalen und internationalen Rechnungslegungspublizität, in: Möller, Hans Peter/Schmidt, Franz (Hrsg.): Rechnungswesen als Instrument für Führungsentscheidungen, Festschrift für Prof. Dr. Dr. h.c. Adolf G. Coenenberg, Stuttgart 1998, S. 597-616.

Seger, Frank/Mischke, Christoph (2000): Das Internet als innovatives Instrument der IR, Working Paper, Universität Mannheim, Mannheim 2000.

Seisreiner, Achim (2001): Investor Relations-Management von Wachstumsunternehmen: Ergebnisse einer empirischen Untersuchung zum Kommunikationsverhalten im hyperdynamischen Börsensegment des Neuen Marktes, Working Paper, General Management Institute Potsdam e.V., Potsdam 2001.

Selch, Barbara/Rothfuss, Christian (2000): Empirische Befunde über Umfang und Qualität der Zwischenberichterstattung börsennotierter deutscher Kapitalgesellschaften – Untersuchung der Zwischenberichtspublizität vor dem Hintergrund der börsenrechtlichen Vorschriften, in: Die Wirtschaftsprüfung, 53. Jg. 2000, S. 506-519.

Sengupta, Partha (1998): Corporate disclosure quality and the cost of debt, in: Accounting Review, Vol. 73 1998, S. 459-474.

Seppelfricke, Peter (1999): Moderne Multiplikatorverfahren bei der Aktien- und Unternehmensbewertung, in: Finanz Betrieb, 1. Jg. 1999, S. 300-307.

Serfling, Klaus/Großkopff, Anne/Röder, Marko (1998): Investor Relations in der Unternehmenspraxis, in: Die Aktiengesellschaft, 43. Jg. 1998, S. 272-280.

Shiller, Robert J. (2001): Irrational Exuberance, Princeton 2001.

Siersleben, Kirsten (1999): IR-Management - unter besonderer Berücksichtigung deutscher Großbanken, Diss., Frankfurt a. M. 1999.

Silvermann, Gary (2001): Wall Street Research questioned, in: Financial Times vom 22. Februar 2001, S. 22.

Simon, Hermann/Ebel, Bernhard/Pohl, Alexander (2001): Investor Marketing, abrufbar unter: www.handelsblatt.com, Abrufdatum: 20.6.2001.

Spanheimer, Jürgen/Koch, Christian (2000): Internationale Bilanzierungspraxis in Deutschland – Ergebnisse einer empirischen Untersuchung der Unternehmen des DAX und MDAX sowie des Neuen Marktes, in: Wirtschaftsprüfung, 53. Jg. 2000, S. 301-310.

Steiger, Max (2000): Institutionelle Investoren im Spannungsfeld zwischen Aktienmarktliquidität und Corporate Governance, Diss., Baden-Baden 2000.

Steiner, Manfred/Hesselmann, Christoph (2001): Messung des Erfolgs von Investor Relations, in: Achleitner, Ann-Kristin/Bassen, Alexander (Hrsg.): Investor Relations am Neuen Markt, Stuttgart 2001, S. 97-118.

Stickel, Scott (1992): Reputation and Performance among security analysts, in: Journal of Finance, Vol. 47 1992, S. 505-529.

Stickel, Scott (1995): The Anatomy of Buy and Sell Recommendations, in: Financial Analyst Journal, Vol. 51 1995, S. 25-39.

Studer, Tobias (1999): Die Eigenkapitalkosten: Schwachstelle aller Führungs- instrumente der wertorientierten Unternehmensführung, in: Bruhn, Manfred (Hrsg.): Wertorientierte Unternehmensführung, Wiesbaden 1999, S. 365-390.

Stüfe, Karin (1999): Das Informationsverhalten deutscher Privatanleger, Diss., Wiesbaden 1999.

Taeubert, Anne (1998): Unternehmenspublizität und Investor Relations: Analyse von Auswirkungen der Medienberichterstattung auf die Aktienkurse, Diss., Münster 1998.

Targett, Simon (2001): When the desire is to accentuate the positive, in: Financial Times vom 22. Februar 2001, S. 22.

Teo, Melvyn (2000): Strategic Interactions between Sell-side analysts and the firms they cover, Working Paper, Harvard University, Boston 2000.

Thommen, Jean-Paul/Struß, Nicola (2001): Organisatorische Einbindung von Investor Relations, in: Achleitner, Ann-Kristin/Bassen, Alexander (Hrsg.): Investor Relations am Neuen Markt, Stuttgart 2001, S. 159-178.

Tiemann, Karsten (1997): Investor Relations: Bedeutung für neu am Kapitalmarkt eingeführte Publikumsgesellschaften, Diss., Wiesbaden 1997.

Transmedia (Hrsg.) (1999): Anlage- und Informationsverhalten deutscher Aktionäre, Mannheim 1999.

Tuominen, Pekka (1995): A relationship marketing approach to managing corporate IR, in: Liiketaloudellinen aikakauskrja, o. Jg., Heft 3, 1995, S. 288-315.

Verboom, Eeuwout (1992): Investor Relations deutscher Aktiengesellschaften, in: Hansmann, Karl-Werner/Scheer, August-Wilhelm (Hrsg.): Praxis und Theorie der Unternehmung: Produktion - Planung- Information, Wiesbaden 1992, S. 333-342.

Volkart, Rudolf (1998): Shareholder Value und Corporate Valuation, Zürich 1998.

Volkart, Rudolf/Labhart, Peter A. (2000): Investor Relations als Wertsteigerungs-management, in: Kirchhoff, Klaus Rainer/Piwinger, Manfred (Hrsg.): Die Praxis der Investor Relations: Effiziente Kommunikation zwischen Unternehmen und Kapitalmarkt, Neuwied/Kriftel 2000, S. 146-161.

Volkart, Rudolf/Labhart, Peter A./Mihic, Nick (1998): Das Internet als Medium für Investor Relations, in: Marktforschung & Management, 42. Jg. 1998, S. 85-91.

Vollrath, Robert (2002): Performanceindikatoren von Wachstumsunternehmen – eine theoretische und empirische Analyse von Emissionsprospektangaben, Diss., Oestrich-Winkel (erscheint 2002).

Vopel, Oliver (1999): Wissensmanagement im Investment Banking, Diss., Wiesbaden 1999.

Wagenhofer, Alfred/Pirchegger, Barbara (1999): Die Nutzung des Internet für die Kommunikation von Finanzinformationen - Eine vergleichende Untersuchung deutscher und österreichischer Unternehmen, in: Der Betrieb, 52. Jg. 1999, S. 1409-1416.

Wassiluk, Michael (2001): Hire & Fire: „Halbwertzeiten" in den Vorstandsetagen von Unternehmen am Neuen Markt, in: Finanz Betrieb, 3. Jg.2001, S. 397-401.

Weidekind, Sabine-Sofie (1994): Finanzierungsmarketing: Übernahme marketing-wissenschaftlicher Überlegungen für das Finanzmanagement, Diss., Wiesbaden 1994.

Weiss, Heinz-Jürgen/Heiden, Matthias (2000): Investor Relations im Internet, in: Frankfurter Allgemeine Zeitung vom 7.2.2000, S. 31.

Weiss, Heinz-Jürgen/Heiden, Matthias (2000): Investor Relations im Internet, in: Frankfurter Allgemeine Zeitung vom 7.2.2000, S. 31.

Welch, Ivo (2000): Herding among security analysts, in: Journal of Financial Economics, Vol. 58 2000, S. 369-396.

Wetzel, Andre (2001): Die Bedeutung von Aktienindices für deutsche börsennotierte Unternehmen. Ergebnisse einer Umfrage, Studie des deutschen Aktieninstituts (DAI e.V.), Frankfurt 2001.

Wichels, Daniel (2001): Gestaltung der Kapitalmarktkommunikation bei Finanzanalysten, Diss., Wiesbaden 2001.

Winkler, Thomas (1994): Investor Relations und Rechnungslegung, in: Persteiner, Helmut (Hrsg.): Rechnungslegung und Börse, Wien 1994, S. 231-246.

Wolff & Häcker Finanzconsulting AG (2000): Akzeptanz der Neue-Markt-Emissionen des Jahres 1999 innerhalb der Financial Community. Untersuchung in Zusammenarbeit mit der Wirtschaftswoche, Ostfildern im März 2000.

Wolff & Häcker Finanzconsulting AG (2001): Akzeptanz der Neue-Markt-Emissionen des Jahres 2000 innerhalb der Financial Community. Untersuchung in Zusammenarbeit mit der Wirtschaftswoche, Ostfildern im März 2001.

Wolff, Hendrik/Wolff, Ulrik (2000): Aktienbewertung und Informationsasymmetrie am Neuen Markt – Eine Herausforderung für die Finanzanalyse, in: Korn, Hartmut G. (Hrsg.) (2000): Hightech Goes Public – Zukunftstechnologien im Fokus von Wirtschaft und Börse, Wiesbaden 2000, S. 147-166.

Womack, Kent L: (1996): Do Analysts recommendation have investment value?, in: Journal of Finance, Vol. 51 1996, S. 137-167.

Wright, Philip D./Keegan, Daniel P. (1997): The Emerging Art of Reporting on the Future, PriceWaterhouse LLP 1997.

Wullenkord, Axel (2000): New Economy Valuation, in: Finanz Betrieb, 2. Jg. 2000, S. 522-527.

Zimmermann, Gebhard/Wortmann, André (2001): Der Shareholder-Value-Ansatz als Institution zur Kontrolle der Führung von Publikumsgesellschaften, in: Der Betrieb, 54. Jg. 2001, S. 289-293.